⊙ 北京社科基金重点课题《完善科技创新制度研究》（项目编号：20LLGLB041）阶段性成果

⊙ 北京市科学技术研究院"北科学者"计划《北京高精尖产业评价与发展战略研究》

（项目编号：PXM2020-178216-000008）阶段性成果

北京市科学技术研究院首都高端智库研究报告

城市高质量发展研究丛书 / 丛书主编：方力

高精尖

产业发展研究

贾品荣 ◎著

中国财经出版传媒集团

经济科学出版社

Economic Science Press

图书在版编目（CIP）数据

高精尖产业发展研究/贾品荣著．—北京：经济
科学出版社，2021. 11
（城市高质量发展研究丛书）
ISBN 978 - 7 - 5218 - 3278 - 5

Ⅰ. ①高…　Ⅱ. ①贾…　Ⅲ. ①高技术产业 - 产业发展
- 研究 - 中国　Ⅳ. ①F279. 244. 4

中国版本图书馆 CIP 数据核字（2021）第 254044 号

策划编辑：李　雪
责任编辑：袁　澂
责任校对：杨　海
责任印制：王世伟

高精尖产业发展研究
贾品荣　著
经济科学出版社出版、发行　新华书店经销
社址：北京市海淀区阜成路甲 28 号　邮编：100142
总编部电话：010 - 88191217　发行部电话：010 - 88191522
网址：www. esp. com. cn
电子邮箱：esp@ esp. com. cn
天猫网店：经济科学出版社旗舰店
网址：http: //jjkxcbs. tmall. com
北京季蜂印刷有限公司印装
710 × 1000　16 开　23. 25 印张　320000 字
2022 年 2 月第 1 版　2022 年 2 月第 1 次印刷
ISBN 978 - 7 - 5218 - 3278 - 5　定价：90. 00 元
（图书出现印装问题，本社负责调换。电话：010 - 88191510）
（版权所有　侵权必究　打击盗版　举报热线：010 - 88191661
QQ：2242791300　营销中心电话：010 - 88191537
电子邮箱：dbts@ esp. com. cn）

序

努力发展高精尖产业

吕　政[*]

北京市科学技术研究院贾品荣研究员新著《高精尖产业发展研究》一书对高精尖产业的含义、产业特征、发展趋势、发展目标和战略、影响因素和发展水平的评价体系等问题进行了比较全面深入的研究。这项研究成果对于认识高精尖产业发展客观规律、发展条件和发展路径具有理论价值,对实际工作也具有指导意义。

在工业产品分类和统计标准中,并没有高精尖的概念和严格的划分标准,它只是人们对产品进行价值判断的一种习惯性说法。但是在工业产品构成中,又确实存在高精尖产品,它既存在于生产资料行业中,如高性能金属和非金属材料、高级数控机床、飞机发动机、精密轴承、精密刀具、技术密集的关键零部件和元器件、精密仪器仪表、精细化工,等等,又存在于消费品行业中,例如特效药品、高级轿车、高档手表、高档服装、高档家具、高档化妆品、高档酒类、高档工艺品,等等,还存在于生产资料与消费资料之外的门类众多的国防尖端武器装备方面。所以,研究高精尖制造业的发展问题,需要对其涵盖的范围有科学的认识。高精尖产品既存在于以现代最新科学技术为基础的先进制造业中,又存在于传统制造业中。

根据以上分析,我们可以这样定义高精尖产品及其制造业,它主要是指附加值高、技术和知识密集、消耗的能源原材料少、劳动生产

* 吕政,著名经济学家、中国社会科学院学部委员、中国社会科学院工业经济研究所原所长、北京市科学技术研究院"北科学者"学术导师、研究员。

率高、利润率高、在产业价值链中处于顶端的先进制造业。有些产品在总体上虽然属于高精尖产品，如电脑、手机等，但是生产厂家只是进行外围产品的配套和产成品的组装，其中的关键元器件、软件都依靠外购，研发投入比重低，没有多少具有自主知识产权、关键性的技术专利，例如卖一台电脑只能赚相当于"一把大葱"的钱。严格地讲，这类企业并不是真正意义上的高精尖制造企业，其产品看起来"高大上"，但本质上仍属于加工组装型制造业。

坚持比较发挥优势的观点认为，在经济全球化的条件下，制造业已经形成广泛的国际分工，各个国家应立足于自身的比较优势参与国际分工与国际合作，做本国最有优势、最有竞争力的产业。理论上这一观点是对的，特别是在工业化起步和工业基础比较薄弱的阶段，依靠比较优势，做大本国的优势产业，在国际市场获得一席之地，既解决了本国劳动力就业问题，又为工业发展积累了资金，同时还吸引了外国资本的进入。

比较优势理论在我国改革开放和经济发展过程中发挥过重要的指导作用。但是生产力是不断发展的，科学技术是不断进步的，国际政治经济格局是不断变化的。一句话，时代在变化。如果我们不能与时俱进，调整发展战略、推进产业升级、增强竞争优势，那就像古代寓言中所说的刻舟求剑和守株待兔一样愚蠢。

第一，必须看到我国劳动力供求关系已经发生变化。根据有关部门的统计和预测，2020 年我国的农民工数量为 28560 万人，比 2019 年减少了 517 万人。"十四五"期间，我国将会有超过 4000 万人退休，将减少 3500 万的劳动人口。在劳动力供给总量逐年下降的同时，制造业工资成本逐年上升。2005 年我国民营工业企业员工的平均工资为 875 元，2011 年上升到 2049 元，2020 年为 4825 元。在工资上升的同时制造企业却普遍面临招工难的问题。我国劳动力资源丰富的比较优势虽然还没有出现根本性的变化，但逐渐减弱已是必然趋势。只有通过产业升级，发展高附加值产业，提高劳动生产率才能化解这种矛盾。

　　第二，从国际贸易条件考察，我国不应长期依靠出口劳动密集型产品参与国际分工实现贸易增长和贸易顺差。贸易条件直接关系到国家利益。以购买民航大型客机为例，我国进口一架波音737客机，平均单价为1.2亿美元，每年进口民航客机需要300多亿美元。2019年我国出口服装298.43亿件，金额为1534.53亿美元，每件出口服装的平均单价为5.14美元。购买一架波音737客机，需要出口2335万件服装。我国生产出口服装的劳动力总数约350万人，生产出口服装企业的人均劳动生产率为每年4.38万美元。美国波音公司全球员工总数为16万人，2019年实现销售收入765.59亿美元，人均劳动生产率为每年47.85万美元。波音公司的劳动生产率是中国服装行业的10.9倍[①]。通过比较，我们可以认识到为什么要积极发展国产民用大型客机，即在国内劳动密集型制造业成本上升的情况下，必须不失时机地发展技术密集型的高精尖产业，以改善我国的贸易条件，并以较少的生产要素投入实现更多的产出。

　　第三，当代国际竞争格局发生了新的变化，美国政府明确地把中国作为战略精湛的对手。为了遏制中国经济的发展，在继续制造贸易摩擦的同时，重点转向技术脱钩和技术封锁。特朗普政府的贸易代表罗伯特·莱特希泽2018年在参议院对参议员们说，中国在《中国制造2025》中计划主要发展的产业，要运用科技创新并投入几千亿元，达到国际领先。如果让中国如愿以偿，就对美国不利。新加坡国立大学东亚研究所所长郑永年在2019年8月7日新加坡《联合早报》发表的《中国新时期的外部风险》一文中指出，这次贸易摩擦的核心是"技术冷战"，就是针对中国制造2025的。说到底，通过这场"技术冷战"，美国不希望中国在技术层面实现赶超，从而拖延中国现代化的进程。也可以说，促成中国陷入"中等收入陷阱"，或促使中国回到贫穷社会主义阶段是美国所需要的。在国际竞争的新形势下，我们必须增强危

　　[①] 　根据中国服装协会提供的数据计算。

机意识，坚持创新驱动，在技术密集型制造业领域有所作为。

发展高精尖产业需要突出重点。在我国高端制造业的产业链中，关键性的技术、材料、元器件和设备受制于人，存在诸多"卡脖子"的环节。由于购买技术和进口关键产品的国际贸易条件恶化，我国高附加值的技术密集型产业的发展受到阻碍。在我国高端制造业中，与国外有较大差距并依赖进口的关键材料、设备、元器件和软件等，主要有30多项。这些"卡脖子"的项目，不是科学理论问题，而是材料、设备、工艺等技术问题，不是靠学术论文能够解决的。因此必须坚持以企业为主体，形成社会化分工体系。在横向配套和纵向产业链体系中，发挥各类企业自身的优势，由龙头企业集成。

发展高精尖产业，既要有时不我待、只争朝夕的紧迫感，又必须摒弃企图在短期内获取暴利、靠商业模式创新和寻租的机会主义行为。要建设和培育日积月累、持之以恒、对技术精益求精的企业文化。把工匠精神与机器大工业的生产方式结合起来，学习工业先进国家在技术密集型制造业领域打造知名品牌的经验。

是为序。

前 言 | Preface

　　《北京市"十四五"时期高精尖产业发展规划》于 2021 年 8 月 11 日发布。北京提出构建"2441"高精尖产业体系，北京高精尖产业进入创新发展、提质增效新阶段；广东在制造业"十四五"规划中，提出重点发展集成电路、新能源等高精尖产业；上海提出要形成以集成电路、生物医药、人工智能三大产业为核心的产业发展体系。那么，高精尖产业发展的战略性何在？与高技术产业、战略性新兴产业、未来产业的区别在哪里？当前的制约因素有哪些？如何评价高精尖产业？这些问题，在今天强调制造业高质量发展、增强产业发展核心关键技术背景下显得非常迫切。

　　本书的选题源自北京市科学技术研究院"北科学者"计划。项目于 2019 年起通过三年的研究，从高精尖产业结构评价、企业评价与产业生态环境维度，对北京高精尖产业进行系统研究，找寻北京高精尖产业发展的战略路径及产业培育对策。

　　全书共 18 章内容。第 1 章为导论。第 2 章为理论基础，主要包括高技术产业理论、主导产业选择理论、产业升级理论、比较优势理论、创新理论和系统论。第 3 章为高精尖产业的概念、特征及战略目标。论述了"高精尖"产业的本质是一种创新驱动的产业，高精尖产业发展的三大战略性目标：高精尖产业体系是实现创新发展的产业体系；高精尖产业体系是实现融合发展的产业体系；高精尖产业体系是实现协调发展的产业体系。第 4 章为高精尖产业与相关产业的区别与联系，

1

分析了高精尖产业与高技术产业、战略性新兴产业和未来产业的区别和联系。第 5 章为北京高精尖产业发展历程及现状分析。第 6 章为研发创新对高精尖产业结构影响的研究，建构了研发创新对高精尖经济结构影响的概念模型。第 7 章为高精尖产业发展水平评价指标体系构建，提出评价高精尖产业发展水平由 7 个核心指标组成——增加值比重、能耗强度、行业利润率、劳动生产率、研发人员比重、研发投入强度、专利授权数。第 8 章为北京高精尖产业发展水平评价。第 9 章为北京高精尖产业发展与其他省市的比较分析，重点对北京、广东、上海等省域的高精尖产业进行了比较。第 10 章为北京高精尖产业发展的影响因素分析，包括内在因素——核心技术与研发投入、企业融资与招商引资、高素质人才；外在因素——国家和北京市政策、发达国家出口管制、发达国家的安全审查等。第 11 章为高精尖企业技术先进性评价模型构建，从技术创新水平、综合利用水平和经济效益水平三个方面，建构高精尖企业技术先进性评价模型。第 12 章为高精尖企业市场成熟度评价模型建构，从市场规模、市场结构和市场潜力三个方面，建构高精尖企业市场成熟度评价模型。第 13、14 章为北京高精尖企业技术先进性与市场成熟度的实证分析，对京东方和康拓红外进行了高精尖企业技术先进性与市场成熟度的实证分析。第 15 章为提高高精尖产业发展"四率"的政策建议。从高精尖产业发展的驱动因素上，提出提高全要素生产率、提高劳动生产率、提高资源生产率、提高环境效率的建议。第 16 章为高精尖产业发展的"三循环"支撑体系及"一纵六横"实现机制，提出面向高质量发展的高精尖产业支撑体系可以概括为"三循环"支撑体系，即"人才激励"上升循环、"产业融合"上升循环和"协同发展"上升循环；高精尖产业发展的实现机制可以概括为"一纵六横"，其中"一纵"为城市群协同发展机制；"六横"为创新链产业链联动机制、资源优化配置机制、项目"揭榜挂帅"机制、科技金融支持机制、人才激励机制、有机生态机制。第 17 章为纵论高精尖产业的发展大势，提出高精尖产业发展的五大宏观力量、五大中观力量、五大微观力量。五大宏观力量是指高质量发展、国家战略科技力量、双碳目标、就业优先战略及健康中国战略；五大中观力量是指产业互动、产业升级、空间重构、应用场景牵引、产业生态；五大微观力量是指技术引领、数字化驱动、应用场景牵引、人才与企业的匹配度、服务化创新及迭代进化。第 18 章为全书主要结论。

在研究中，课题组在复旦大学、华为公司等就高精尖产业发展现状与对策组织了多次专家座谈会，并就北京高技术企业展开深入调研。同时，积极挖潜研究的应用价值，撰写的决策咨询报告《北京高精尖产业发展水平及与上海、广东的比较》，被北京市政府办公厅以专报刊发；申报的北京社科基金重点项目《完善科技创新制度研究》立项，为高精尖产业发展提供更优的政策环境；发布的《北京高精尖产业发展报告（2021）》被《科技日报》《北京日报》等主流媒体报道；刊发 SCI 一区论文 *Electricity price and industrial green productivity*，影响因子为 5.537；在管理学权威期刊《系统工程理论与实践》上刊发了相关论文；理论文章《创新驱动"高精尖"产业》刊发于《光明日报》理论版。

笔者始终认为，智库研究人员应一边积极联系政府，精准掌握政策脉络；一边面向社会，及时发布研究成果，使成果被政府采纳、被社会应用，同时，也应接受社会的监督，这样才能与智库的地位相匹配，不能仅仅埋头于故纸堆中。出版成果是联系社会的反映，希望本书得到产业研究和实践部门的指导，以便在后续的研究中日臻完善。

在本书研究过程中，得到著名经济学家、中国社会科学院学部委员、"北科学者"导师吕政研究员的多次指导，在出版之际深表谢意！在研究中，北京市科学技术研究院党组书记方力研究员，北京市科学技术研究院原院长郑焕敏研究员，北京市科学技术研究院原党组副书记、副院长王立研究员，院党组成员、副院长刘清珺研究员，院领导卢宇国研究员给予悉心指导与热情帮助，表示衷心的感谢！本研究还得到院办公室、人力资源处、科研处、国资处、科技智库中心、科学传播中心、创新发展战略研究所、数字经济创新研究所同仁的大力支持，在此一并表示衷心的谢忱！

在出版过程中，得到经济科学出版社资深编辑李雪的大力支持，特别感谢经济科学出版社为作者搭建了与读者沟通的桥梁。经济科学出版社是出版财经类图书的优秀出版社，其编辑表现出最充分的协作精神与积极态度，在本书出版之际深表感谢！

本书从创新角度对高精尖产业发展做了一些初步探索，可能存在不足之处，敬请读者批评指正！

贾品荣

2021 年 12 月 22 日

目录
Contents

图 目 录

表 目 录

第1章 导　论

　　《北京市"十四五"时期高精尖产业发展规划》于 2021 年 8 月 11 日发布，提出构建"2441"高精尖产业体系，目的是明确重点领域，优化创新链与产业链布局，提升发展能级，让符合首都发展定位的高精尖产业助力全国科技创新中心建设和首都经济高质量发展。北京高精尖产业进入创新发展、提质增效新阶段。广东在制造业"十四五"规划中，提出重点发展集成电路、新能源等高精尖产业。上海提出要形成以集成电路、生物医药、人工智能三大产业为核心的产业发展体系。那么，高精尖产业发展的战略性何在？制约因素有哪些？如何评价高精尖产业？这些问题，在今天强调科技自立自强、实现制造业高质量发展、增强产业发展核心关键技术背景下显得非常迫切。

1.1　高精尖产业的定义

　　高精尖产业这一术语，最早是技术经济学术语，指具有"高级、精密、尖端"特征的科技发明或产品工艺。后来北京市政府将高精尖这一概念创造性地应用于产业领域，用来代表具有高精尖属性，能够满足新时代首都战略功能定位和现代化经济体系建设要求的产业。

　　2017 年，《北京市统计局、北京市经济和信息化委员会关于印发北京"高精尖"产业活动类别（试行）的通知》，制定了《北京"高精尖"产业活动类别》，明确提出北京高精尖产业的定义，即以技术密集型产业为引领，以效率效益领先型产业为重要支撑的产业集合。其中，技术密集型高精尖产业是指具有高研发投入强度或自主知识产权、低资源消耗特征，对地区科技进步发挥重要引领作用的活动集合；效率效益领先型高精尖产业指具有高产出效益、高产出效率和低资源消耗特征，对地区经济发展质量提升和区域经济结构转型升级具有重要带动作用的活动集合。2017 年，《中共北京市委、北京市人民政府关于印发加快科技创新构建"高精尖"经济结构系列文件的通知》提出高精尖产业包括新一代信息技术、集成电路、医药健康、智能装备、节能环保、新能源汽车、新材料、人工智能、软件和信息服务业和科技服务业十个行业。

国外对高精尖经济结构没有明确的界定，国内专家学者对于高精尖经济结构的研究主要如下：王玉海等（2017）认为所谓高精尖经济结构中的"高"指产业层次高、带动作用强，能起到高端引领作用；"精"指资源占用小、产值利润大，具有高效低耗特征；"尖"指科技品质优、创新特色足，可发挥创新驱动的作用。唐建国（2016）认为高精尖的概念涉及经济结构、产业和产品三个层面。在经济结构层面，一个内部优化而稳定发展的"321"经济结构是高精尖经济结构的重要标志。在产业层面，高精尖产业主要是以新兴的高端产业、传统产业的高端形态和一般产业的高端环节为核心，以配套产业集群为支撑、以部分产业链为补充的产业体系。在产品层面，创造高精尖产品是培育高精尖产业的主要抓手。唐建国认为高精尖产品主要是高级、精密、尖端的产品。田新民等（2016）认为高精尖产业结构，即通过知识创新与技术进步、产业结构及其空间结构调整与优化升级，使产业结构整体质量和效率向高级化演进，即实现产业的高附加值、高技术化、高集约化与高加工度化，不断地将经济增长转换到新路径上。安邦（ANBOUND）研究人员唐黎明（2015）认为，高精尖指具有"高级、尖端和精密特质"的科学技术、产品工艺和先进发明。北京市政府将其应用到产业领域，更多地反映的是一种产业发展的导向和形态。而高精尖产业自然就是指那些具有"高、精、尖"属性的产业或产业组合。许强等提出构建中关村示范区高精尖产业体系。高精尖产业是指具有"高、精、尖"属性的产业或产业组合。"高"指高科技、高附加值、高知识、高技术密集型的高端产业；"精"指应该有所选择地发展产业，选择在本区域内有比较优势且符合发展定位的高端产业；"尖"指在一定区域内、全国乃至国际上处于尖端，能够作为众多高技术产业的支撑与领头的产业。中关村示范区高精尖产业体系共 14 个产业类别，大致分为核心层（电子信息、生物制药、新材料、先进制造、航空航天、新能源、环境保护）、衍生层（互联网相关、软件和信息技术、专业技术、科技推广和应用、电信电视和卫星传输、商务应用）和拓展层（现代农业）三个系统层级。

本书采用《北京市统计局、北京市经济和信息化委员会关于印发北京"高精尖"产业活动类别（试行）的通知》给出的高精尖产业定义——以技术密集型产业为引领，以效率效益领先型产业为重要支撑的产业集合。本书认为，高精尖的定义要在一个坐标体系里思考。"高"最重要的指标是研发强度；"精"是具有自主知识产权的原始创新；"尖"是能够引领技术发展方向的国际技术前沿。高精尖产业的本质，是一种创新驱动的产业。

1.2　发展高精尖产业的战略性分析

本书认为，发展高精尖产业的战略性有三：高精尖产业体系是实现创新发展的产业体系；高精尖产业体系是实现融合发展的产业体系；高精尖产业体系是实现协调发展的产业体系。

1.2.1　高精尖产业体系是实现创新发展的产业体系

改革开放以来，我国形成和发展了电子信息、生物工程、新能源、现代交通运输设备制造业等技术密集型的产业。但是必须看到，我国制造业的效率、高新技术产业的产业链、关键与核心技术等方面，与国际发达国家相比还存在诸多差距。高端制造业比重低，而且在高端产业链中，关键性的技术、材料、元器件和设备受制于人，存在诸多"卡脖子"的环节。由于购买技术和进口关键产品的国际贸易条件恶化，高附加值的技术密集型产业的发展受到严重阻碍。科技部门筛选了在高端制造业中，与国外有较大差距并依赖进口的关键材料、设备、元器件和软件等，包括光刻机、高端芯片、人工智能传感器、手机射频器件、手机和电脑操作系统、燃料电池和关键材料、重型燃气轮机、高档汽车发动机等30多项"卡脖子"的关键技术。克服高端制造业的技术短板，可以有效地缓解资源密集型产品供给不足的短板。也就是说，发展高精尖产业有利于解决制造业的自主创新问题。因此，需要通过发展高精尖产业，增强先进制造业的核心竞争力，增强高精尖产业持续发展的动能，真正掌握自主发展权，使北京、上海、广东等地参与全球产业合作和获取竞争新优势。

📖【专栏1-1】

"十四五"：加快补齐高端医疗装备短板

2021年12月28日，工业和信息化部、国家卫生健康委、国家发展改革委等10部门联合发布《"十四五"医疗装备产业发展规划》（以下简称《规划》），聚焦诊断检验装备、有源植介入器械等七大重点领域，提出2025年医疗装备产业发展的总体目标和2035年的远景目标。

《规划》强调，面对新发展阶段人民日益增长的医疗卫生健康需求，以及国际发展环境深刻变革带来的新形势新挑战，必须坚持自立自强，着力突破技术装备瓶颈，加快补齐高端医疗装备短板，积极推动产业高质量发展。

《规划》提出，到 2025 年，医疗装备产业基础高级化、产业链现代化水平明显提升，主流医疗装备基本实现有效供给，高端医疗装备产品性能和质量水平明显提升，初步形成对公共卫生和医疗健康需求的全面支撑能力。到 2035 年，医疗装备的研发、制造、应用提升至世界先进水平。我国进入医疗装备创新型国家前列，能够为保障人民全方位、全生命期健康服务提供有力支撑。

《规划》聚焦诊断检验装备、治疗装备、监护与生命支持装备、中医诊疗装备、妇幼健康装备、保健康复装备、有源植介入器械七个重点发展领域。同时，《规划》提出了"十四五"期间医疗装备产业发展的五项重点任务。通过加强产业基础能力建设、提升产业链供应链现代化水平、完善产业共性技术平台建设，夯实产业基础，提升技术创新能力；通过加强原创性引领性医疗装备攻关、加强临床应用创新研究、加快智能医疗装备发展，强化医工协同，提升有效供给能力；通过加强优质企业培育、推动产业集群化发展、提升企业智能制造水平，加强品牌建设，提升国际竞争能力；通过推进"5G＋医疗健康"新模式发展、推进居家社区和医养康养一体化发展、提升紧急医学救援保障能力，培育新模式新业态，提升全方位服务能力；通过建立健全标准体系、健全安全保护体系、健全产业基础平台体系，优化产业生态，提升基础支撑能力。

（资料来源：根据《"十四五"医疗装备产业发展规划》整理）

1.2.2　高精尖产业体系是实现融合发展的产业体系

高精尖产业加速发展的深刻背景是新一代产业革命的兴起与加速。一般认为，当前全球正处于第三次产业革命末期与新一代产业革命的孕育期。第四次产业革命继承了第三次产业革命中的信息技术，并在此基础上衍生了以物联网、云计算、大数据、3D 打印技术为代表的数字技术创新。数字技术与其他技术领域的融合创新往往需要打破行业的边界，实现跨界与协同，产业的边界因此更加模糊。数字技术创新通过数字网络和智能算法将对未来的生产流程、生产模式、管理方式产生颠覆性影响。新一代信息技术与制造业以及软件和信息服务业与制造业的深度融合，产生协同效益。制造业通过应用新一代信息技术、与信息服务融合互动，加速实现了转型升级。龙头企业在实现智能化升级、打造智慧工厂基础上，通过云平台向制造服务业企业转型。在融合发展中，信息技术产业得到更快发展。以北京市软件和信息服务业为例，2012～2019 年北京市软件和信息服务业增加值占 GDP 的比重逐年上升，特别是 2017～2019 年，在北京构建高精尖产业政策的推动下，北京软件和信息服务业发展更快。2012 年北京软件和信息技术服务业占 GDP 的比重为 9.1%，到 2019 年北京软件和信息技术服务业增加值占 GDP 比重已达 13.5%。

📖【专栏 1－2】

上海："十四五"重点发展三大先导产业

上海 2021 年 7 月 5 日发布《上海市先进制造业发展"十四五"规划》，提出 5 年构建"3＋6"新型产业体系，重点发展集成电路、生物医药、人工智能三大先导产业，以及电子信息、生命健康、汽车、高端装备、先进材料、时尚消费品六大高端产业。

"十四五"期间，上海将按照"3＋6"体系的蓝图，进一步提升产业规模和能级，计划形成两个万亿级、四个五千亿级的高端产业集群。

20 世纪 90 年代，上海提出发展电子信息、汽车、石油化工、精品钢材、成套设备、生物医药六个重点工业行业，夯实了上海经济发展的基础。近年来，随着新兴产业的快速发展，上海涌现出了一批具有支柱潜力的新动能产业。经过调查研究，上海形成了"3＋6"新型产业体系，即上述的三大先导产业、六大重点产业。

上海是中国近代重要的民族工业发祥地、民族品牌发源地和集聚地。昔日，"上海制造"不仅在中国市场"一枝独秀"，而且远销东南亚及欧美市场，形成了上海牌手表、蝴蝶牌缝纫机、凤凰牌自行车、大白兔奶糖等一系列家喻户晓的上海品牌。

2018 年，上海出炉《全力打响"上海制造"品牌，加快迈向全球卓越制造基地三年行动计划（2018～2020 年）》，再次打响"制造品牌"，向海内外传达发展先进制造业、建设全球卓越制造基地的决心。

最新数据显示：2020 年，上海全市实现工业总产值 3.7 万亿元人民币，工业增加值达到 9657 亿元，工业增加值占全市生产总值比重达 25%，顺利完成"十三五"目标。

（资料来源：根据《上海市先进制造业发展"十四五"规划》整理）

1.2.3 高精尖产业体系是实现协调发展的产业体系

北京、上海、广东产业发展规划都强调加强京津冀、长三角、珠三角的区域协调发展。以北京为例，北京立足京津冀全局谋划产业布局，增强与天津、河北的全面深度联动，促进三地产业链共建、供应链共享、价值链共创，推动京津冀地区产业协同朝着更加均衡、更高层次、更高质量的方向迈进。北京的环京地区产业协同发展规划布局了三个圈层，在空间区位上合理匹配，形成互补错位、合理高效的产业格局，通过京津冀地区产业协同，助力北京高精尖经济结构有序推动疏解首都非核心功能，优化产业结构。

【专栏 1 -3】

京 津 冀 区 域 发 展 指 数 呈 上 升 趋 势

国家统计局 2021 年 12 月 20 日发布的统计监测显示，2020 年京津冀区域发展指数为 119.33，与 2014 年相比，年均提高 3.22 点。

国家统计局监测显示，京津冀区域创新发展指数增势强劲，2020 年为 131.87，与 2014 年相比，年均提高 5.31 点。2020 年区域每万常住人口发明专利拥有量为 37 件，比 2014 年增长 2.2 倍；京津冀三地的研发经费投入强度之比由 2014 年的 4.46∶3.52∶1 变为 2020 年的 3.68∶1.97∶1，河北与京、津的差距明显缩小。

京津冀区域共享发展指数呈较快上升趋势，2020 年为 133.78，与 2014 年相比，年均提高 5.63 点。在基本公共服务共享方面，京津冀三地人均教育、社会保障、就业和医疗卫生支出之比从 2014 年的 2.84∶2.40∶1 缩小至 2020 年的 2.49∶1.60∶1；在基础设施共建方面，区域高速公路里程密度由 2014 年的 367.6 千米/万平方千米提高至 2020 年的 474.6 千米/万平方千米，增长 29.1%；在教育质量方面，2020 年区域大专及以上学历人数占 6 岁及以上常住人口比重为 21.5%，比 2014 年提升 5.5 个百分点。

同时，京津冀区域协调、城乡协调呈现积极变化。城市群空间联系日益密切，2020 年区域联系强度比 2014 年增长 27%。京津冀三地城乡居民人均可支配收入差距均持续低于全国平均水平，其中北京城乡收入比由 2014 年的 2.57∶1（以农村收入为 1，下同）缩小至 2020 年的 2.51∶1，河北由 2014 年的 2.37∶1 缩小至 2020 年的 2.26∶1。

（资料来源：《人民日报·海外版》，2021 - 12 - 28，第 11 版）

1.3　北京发展高精尖产业的必要性分析

北京市是全国首个提出高精尖产业构想的城市。本书认为，北京大力发展高精尖产业的原因有三：发展高精尖产业有利于发挥北京丰富的科教资源优势，是建设国际科技创新中心的核心落脚点，也是解决北京产业发展深层次问题的根本途径。

1.3.1　发展高精尖产业有利于发挥北京丰富的科教资源优势

北京的"三个创新集聚"——创新资源密集、创新成果富集、创新人才聚集，是发展高精尖产业赖以依托的重要资源。发展高精尖产业，有利于更好地发挥北京丰富的科技资源和人才优势，为首都创新发展和高质量发展提供动力支撑。从北京自身禀赋看，丰富的科技智力资源，是首都发展优势所在、依托所在。创新驱动本质上是人才驱动，人力、科技资源"富矿"，为高质量发展注入源头活水。北京拥有"两院"院士 756 名，约占全国的 1/2；"千人计划"人才 1658 人，占全国的 1/4；人才资源总量达到 651 万人，人才对北京经济增长的贡献率达到了 51.8%[①]。

1.3.2　发展高精尖产业是建设国际科技创新中心的核心落脚点

北京市委书记蔡奇指出："构建高精尖经济结构，建设全国科技创新中心，是首都发展的新引擎和增长极。"[②] 北京今后发展靠的是创新，要集中力量做好"白菜心"。2020 年，北京高精尖产业实现增加值 9885.8 亿元，占地区生产总值比重达到 27.4%。要深刻体现现代最高科技创新水平的高端智能制造和集成创新特征的高精尖产业体系，应该是北京所定位的十大高精尖产业体系的根本和精髓。更要注意到，北京要实现和构建全球有影响力的全国科技创新中心的战略定位，必然要在基础研究、

---

① 数据来自《北京市"十四五"时期高精尖产业发展规划》。
② 北京市委书记蔡奇走访调研阿里巴巴北京总部、百度公司［N］.北京晚报，2018 - 10 - 12。

应用基础研究、原始创新以及各种颠覆性技术创新等方面进行全面性突破，而这些创新活动本身需要巨额的、持续的财政资金的支持。高精尖产业体系由于自身的高附加值特征，是财政来源的核心支撑之一。由此，从这层逻辑来看，北京如果不能加快建设高精尖产业体系，就无法为首都稳定且可持续的财政收入来源奠定坚实的产业基础，反过来也会影响和制约北京推进打造全球有影响力的科技创新中心的战略任务。因此，高精尖产业体系是关乎首都能否科学实现构建全球有影响力的科技创新中心战略定位的物质基础，也在很大程度上是决定首都能否顺利构建全球有影响力的科技创新中心的核心财政保障。

1.3.3 发展高精尖产业是解决北京产业发展深层次问题的根本途径

北京产业发展的主要成效是创新支撑产业发展日益突出。北京立足全国科技创新中心的定位，不断增强创新驱动内生动力。北京已经培育形成新一代信息技术（含软件和信息服务业）、科技服务业两个万亿级产业集群以及智能装备、医药健康、节能环保、人工智能四个千亿级产业集群。2020 年北京高精尖产业研发经费投入占收入比重7.3%。涌现出柔性显示屏、国内首款通用 CPU（中央处理器）、新冠灭活疫苗、5G + 8K（第五代移动通信技术 + 8K 超高清分辨率）超高清制作传输设备、新型靶向抗癌新药、手术机器人、高精密减速器等具有全球影响力的创新成果。2020 年，北京市新经济实现增加值13654 亿元，占地区生产总值的比重达 37.8%。但是，与国际科技创新中心的要求相比，北京企业创新实力仍然不足，部分高技术制造业企业 R&D 活动不活跃，领军企业研发投入规模明显落后于世界先进水平[①]。一个突出问题是创新资源优势未能充分发挥。北京作为全国

---

① 数据来自《北京市"十四五"时期高精尖产业发展规划》。

创新资源最丰富的城市之一，科技文化资源优势和潜力还需要进一步释放，原始创新能力仍需要提升。作为全国科技创新中心，创新资源能力不足，集成电路、智能制造等行业对发达国家核心元器件依赖程度比较高；同时，企业创新能力不足，全社会研发投入中，企业占比不足 40%，企业研发投入强度不足 1%，远低于创新能力强的国家 4% 的平均水平[①]。此外，北京研发成果质量有待提升。重要的还有，北京科技创新转化能力不强，科技成果这个产业化的动力和活力仍显不足，技术交易额留在本土产业化的仅有不到 1/3，高等院校科技创新和企业技术进步的需求不能有效对接。科技资源的活力还有待激发，以企业为主体的产学研协同创新机制尚未全面建立。在经济下行压力较大时，亟须全面提升企业创新主体地位和竞争力。

针对这些问题，需要强化创新驱动北京高精尖产业发展，积极推动首都产业高质量发展，提升北京产业发展在全球的竞争力。

1.4　研 究 价 值

1.4.1　理论价值

高精尖产业与一般产业相比，其创新驱动特征更加显著。本书认为，创新驱动是高精尖产业发展的定义性特征，要义有三。

要义之一：高精尖产业发展的四个驱动因素都与创新密切相关。高精尖产业的驱动因素有四：首先，全要素生产率高。全要素生产率是高精尖产业发展的核心。除去所有土地资源、劳动力等有形要素以外的纯技术进步对生产率增长的贡献较高，直接反映科技创新驱动水

---

① 盛继洪. 北京经济高质量发展研究 [M]. 北京：社会科学文献出版社，2019.

平。较高的全要素生产率有利于释放增长潜能，提升要素配置效率，培育经济增长的新动力。其次，劳动生产率高。劳动生产率是高精尖产业发展的源泉。它要求一定时期内一定劳动力投入形成的产出数量和价值要高。再次，资源生产率高。资源生产率是高精尖产业发展的重要条件。也就是说单位投入的自然资源、能源和土地各类资源要素的产出附加值高，高精尖产业应当具备较高的资源生产率。最后，环境效率高。环境效率是高精尖产业发展的内在要求，单位环境负荷的经济价值要高。高精尖产业要充分考虑资源投入与效益产出、污染排放的相互关系。提升全要素生产率、劳动生产率、资源生产率、环境效率都与创新直接相关。构建高精尖产业体系，从经济学角度说，就是需要突破和超越现在产业中的生产可能性边界，依靠创新驱动发展，全面提升全要素生产率、劳动生产率、资源生产率、环境效率，从而带动高精尖产业发展，最终促进经济高质量发展。

📖 【专栏 1－4】

"十四五"智能制造：科技含量将更足

2021 年 12 月 28 日，工业和信息化部等八部门联合印发《"十四五"智能制造发展规划》（以下简称《规划》）。作为制造业大国，信息技术、科技发展只有切实落地到制造业，真正推动、实现制造业数字化、智能化升级转型，才能带来高质量发展。因此，《规划》将提升全产业的自动化、智能化，使得国民经济"科技含量"更足。

《规划》提出发展目标：到 2025 年，规模以上制造业企业大部分实现数字化网络化，重点行业骨干企业初步应用智能化；到 2035 年，规模以上制造业企业全面普及数字化、网络化，重点行业骨干企业基本实现智能化。

2025 年的主要目标分为三部分：

——转型升级成效显著，70% 的规模以上制造业企业基本实现数字化网络化，建成 500 个以上引领行业发展的智能制造示范工厂；

——供给能力明显增强，智能制造装备和工业软件技术水平的市场竞争力显著提升，市场满足率分别超过 70% 和 50%，培育 150 家以上专业水平高、服务能力强的智能制造系统解决方案供应商；

——基础支撑更加坚实，构建适应智能制造发展的标准体系和网络基础设施，完成 200 项以上国家、行业标准的制修订，建成 120 个以上具有行业和区域影响力的工业互联网平台。

根据《规划》，四大重点任务分别为加快系统创新，增强融合发展新动能；深化推广应用，开拓转型升级新路径；加强自主供给，壮大产业体系新优势；夯实基础支撑，构筑智能制造新保障。

《规划》的另一大亮点是，首次提出促进区域智能制造发展，鼓励地方探索各具特色的区域智能制造发展路径；支持产业特色鲜明、转型需求迫切、基础条件好的地区建设智能制造先行区，并鼓励区域联动。

（资料来源：根据《“十四五”智能制造发展规划》整理）

要义之二：创新可以塑造高精尖发展新优势。我国进入新发展阶段，经济发展不能再依赖劳动力和资源环境的低成本优势。同时，我国科技发展也从跟跑逐渐发展为并跑乃至领跑的新态势。在“并跑”和部分领域“领跑”新阶段，亟须加强基础研究、攻克关键领域的技术难题和发展瓶颈，从而为我国持续发展提供强大动力。站在“十四五”新的历史起点，国家自主创新体系将更趋完善。经过改革开放 40 多年的探索，我们在把握科技革命带来的范式转换过程中赶超机遇的优势日益显现。“十四五”期间，庞大的国内市场能够为技术进步提供充足的动力，强大的制度优势与宏观协调能力，能够保证研发与产业化的投入，使我国部分高精尖产业的复杂产品系统进入领先国家行列，推进产业结构升级优化与经济高质量发展。此外，数字经济是新一轮科技革命的主战场。这些产业的主导技术发展总体上处于探索期，为我国利用国内市场和需求规模，形成独特的技术能力和技术路线优势提供了战略性机会。

要义之三：高精尖产业的自主创新能力要求更高。习近平总书记2018年5月28日在两院院士大会上强调："关键核心技术是要不来、买不来、讨不来的。"只有实现关键核心技术自主可控，才能把创新主动权、发展主动权牢牢掌握在自己手中。作为推动创新创造的生力军，处于技术尖端的高精尖产业自主创新的要求更高，提升核心技术创新能力是高精尖产业发展的核心环节，只有形成自主创新能力，才能带动新技术、新产品、新业态蓬勃发展，这也是高精尖产业创新发展的实现路径。

因此，本书在创新驱动是高精尖产业发展的定义性特征下，研究高精尖产业的研发创新对高精尖经济结构的影响机制，评价高精尖产业的发展水平，分析高精尖企业的技术先进性与市场成熟度的匹配，在理论层面分析探讨高精尖产业的内在特征，无疑具有一定研究价值。

1.4.2 应用价值

本书提出了高精尖产业四个驱动因素，以及评价高精尖产业发展水平的七个核心指标，其对于建构高精尖企业的技术先进性与市场成熟度模型，培育和发展我国高精尖产业具有理论参考与政策建议方面的价值。

1.5 研 究 内 容

全书包括18章内容。

第1章为导论。介绍研究背景、研究现状、研究内容、研究方法及技术路线、创新点。

第 2 章为理论基础。高精尖产业的理论基础主要有高技术产业理论、主导产业选择理论、产业升级理论、比较优势理论、创新理论及系统论。

第 3 章为高精尖产业的概念、特征及战略目标。"高精尖"的定义要在一个坐标体系里思考。"高"最重要的指标是研发强度；"精"是具有自主知识产权的原始创新；"尖"是能够引领技术发展方向的国际技术前沿。高精尖产业的本质，是一种创新驱动的产业。构建高精尖产业体系，从经济学角度说，就是需要突破和超越现在产业中的生产可能性边界，依靠创新驱动发展，全面提升全要素生产率、劳动生产率、资源生产率、环境效率，从而带动高精尖产业发展，最终促进经济高质量发展。高精尖产业发展的三大战略性目标：高精尖产业体系是实现创新发展的产业体系；是实现融合发展的产业体系；是实现协调发展的产业体系。

第 4 章为高精尖产业与相关产业的区别与联系。分析了高精尖产业与高技术产业、战略性新兴产业、未来产业的区别和联系。

第 5 章为北京高精尖产业发展历程及现状分析。从北京高精尖产业发展历程可以看出：构建高精尖经济结构是北京实现高质量发展的重要组成部分。北京依靠科技创新引领，着力发展技术创新能力强、辐射带动能力强的产业，加快培育掌握核心竞争力和重要知识产权的高技术企业，主动布局国家重大战略项目和前沿技术，创新驱动北京高精尖经济结构不断升级，从而推动产业结构沿着合理化、高级化的路径持续迈进。本章还分析了北京高精尖产业总体发展现状及北京高精尖产业创新中心建设的发展现状。

第 6 章为研发创新对高精尖产业结构影响的研究，建构研发创新对高精尖经济结构影响的概念模型。本书研究发现：研发投入和专利数量均能促进北京市高精尖产业结构的转变，专利数量的促进效应更加明显。

第 7 章为高精尖产业发展水平评价指标体系构建。本书提出评价高精尖产业发展水平由 7 个核心指标组成，包括增加值比重、能耗强度、行业利润率、劳动生产率、研发人员比重、研发投入强度、专利授权数。

第 8 章为北京高精尖产业发展水平评价。经评价，北京高精尖产业发展呈现六个特征。特征之一：创新驱动北京经济结构不断升级，高精尖产业发展水平较高。特征之二：全球数字经济标杆城市建设加速推进，数字经济创新成为北京高质量发展引擎。特征之三：医药健康产业创新能力持续增强，跑出发展加速度。特征之四：科技服务业营造产业创新生态，创新环境不断优化。特征之五：软件和信息服务业与先进制造业融合加快，产生协同效益。特征之六：大力发展硬科技，创新驱动北京产业高质量发展。经评价，北京十大高精尖产业发展总体处于较高水平。北京以建设具有全球影响力的科技创新中心为引领，促进先进制造业与新一代信息技术两化融合、先进制造业与科技服务业两业融合，促进龙头支柱产业壮大成势、关键支撑产业创新突破、创新融合产业赋能升级、前沿先导产业超前布局，从自主创新和先进制造能力两个方面，抢占全球产业基础和产业链的制高点，使北京成为中国本土高科技跨国企业的策源地、引领中国实体经济由大变强的先行区域和京津冀协同发展的增长引擎。

第 9 章为北京高精尖产业发展与其他省市的比较分析。本章运用构建的高精尖产业发展水平指标体系，对全国省域的高精尖产业发展水平进行评价，重点对北京、广东、上海高精尖产业的省域进行了深入比较。

第 10 章为北京高精尖产业发展的影响因素分析。包括内在因素——核心技术与研发投入、企业融资与招商引资、高素质人才；外在因素——国家和北京市政策、发达国家出口管制、发达国家的安全审查等。

第 11 章为高精尖企业技术先进性评价模型构建。从技术创新水平、综合利用水平和经济效益水平三个方面，建构高精尖企业技术先进性评价模型。核心指标包括研发人员比重、研发投入强度、研发活动增长率、专利授权数、迭代创新能力、人才产业匹适度、万元产值能耗、万元产值水耗、地均工业产值、废水排放达标率、产品服务能力、系统集成能力、劳动生产率、产值利税率、增加值比重以及收入利润率。

第 12 章为高精尖企业市场成熟度评价模型建构。从市场规模、市场结构和市场潜力三个方面，建构了高精尖企业市场成熟度评价模型。核心指标包括总资产增长率、科技从业人员比重、市场需求、市场集中度、市场占有率、产业市场匹适度、核心科技产品比例、出口总额增长率以及政府参与程度。

第 13 章、第 14 章为北京高精尖企业技术先进性与市场成熟度的实证分析。对京东方和康拓红外进行了高精尖企业技术先进性与市场成熟度的实证分析。

第 15 章为提高高精尖产业发展"四率"的政策建议。从高精尖产业发展的驱动因素上，提出提高全要素生产率、提高劳动生产率、提高资源生产率、提高环境效率的建议。

第 16 章为高精尖产业发展的"三循环"支撑体系及"一纵六横"实现机制。提出面向高质量发展的高精尖产业支撑体系可以概括为"三循环"支撑体系，即"人才激励"上升循环、"产业融合"上升循环和"协同发展"上升循环；高精尖产业发展的实现机制可以概括为"一纵六横"，其中"一纵"为城市群协同发展机制；"六横"为创新链产业链联动机制、资源优化配置机制、项目"揭榜挂帅"机制、科技金融支持机制、人才激励机制、有机生态机制。

第 17 章为纵论高精尖产业的发展大势。提出高精尖产业发展的五大宏观力量、五大中观力量、五大微观力量。五大宏观力量是指高质量发展、国家战略科技力量、双碳目标、就业优先战略及健康中国战略；五大中观力量是指产业互动、产业升级、空间重构、应用场景牵引、产业生态；五大微观力量是指技术引领、数字化驱动、应用场景牵引、人才与企业的匹配、服务化创新及迭代进化。

第 18 章为全书主要结论。

1.6 研究方法

本书的研究方法包括系统分析法、统计分析法、指标分析法、模型分析法、座谈访谈法、案例分析法等。

1.6.1 系统分析法

按照系统论的观点，当经济增长系统的基础条件优良、各构成要素相互耦合、各利益主体之间与自然生态系统之间的关系协调均衡时，整体的经济社会系统呈现有序的高质量发展。本书运用系统分析法，构建了"三循环"支撑体系及"一纵六横"实现机制。

1.6.2 统计分析法

调研北京高精尖产业发展相关数据、产业布局、各产业领域总量（近五年数据）、企业数量、专利数量、新产品数量、市场占有率，为分析北京高精尖产业结构奠定基础。

1.6.3 指标分析法

从高精尖产业内涵与发展要义出发，构建北京高精尖产业发展水平指标体系。北京高精尖产业发展水平指标体系是一个复合概念，涉及多方面，我们采用复合指标来度量。

1.6.4　模型分析法

建立高精尖产业的理论模型，反映高精尖产业研发创新对高精尖经济结构的影响机理。建构高精尖企业的市场成熟度评价模型、高精尖企业的技术先进性评价模型。

1.6.5　座谈访谈法

深入到新一代信息技术产业、医药健康产业进行座谈、访谈，通过与高精尖领域企业家、管理者、研发人员的座谈访谈，把握北京高精尖产业发展状况，了解深层次问题，为分析评价结果和对策奠定基础。

1.6.6　案例分析法

选择京东方和康拓红外进行了高精尖企业技术先进性与市场成熟度的实证分析。

1.7　全书创新点

1.7.1　创新点之一：指出创新驱动是高精尖产业发展的定义性特征

从驱动机理上说，高精尖产业发展的四个驱动因素都与创新密切相关；从科技革命的机遇来看，创新可以塑造高精尖发展新优势；从创新的类型看，高精尖产业的自主创新能力要求更高。高精尖产业的本质是一种创新驱动的产业。

1.7.2 创新点之二：建构研发创新对高精尖经济结构影响的概念模型

构建高精尖产业体系，从经济学角度说，就是需要突破和超越现代产业中的生产可能性边界，其中最重要的就是研发创新，引领国际技术发展，从而构建科技创新中心。其中研发创新包括自主创新和合作创新。自主创新就是自身的研发能力；合作创新就是通过与国家级和行业龙头的科研院所及高校合作共同研发产品，提高创新效率和成果转化应用。本书通过构建理论模型反映研发创新对高精尖经济结构的影响，从而通过研发创新的大力发展确立北京全球化科技创新中心的地位，从而带动北京高精尖产业的发展，最终促进经济高质量发展。

1.7.3 创新点之三：凝练出一套指标用来评价高精尖产业发展水平

高精尖产业发展水平的评价指标包括增加值比重、能耗强度、行业利润率、劳动生产率、研发人员比重、研发投入强度、专利授权数。

1.7.4 创新点之四：建构高精尖企业的技术先进性与市场成熟度评价模型

从技术创新水平、综合利用水平和经济效益水平三个方面，建构了高精尖企业技术先进性评价模型。核心指标包括研发人员比重、研发投入强度、研发活动增长率、专利授权数、迭代创新能力、人才产业匹适度、万元产值能耗、万元产值水耗、地均工业产值、废水排放达标率、产品服务能力、系统集成能力、劳动生产率、产值利税率、增加值比重以及收入利润率。从市场规模、市场结构和市场潜力三个方面，建构了高精尖企业市场成熟度评价模型。核心指标包括总资产增长率、科技从业人员比重、市场需求、市场集中度、市场占有率、产业市场匹适度、核心科技产品比例、出口总额增长率以及政府参与程度等。

1.7.5 创新点之五：提出高精尖产业发展的"三循环"支撑体系及"一纵六横"实现机制

本书提出，面向高质量发展的高精尖产业支撑体系可以概括为"三循环"支撑体系——"人才激励"上升循环，"产业融合"上升循环，"协同发展"上升循环；高精尖产业发展的实现机制可以概括为"一纵六横"——"一纵"为城市群协同发展机制，"六横"即创新链产业链联动机制、资源优化配置机制、项目"揭榜挂帅"机制、科技金融支持机制、人才激励机制及有机生态机制。

1.7.6 创新点之六：系统分析高精尖产业的发展大势——五大宏观力量、五大中观力量、五大微观力量

本书提出高精尖产业发展的五大宏观力量、五大中观力量、五大微观力量。五大宏观力量是指高质量发展、国家战略科技力量、双碳目标、就业优先战略及健康中国战略；五大中观力量是指产业互动、产业升级、空间重构、应用场景牵引、产业生态；五大微观力量是指技术引领、数字化驱动、应用场景牵引、人才与企业的匹配、服务化创新及迭代进化。

第 2 章 理 论 基 础

高精尖产业的理论基础主要包括高技术产业理论、主导产业选择理论、产业升级理论、比较优势理论、创新理论及系统论。

2.1 高技术产业理论及其对高精尖产业的运用与启示

2.1.1 高技术产业理论

"高技术"一词最早出现在美国，是在美国国家科学院发表的《技术与国家贸易》一书中提出。此书中针对技术进行解释和界定时，率先提出了"高技术"这一新型词语。高技术主要指的是拥有高渗透效果，且附加值非常高等特性，自此，"高技术"一词正式引起了国内外诸多研究者和社会各界的广泛关注与重视（Zysman J. Trade，1992）。在科学技术的快速发展中，高技术无论是对于国家发展，还是对于社会发展均非常重要。自此，世界各国开始重视高技术的发展，旨在运用高技术产业带动国民经济的发展和国家综合实力的提高。基于高技术产业角度而言，其具有明显的动态性特性，属于一种相对概念。国家不同，地区不同，则高技术的发展情况也有着一定的差异，而这种差异也影响到了高技术的具体定义和解释。著名研究者尼尔森（Nelson，1995）在研究后表示，高技术产业主要指科技投入和技术含量较高，且风险较大的产业。"高技术"在我国首次出现是 1986 年。在这之后，国内研究界的诸多学者开展了深入的研究与分析。譬如，苏东水（2000）在研究后表示，高技术产业应当满足四项标准：一是产品拥有的技术含量非常高；二是相比普通职工，科技人员占比非常高；三是在设备或是生产方式上采用的技术处于尖端水平；四是能够促进工业发展，带动劳动生产率的提高。

2.1.2　高技术产业理论对高精尖产业的运用与启示

高精尖产业与高技术产业都是创新驱动发展的产业，具有高研发投入、高创新性的特点。高技术产业与传统产业的显著区别在于，高技术产业的知识、技术、资本、人才高度密集；高技术产业的高附加值、高技术产业的高风险、高技术产业的高投入性、高技术产业的聚集性、高技术产业的高渗透性。因此，高技术产业是具有高智力密集型、高投入、高风险、高创新性、高渗透性的产业。在高精尖产业发展中，要特别重视加大研发投入，鼓励企业自主创新，注意借鉴高技术产业的发展规律。

2.2　主导产业选择理论及其对高精尖产业的运用与启示

2.2.1　主导产业选择理论

主导产业选择理论探讨的是一个地区应该以何基准来选择相应产业作为主导产业，以促进地区经济发展。北京致力于构建高精尖经济结构，重点发展十大高精尖产业，就是要突破传统支柱产业的制约——主导产业不同于支柱产业，支柱产业是一个地区经济占比最大、具有稳定而广泛资源和产品市场的产业，决定了地区经济在演变过程中所处的阶段；而主导产业是一个地区产业体系中处于技术领先地位的产业，代表产业结构演变的方向，是支柱产业发展的前期形态。经济学家罗斯托指出，主导产业是能够有效吸收新技术、自身具有高增长率而且具有扩散性的产业（马骆茹，2021）。

经济学家从不同的角度确定了主导产业的选择标准。经济学家赫希曼（1958）依据投入产出的原理，指出应该依照工业部门后向联系水平的高低对主导产业进行排序。这意味着主导产业应以最终产品的制造部门为主，既可以保证自身发展，又具有强烈的中间产品需求，通过连锁反应带动经济增长。赫希曼认为由于人才、资本等资源稀缺性，国家间平衡发展难以实现，因此鼓励发展中国家大力扶持主导产业发展，集中主要生产要素投入到部分优势产业中，让其充分发挥联动效应，拉动其他产业协同发展。

经济学家罗斯托（1996）在著作《经济成长阶段论》中阐述了著名的经济起飞理论，他发现当一国处于某个经济增长阶段时，国内多个经济部门中总存在某个部门率先实现经济增长，而该部门不仅具有高增长率的成长特性，还通常在整体产业结构中占比较高，以高增长示范作用带动其他部门经济快速增长。罗斯托将该示范作用解释为一种由前瞻、旁侧、回顾三种作用力所组合的扩散效应，由此使得该部门具备了主导作用力。罗斯托总结了主导产业发展的演变规律——每个经济增长阶段，所起主导作用的部门各不相同，但都存在于那些技术进步、生产效率高的产业部门，并都能拉动整体经济的增长。因此，主导部门不是固定不变的，而是要依据经济发展阶段中生产力变化匹配相应的产业部门，通过不断增长的产业更替进而推动经济蓄力前行，而替换过程中所释放的扩散效应能不断带动其他国民经济部门实现持续增长。

经济学家筱原三代平（1970）在《产业结构论》中提出了主导产业的两个重要的选择基准——生产率上升基准与需求收入弹性基准。首先，生产率上升基准指导主导产业选择投入产出生产效率高的、技术密集型的产业，基于全要素生产效率比较法下，通常在一定经济时期内，某个产业的所有生产要素（如劳动力，资本等）的生产率值比其他产业生产率高，且生产率上升幅度明显高于其他生产部门。该部门此时通常处于生产成本下降的过程，同时，这种高生产率离不开技术进步与创新的显著作用，即该产业处于高速增长期，经济增长将从一个部门向其他经济实体传导，从而全面提升整体经济增长。其次，需求收入弹性基准指导主导产业应选择需求弹性高的产业部门，收入基准是衡量国民收入的增长与各产业需求变化的敏感性指标。假设其他条件不变的情况下，将产业产出的最终需求增长率与人均收入增长率用比值来表示，当指标数值大于 1 时，表示需求增加大于收入的增加，收入基准原则是要求选择需求弹性大的产业，因为这代表着未来有更广阔的需求市场与利润前景。为促进经济发展与社会、环境和谐发展，日本产业结构审议会于 1971 年在筱原两基准的基础上新增了环境标准和劳动内容基准，意在培育可为社会提供更多就业岗位，而更少造成环境污染的环保型产业。英国经济学家大卫·李嘉图提出比较优势论，它本来用来解释国际贸易的必要性和合理性，后来一些经济学家把它用作主导产业的选择标准。

2.2.2　主导产业选择理论对高精尖产业的运用与启示

通过主导产业选择理论可以看出，主导产业具有以下五个特征：一是产业关联性强，带动能力高；二是符合市场潜在需求，发展潜力巨大；三是技术吸收能力强，生产率水平高；四是能够利用现有资源条件，发挥自身优势；五是污染程度低，福利水平高。

北京着力发展十大高精尖产业，就是要突破传统支柱产业的制约，把高精尖产业作为北京新时期的主导产业，为首都经济高质量发展带来新的增长动力。因此，梳理主导产业理论，明确主导产业选择的标准及主导产业应具有的特征，可以为北京发展高精尖产业提供决策参考。

2.3　产业升级理论及其对高精尖产业的运用与启示

2.3.1　产业升级理论

（1）产业升级的内涵。

配第－克拉克定理认为，随着经济的发展，第一产业就业人口比重会不断减少，第二和第三产业就业人口比重将增加。库兹涅茨认为第二产业的相对国民收入上升是一种普遍现象，第三产业的相对国民收入一般为下降趋势，但是，劳动力的相对比重是上升的。西蒙·库兹涅茨（1985）分析了农业部门、工业部门和服务业部门产值和劳动力比重随着经济增长的变化规律。伴随价值链理论的产生，学者们开始从产业链角度关注产业升级。格里菲等（Gereffi et al.，1999）首次提出"全球商品价值链"概念，认为产业升级过程伴随价值链内部增加值活动从低到高的转变，格里菲等的研究思想开启了基于价值链理论研究产业升级的篇章。蓬（Poon，2004）认为产业升级是生产制造商从低价值产品（生产劳动密集型）向高价值产品（资本或技术密集型等）转换的过程。综上，国外学者对产业升级的研究呈现出从宏观向微观过渡的特征，从注重产业结构转变为将"企业生产能力和竞争的提高"视为产业升级的本质，认为企业向资本和技术密集型行业的转变推动了产业升级。

　　国内关于产业升级的研究最早由吴崇伯（1988）提出，他认为产业升级是"产业结构调整"，即"制造业升级换代的普遍趋势"。此后，国内产业升级理论在 20 世纪 90 年代初引起了广泛关注，且主要研究聚焦在产业结构升级上。在产业升级理论研究逐渐受到重视的同时，国内学者在如何界定产业升级方面也展开了研究。邵洁笙（2006）、丁晓强（2015）基于微观、中观和宏观视角分析了产业升级内涵；蒋兴明（2014）从产业链、价值链、创新链和生产要素组合视角阐述了产业转型的内涵；姜泽华（2006）、潘冬青（2013）梳理了产业升级以及产业结构升级的内涵；朱卫平（2011）、付珊娜（2017）从技术进步、产业结构、价值链等角度阐述了产业升级内涵。

　　（2）产业升级的类型。

　　一般认为，产业升级一方面代表产业结构的优化；另一方面代表产业自身的深化。前者意味着产业结构中各产业的地位和关系向更高级方向协调演进；后者意味着产业内部生产要素的优化组合及产品质量的提高。

　　产业内升级又具体分为要素间升级、需求升级、功能升级和链接升级。要素间升级是指在生产要素层级中，从"禀赋资产"向"创造资产"移动，即从先天拥有的要素资产向后天创造积累的要素资产移动；需求升级是指消费层级的不断提升，对产品的需求从必需品向便利品再向奢侈品移动；功能升级是指价值链环节的移动，从销售、分配向最终的组装、测试、零部件、产品开发和系统整合移动；链接升级是指企业从有形的商品生产投入转向知识密集型的支持性服务。

　　产业升级理论不断深入，近年来已经深入到产品内部。产品空间理论从产品空间的视角出发，将比较优势的动态演化与产品升级结合，探讨了产业转型升级的路径。产品空间是对不同国家或地区产品网络结构的描述，其中的网络节点代表各种产品，节点间的连线代表各产品之间的关系。不同国家或地区在产品空间中的位置决定了其产业升级的方向。当现有产品与周围产品的技术距离合适时，便能够实现现有产品向潜在产品的"跳跃"；若现有产品与周边产品的技术距离过大，转型升级的成本过高，就会出现升级断档。

国内学者对产业升级的研究始于20世纪80年代，主要从"宏观视角"出发，围绕产业升级和产业结构升级展开，其一为"内涵同一"论，认为产业升级不仅包括产值增长，同时包括产业结构高度化——产业结构升级；其二为"内涵不同"论，认为产业升级的层次比产业结构升级的层次更高，提出产业升级应该包括产业结构升级和产业链升级。总体上来看，国内学者主要从产值结构、资产结构、技术结构等角度分析产业升级类型，关注点集中在产业结构的高级化发展。

（3）产业升级的驱动因素。

产业升级是在技术创新、资源供给、社会需求、制度安排以及进入壁垒等因素的作用下实现的。

①技术创新因素。傅家骥（1998）提出技术创新是影响产业升级和结构转换的主要路径。拉奥尔格和库尼亚（Lahorgue and Cunha，2004）、阿尔藤贝格等（Altenburg et al.，2008）、吴丰华和刘瑞明（2013）等学者也从不同角度肯定了技术创新对产业升级的激励作用。朱榕榕（2012）、辛娜（2014）等具体分析了技术创新促进产业升级的机理。还有部分学者认为技术创新对产业升级的作用并非呈线性关系，如冯等（Feng et al.，2021）指出技术进步与产业升级之间存在倒"U"形关系。

②资源供给因素。克拉克（Clark，1940）指出产业结构转化的本质是劳动力和人力资本、物质资源等生产要素重新配置的动态过程。纳尔松和费尔普斯（Nelson and Phelps，1966）、罗默（Romer，1990）认为人力资本通过促进技术进步和提高收入水平对产业结构升级产生重要影响，冉茂盛等和毛战宾（2008）、张国强等（2011）证实了该观点。杜传忠和郭树龙（2011）的实证分析表明资本对产

业结构升级的影响显著，但劳动力对产业升级的影响不显著。李强和丁春林（2019）指出人力资本对产业升级具有明显促进作用，资源禀赋则会抑制产业升级。

③社会需求因素。阿塞莫格和林（Acemog and Linn，2003）以及德梅和帕伦·阿塞莫格鲁（Desmet and Paren Acemoglu）和林（Linn，2003）以及德梅和帕伦特（Desmet and Parente，2010）等指出可以从本土市场规模的视角来研究产业升级，并且认为由需求（主要指市场需求）引致的产业升级驱动力更具有引导性和持久性。马尔齐诺托（Marzinotto，2011）通过实证研究指出投资结构的不合理带来了产业结构调整的失败。潘冬青和尹忠明（2013）认为消费需求的不断更新是引导产业升级的主要力量。张翠菊和张宗益（2015）将消费需求划分为居民消费和政府消费，认为居民消费对产业结构升级有积极推动作用。刘深和黄毅菲（2020）的研究结果表明，固定资产投资结构优化与产业升级之间存在辛普森悖论。可见，社会需求因素主要从消费需求和投资需求两个方面影响产业升级。

④制度安排因素。金特里和哈伯德（Gentry and Hubbard，2000）的研究表明累进税制对投资和创新行为具有消极影响，不利于产业结构升级。杜传忠和郭树龙（2011）认为政府的政策和干预对产业结构升级的影响具有不确定性。尽管如此，多数研究仍认为正式制度因素对产业升级具有促进激励作用：波特尔博格等（Pottelsberghe et al.，2003）的实证研究发现税收优惠政策能明显提高企业的技术软实力。德马伊和奎里翁（Demailly and Quirion，2008）、易等（Yi et al.，2015）、胡欢欢和刘传明（2021）的实证研究证明碳排放权交易制度可以推动企业提高技术创新投资、提高生产率，从而推动产业结构的变化和升级。

⑤进入壁垒。布雷恩（Brain，1956）将进入壁垒分为规模经济形成的进入壁垒、产品差异形成的进入壁垒以及绝对成本优势形成的

进入壁垒。基于布雷恩（1956）的观点，王劲松等（2005）、梅国平和龚海林（2013）认为进入壁垒是影响产业升级的主要因素之一。杜宇玮（2011）通过实证研究表明，发达国家跨国公司的品牌壁垒可能是中国本土产业升级最难逾越的进入壁垒。穆朗峰（2019）从政府政策和厂商行为两方面提出了中国制造业产业升级的进入壁垒。

2.3.2　产业升级理论对高精尖产业的运用与启示

总结产业升级理论可以看出，北京发展高精尖产业是符合产业升级理论的，原因有六：其一，发展高精尖产业有利于实现产业间升级，实现从附加值低向附加值高的产业转型；其二，发展高精尖产业有利于人力、技术等后天资本的积累，实现生产要素层级的提升（马骆茹，2021）；其三，发展高精尖产业有利于需求结构的转变，促进消费升级；其四，发展高精尖产业有利于企业价值链的攀升，实现从低附加值环节向高附加值环节移动；其五，发展高精尖产业有利于企业经营方式的转变，实现从关注有形的生产要素到关注无形的支持性服务的转变；其六，发展高精尖产业有利于缩短与潜在产品之间的技术距离，实现产品的成功"跳跃"。

2.4　比较优势理论及其对高精尖产业的运用与启示

北京要想在未来实现高精尖产业的长足发展，需要仔细分析自身的优势和劣势所在，才能发扬长处，补足短板，将高精尖产业培育成为地区的优势产业。对此，比较优势理论可以为北京高精尖产业提供理论指导。

2.4.1　比较优势理论

比较优势理论起源于对国际贸易产生原因及模式的解释，后来被应用于区域经济发展。经济学家从不同角度解释了比较优势的可能来源。大卫·李嘉图认为，比较优势源自各国相对的劳动生产率差异，劳动生产率差异源自生产技术水平的不同。李嘉图从静态视角分析比较优势，后续研究拓展了他的视角，发现从动态角度看，生产技术的差异可以通过"干中学"逐渐缩小，生产技术的优势可以后天培育。1919 年赫克歇尔（Heckscher）在《对外贸易对收入分配的影响》中讨论了要素禀赋差异在确定比较优势和国际贸易中的重要作用。他的学生俄林（Ohlin）在《区际贸易和国际贸易》一书中，继承和发展了他的要素禀赋思想。他们认为，各国要素禀赋不同是产生国际贸易的基本原因，一国应该出口密集使用本国相对充裕要素的产品，进口密集使用本国相对稀缺要素的产品。同样地，赫克歇尔和俄林也从静态的视角进行了分析，假设要素禀赋量固定不变，而之后的研究在此基础上进行了拓展，探讨了动态情形的要素积累或要素流动对贸易模式的影响。

此外，经济学家还从规模经济的角度解释比较优势。哈伯勒（Haberler，1973）用固定的机会成本代替了劳动生产率，引入机会成本的概念，认为生产的成本取决于生产这一单位产品所花费的其他产品的数量，并运用向外凸出的生产可能性边界描述成本递增。其后，托尔（Tower，1947）等学者对其假定进行了改进，从生产不同产品所耗费的要素不同质的角度分别分析了成本的递增和递减的情形，认为生产不同产品时不同生产要素之间是否可以相互替代决定了生产的边际收益的递增（递减）；随着生产规模的扩大，边际收益的递增或递减使得规模报酬递增（递减），机会成本因而递增（递减）。迪克特和斯蒂格利茨（Dixit and Stiglitz，1977）也引入规模经济来分析比较优势。他们认为，即使两国的初始条件完全相同，没有李嘉图所说的外生比较优势，但如果存在规模经济，则两国可以选择不同的专业，从而产生内生的绝对优势。规模经济可以分为外部规模经济和内部规模经济，内部规模经济是企业自身规模的扩大带来的成本降低，外部规模经济是整个行业规模的扩大带来的成本降低。两者都可以降低企业的平均生产成本，形成一国或地区的比较优势。由此可以看出，国内市场规模可以在一定程度上影响比较优势的形成。和规模经济一样，产业集聚也可以成为比较优势的来源。产业集聚可以通过信息交流、劳动力市场共享及知识外溢等渠道降低企业成本，促进企业创新，比如硅谷的高技术产业集聚。

如今，经济学家也普遍认可制度是塑造比较优势的重要因素。良好的制度环境能创造比较优势，拥有完善制度安排的国家在契约依赖性比较高的产品生产和贸易上有比较优势。阿西莫格鲁更是指出，开放经济的增长绩效取决于国家制度质量。

随着经济全球化和跨国公司的兴起，产业间的分工格局逐渐转向产业内。传统的比较优势主要分析产业间的相对优势，对产业内优势的形成缺乏解释力。迈克尔·波特提出竞争优势理论，开创了新的分析视角。他认为，企业竞争优势源自低成本和产品差异。为了维持企业的竞争优势，拥有激励企业投资和创新的环境尤为重要。波特将这些因素总结为"钻石模型"，具体包括资源要素、需求条件、辅助行业、企业战略四个要素以及政府功能和主要机遇两个变量。竞争优势和比较优势既有区别又有联系。比较优势是潜在的竞争力；竞争优势是现实的竞争力。比较优势可以转化为竞争优势。

2.4.2　比较优势理论对高精尖产业的运用与启示

总结比较优势理论可以为北京发展高精尖产业提供以下借鉴：第一，发展高精尖产业应努力吸引优质的生产要素，打造新型比较优势。第二，发展高精尖产业应进一步利用园区经济，发挥集聚效应助力技术创新。第三，发展高精尖产业应充分利用庞大的国内市场，将产业升级与消费升级相对接。第四，发展高精尖产业应鼓励产业创新的政策环境，促进比较优势向竞争优势转变。

2.5　创新理论及其对高精尖产业的运用与启示

2.5.1　创新理论

创新不是单个要素的孤立行为，而是不同创新主体之间的交互行为。北京发展高精尖产业不仅是为了发展十大产业，更重要的是通过发展高精尖产业形成带动地区经济发展的新型动力，构建国际科技创新中心，因此，从创新角度分析十分必要。

创新理论是由哈佛大学教授熊彼特（Scheter）提出的。他认为，创新就是指生产过程中对于生产要素和条件的重新组合。创新有五种形式，即引进新产品、引入新技术、开辟新市场、获取原材料的新的供应源、实现新的工业组织。熊彼特认为创新是经济增长的动力源泉，是经济发展的真正主题。后来，经过不断的研究与补充，创新理论逐步演变和发展起来，并以其为基础建立起了创新经济学理论体系，与本书相关的是区域创新理论。

1987 年，英国经济学家弗里曼（Freeman）通过对日本创新系统的研究，提出国家创新系统的概念。弗里曼发现，日本在技术落后的情况下，只用了几十年的时间，便成为工业大国，这不仅是技术创新的结果，而且还有许多制度、组织的创新，是一种国家创新系统演变的结果。经济合作与发展组织在 1997 年的《国家创新系统》报告中指出："创新是不同行为者和科研机构间复杂的相互作用的结果。技术变革并不完全遵循线性顺序，而是系统内部各要素之间的相互作用和反馈的结果。这一系统的核心是企业，是其组织生产、创新的方式和其获取外部知识来源的途径。外部知识的主要来源则是其他企业、公共或私有的研究机构、高校和中介组织。通过产、学、研合作计划及网络计划，建立创新中介机构，以纠正创新的系统失效。"国家创新系统的政策思想是加强整个创新系统内相互作用和联系的网络，包括加强企业与企业间的创新合作联系，企业与科研机构和高校的创新合作联系，中介机构在各创新主体间的重要桥梁作用；政府在创新发展中起战略与政策引导作用，以及协调各部门的工作的职能。

国家创新系统的构成，主要包括政府、企业、高校、科研机构、中介组织等，它们在国家创新系统中具有各自的角色和地位。企业是国家创新系统的核心，是技术创新的主要承担者。由于创新是一项与市场密切相关的活动，企业会在市场机制的激励下从事创新，其他组织和个人无法替代。

——企业具有创新的动力，是最有创新主动性的主体，是研究开发的主体，是创新投入、产出及其收益的主体。

——科研机构和高校都是重要的技术创新源。由于科学知识属于公共品，为了使科学知识产生最大的公共利益，政府承担着大部分的科学知识研究与开发的投入，由大学和科研机构执行。

——政府部门在整个创新体系中发挥着组织功能，起着系统整合的作用，主要通过制度安排、政策的引导、资金和税收支持、优化资源配置等宏观调控手段，为创新活动营造良好的创新环境，提供良好的政策和法律支持，发挥各行为主体的最大效率，从而提高国家创新系统的整合效率。

——科技中介是创新主体间的桥梁和纽带，在国家创新体系中的地位极其重要。国家创新系统强调创新系统内部各要素之间的协同作用，科技中介恰恰成为各创新主体沟通和联系的通道，它通过为各创新主体提供专业化的中介服务，保障国家创新体系建设的顺利进行。

科技中介是科研部门与中小企业间知识流动的重要环节，科技中介的建设是政府推动知识和技术扩散的重要途径。科技中介既包括提供各类中介服务活动的专门中介机构，又包括从事一定中介服务活动的高校、科研院所、企业、社团及政府部门。

对区域创新系统进行较早和较全面的理论及实证研究的是英国经济学家库克（Coko）。他认为，区域创新系统主要是由在地理上相互分工与关联的生产企业、研究机构和高等教育机构等构成的区域性组织体系支持并产生创新（Coko，1995）。国内学者盖文启（2000）把区域创新网络定义为"一定地域范围内，各个行为主体（企业、大学、研究机构、地方政府等组织及其个人）在交互作用与协同创新过程中，彼此建立起各种相对稳定的、能够促进创新的、正式或非正式的关系总和"，并认为完整的区域创新网络的基本组成要素，主要包括组成网络的主要节点，网络中各个节点之间连接而成的关系链条，网络中流动的生产要素（劳动力、资本、知识和技术等）及其他创新资源。区域创新网络中的节点主要包括企业、大学或研究机构、政府等公共组织机构、中介服务组织以及区域金融机构五个方面。

区域创新系统至少应包括以下特征：

①区域性——区域技术创新体系具有一定的地域边界，都是对一定地理空间范围内的产业现象进行研究；

②多元性——区域创新体系是由若干要素组成的，参与创新的主体是多元的，以企业、科研机构和高等院校、地方政府机构和中介机构为创新主要单元，这些主体及其相互关系影响区域创新体系的效率；

③网络性——创新是一个集体性的社会协作过程，系统要素之间的相互作用是区域创新体系的关键因素，区域政策、制度及环境对技术创新具有重要影响，通过与环境的作用和系统自组织作用维护创新的运行和实施创新的可持续发展，并对区域社会、经济、生态产生

影响；

④政策性——政府的创新政策在区域创新体系中发挥着重要作用，区域政策通过促进本地化学习、加强网络结构和深化制度安排来发挥竞争优势。

近年来，随着创新系统对自然界系统及演化规律的借鉴，学界开始运用生态学和生态系统理论分析区域创新系统，从而衍生出区域创新生态系统这一概念。区域创新生态系统超越了传统的区域集群的内涵，强调非线性、复杂、自适应性，是具有生态系统特征的网络化创新系统，并非个体行为的简单叠加。

2.5.2 创新理论对高精尖产业的运用与启示

创新理论带给高精尖产业的启示有四：一是发展高精尖产业要重视协同创新，要发挥政府、企业、高校、科研院所、科技中介的作用。二是发展高精尖产业需要营造公开透明的营商环境，营商环境的不断优化对于高精尖产业发展至关重要。三是发展高精尖产业需要机制设计，设计有效的风险防范和利益分配机制，保障创新系统的有效运转。四是发展高精尖产业要重视区域、城市之间的协同。

2.6 系统论及其对高精尖产业的运用与启示

2.6.1 系统论

系统这个词，起源于古希腊语"$\sigma\nu\delta\tau\eta\mu\alpha$"，是由两个希腊单词组成的，语义是"站在一起"（stand together）或"放置在一起"（place together）的意思。由此可见，所谓系统并不是偶然的堆积，而是按一定的关系结合起来的一个整体。系统理论是研究系统的模式、性能、行为和规律的一门科学。"系统"一词，常用来表示复杂的具有一定结构的整体。近代比较完整地提出系统理论的是奥地利学者贝塔朗菲（Bertalanffy）。他在 1952 年发表《抗体系统论》，提出了系统论的思想，1973 年提出了一般系统论原理，从而奠定了这门科学的理论基础。

系统是由相互作用和相互依赖的若干组成要素结合而成的（贝塔朗菲，1987）。钱学森指出，系统是指由相互作用和相互依赖的若干组成部分相结合的具有特定功能的有机整体。系统必须满足以下三个条件：其一，必须由两个或以上系统要素所组成；其二，系统各要素相互作用和相互依存；其三，系统受环境影响和干扰，和环境相互发生作用。系统论强调系统的整体性和开放性，追求系统利益的最大化和结构优化。

系统论认为，整体性、相关性、目的性和功能性、环境适应性、动态性、有序性等是系统的共同基本特征。

——整体性：系统是由相互依赖的若干部分组成的，各部分之间存在着有机的联系，构成一个综合的整体。因此，系统不是各部分的简单组合，而有整体性，要充分注意各组成部分或各层次的协调和连接，提高系统整体的运行效果。

——相关性：系统中相互关联的部分或部件形成"部件集"，"集"中各部分的特性和行为相互制约和相互影响，这种相关性确定了系统的性质和形态。

——目的性和功能性：大多数系统的活动或行为可以完成一定的功能，但不一定所有系统都有目的，例如太阳系或某些生物系统。人造系统或复合系统都是根据系统的目的来设定其功能的，这类系统也是系统工程研究的主要对象。例如，经营管理系统要按最佳经济效益来优化配置各种资源。

——环境适应性：一个系统和包围该系统的环境之间通常都有物

质、能量和信息的交换，外界环境的变化会引起系统特性的改变，相应地引起系统内各部分相互关系和功能的变化。为了保持和恢复系统原有特性，系统必须具有对环境的适应能力，例如反馈系统、自适应系统和自学习系统等。

——动态性：物质和运动是密不可分的，各种物质的特性、形态、结构、功能及其规律性，都是通过运动表现出来的，要认识物质首先要研究物质的运动，系统的动态性使其具有生命周期。开放系统与外界环境有物质、能量和信息的交换，系统内部结构也可以随时间变化。一般来讲，系统的发展是一个有方向性的动态过程。

——有序性：由于系统的结构、功能和层次的动态演变有某种方向性，因而使系统具有有序性的特点。系统论的一个重要成果是把生物和生命现象的有序性和目的性同系统的结构稳定性联系起来，也就是说，有序能使系统趋于稳定，有目的才能使系统走向期望的稳定系统结构。

从广义上说，系统论还包括信息论与控制论。信息论研究了系统中信息传输、变换和处理问题，认为信息具有可传输性、不守恒性和时效性，因此信息论也是一种系统理论。控制论是研究各类系统的调节和控制规律，它的基本概念就是信息、反馈和控制。

协同学是系统理论的重要分支理论。德国著名物理学家赫尔曼·哈肯（Herman Hawking）于 1971 年提出"协同"的概念，1976 年创立了"协同学"。"协同学"源于希腊文，意思是"协同作用的科学"，是研究不同事物、不同领域的共同特征以及相互之间协同机理的科学。根据哈肯的观点，协同学从统一的观点处理一个系统的各部分之间的，导致宏观水平上的结构和功能的协作，鼓励不同学科之间的协作。协同学的目的就是建立一种用统一的观点去处理复杂系统的概念和方法，主要研究远离平衡态的开放系统在与外界有物质或能量交换的情况下，如何通过内部的协同作用，自发地出现时间、空间和功能上的有序结构。根据相关学者的研究，协同是一种内涵丰富的拥有价值创造的动态过程，从系统角度进行描述，意指为实现系统总体发展目标，各子系统、各要素之间通过有效的协作，科学的协调，以达到整体和谐的一个动态过程，是各个子系统、子要素从无序到有序、从低级到高级的运作发展过程。

2.6.2 系统论对高精尖产业的运用与启示

系统论要求我们在研究经济事物时要把所研究的对象当作一个系统，将系统论、信息论和控制论渗入经济系统，分析该系统的结构和功能，研究系统、要素与环境三者的相互关系和变动的规律。

从系统论出发，高精尖产业发展涉及众多要素，包括自然、社会、经济等诸多方面的内容，是一个科技—社会—生态的复合系统。该系统是由不同属性的子系统相互作用构成的、具有特定结构和特定功能的开放复杂系统。从高精尖产业的自主创新来看，就是一个系统。

以系统论作为高精尖产业的理论基础，高精尖产业的发展不是单个要素的孤立行为，而是不同主体之间的交互行为。北京发展高精尖产业不仅是为了发展十大产业，更重要的是通过发展高精尖产业形成带动北京产业高质量发展的新动能。因此，从系统角度分析十分必要。高精尖产业与中低技术产业的区别在于高精尖产业是复杂系统，对创新主体的协同要求很高，复杂系统思维是分析资源链、创新链、产业链的融合关系的要点所在。

2.7 本 章 小 结

高精尖产业发展的理论基础是多角度、多理论构成的"理论共同体"，主要有高技术产业理论、主导产业选择理论、产业升级理论、比较优势理论、创新理论及系统论。（1）分析了高技术产业理论及其对高精尖产业的运用与启示。高精尖产业与高技术产业都是创新驱动发展的产业，具有高研发投入、高创新性的特点。高技术产业与传统产业的显著区别在于，高技术产业的知识、技术、资本、人才高度密集；高技术产业的高附加值、高技术产业的高风险、高技术产业的高投入性、高技术产业的聚集性、高技术产业的高渗透性。因此，高技术产业是高智力密集型、高投入、高风险、高创新性、高渗透性的产业。在高精尖产业发展中，要特别重视加大研发投入，鼓励企业自主创新，注意借鉴高技术产业的发展规律。（2）分析了主导产业选择理论及其对高精尖产业的运用与启示，通过主导产业选择理论可以看出，主导产业具有五个特征：一是产业关联性强，带动能力高；二是符合市场潜在需求，发展潜力巨大；三是技术吸收能力强，生产率水平高；四是能够利用现有资源条件，发挥自身优势；五是污染程度低，福利水平高。北京着力发展十大高精尖产业，就是要突破传统支柱产业的制约，把高精尖产业作为北京新时期的主导产业，为首都经济高质量发展带来新的增长动力。（3）分析了产业升级理论及其对高精尖产业的运用与启示。总结产业升级理论可以看出，北京发展高精尖产业是符合产业升级理论的，原因有六：其一，发展高精尖产业有利于实现产业间升级，实现从附加值低向附加值高的产业转型；其二，发展高精尖产业有利于人力、技术等后天资本的积累，实现生产要素层级的提升；其三，发展高精尖产业有利于需求结构的转变，促进消费升级；其四，发展高精尖产业有利于企业价值链的攀升，实现从低附加值环节向高附加值环节移动；其五，发展高精尖产业有利于企业经营方式的转变，实现了从关注有形的生产要素到关注无形的支持性服务的转变；其六，发展高精尖产业有利于缩短与潜在产品之间的技术距离，实现产品的成功"跳跃"。（4）分析了比较优势理论及其对高精尖产业的运用与启示。通过总结比较优势理论，可以为北京发展高精尖产业提供以下借鉴：第一，发展高精尖产业应努力吸引优质的生产要素，打造新型比较优势。第二，发展高精尖产业应进一步利用园区经济，发挥集聚效应助力技术创新。第三，发展高精尖产业应充分利用庞大的国内市场，将产业升级与消费升级相对接。第四，发展高精尖产业应鼓励产业创新的政策环境，促进比较优势向竞争优势转变。（5）分析了创新理论及其对高精尖产业的运用与启示。创新理论带给高精尖产业的启示有四：一是发展高精尖产业要重视协同创新，要发挥政府、企业、高校、科研院所、科技中介的作用。二是发展高精尖产业需要营造公开透明的营商环境，营商环境的不断优化对于高精尖产业发展至关重要。三是发展高精尖产业需要机制设计，设计有效的风险防范和利益分配机制，保障创新系统的有效运转。四是发展高精尖产业要重视区域、城市之间的协同。（6）分析了系统论及其对高精尖产业的运用与启示。以系统论作为高精尖产业的理论基础，高精尖产业的发展不是单个要素的孤立行为，而是不同主体之间的交互行为。北京发展高精尖产业不仅是为了发展十大产业，更重要的是通过发展高精尖产业形成带动北京产业高质量发展的新动能。因此，从系统角度分析十分必要。高精尖产业与中低技术产业的区别在于高精尖产业是复杂系统，对创新主体的协同要求很高，复杂系统思维是分析资源链、创新链、产业链的融合关系的要点所在。

第 3 章　高精尖产业的概念、特征及战略目标

高精尖产业已成为北京、上海、广东产业高质量发展的重要抓手。那么，高精尖产业的特征与内涵是什么？对于城市而言战略意义何在？本章给出高精尖的定义，指出要在一个坐标体系里思考高精尖产业内涵——"高"最重要的指标是研发强度；"精"是具有自主知识产权的原始创新；"尖"是能够引领技术发展方向国际技术前沿。高精尖产业的本质是一种创新驱动的产业。

3.1　高精尖产业的概念

"高精尖"一词，最早见于 1960 年的《人民日报》，指高级、精密、尖端的技术或产品。国外并没有明确提出"高精尖"经济结构，但在进行产业标准界定时，探讨产业层次高低的差异有实践的标准，如"OECD 的高技术产业划分标准""布鲁金斯学会的《美国高端产业：定义、布局及其重要性》""德国工业 4.0"等。

国内的探讨主要是在 2014 年"京津冀协同发展"国家战略提出之后，尤其以北京市对其经济结构的定位为代表，且以实证层面针对北京市的政策建议为主。2014 年《京津冀协同发展规划总体思路框架》提出，北京市要加快构建高精尖经济结构之后，2015 年北京市发展改革委在《关于首都功能定位与适当疏解相关工作情况的报告》

中指出，知识经济、服务经济、总部经济、绿色经济四种经济形态，是构建高精尖经济结构的重要内容。随后，北京市经济开发区提出了"4+4"高精尖产业体系，这是北京市在实践层面对高精尖产业体系的明确认定。2016 年北京市人民政府发布《北京市人民政府关于进一步优化提升生产性服务业加快构建高精尖经济结构的意见》，强调了北京市构建高精尖产业，对外要提高国际化发展水平，对内要服务全国，重点服务好京津冀地区。《北京市"十四五"时期高精尖产业发展规划》提出的高精尖产业主要涉及先进制造业、软件和信息服务业、科技服务业，是对"十三五"时期十大高精尖产业内涵的拓展和提升。

可以说，实践远远走在理论前面，比较注重的是实践中高精尖产业的打造，至今还没有形成普遍认同的定义。2017 年，《北京市统计局、北京市经济和信息化委员会关于印发北京高精尖产业活动类别（试行）的通知》，制定了《北京"高精尖"产业活动类别》，明确提出北京高精尖产业的定义，即以技术密集型产业为引领，以效率效益领先型产业为重要支撑的产业集合。其中，技术密集型高精尖产业指具有高研发投入强度或自主知识产权、低资源消耗特征、对地区科技进步发挥重要引领作用的活动集合。效率效益领先型高精尖产业指具有高产出效益、高产出效率和低资源消耗特征，对地区经济发展质量提升和区域经济结构转型升级具有重要带动作用的活动集合。本书采用此定义。

本书认为，高精尖的定义要在一个坐标体系里思考。"高"最重要的指标是研发强度；"精"是具有自主知识产权的原始创新；"尖"是能够引领技术发展方向国际技术前沿。高精尖产业的本质是一种创新驱动的产业。

3.2 高精尖产业的四大特征

本书认为，高精尖产业的特征有四个：

3.2.1 特征之一：全要素生产率高

全要素生产率是高精尖产业发展的核心。除去所有土地资源、劳动力等有形要素以外的纯技术进步对生产率的增长的贡献高，直接反映科技创新驱动水平。较高的全要素生产率有利于释放增长潜能，提升要素配置效率，培育经济增长的新动力。当前，我国经济正处于由高速增长阶段转向高质量发展阶段的关键时期，简单以 GDP 增长率论英雄的时代已渐成历史，党的十九大报告中首次提出了要提高全要素生产率的紧迫要求，即通过技术进步、资源配置优化、规模经济和管理改进等手段来提高生产效率，以更少的投入获得更多的产出，标志着国民经济发展有了新的理念和思路。

从发达国家的实践来看，全要素生产率是国民经济增长的主要推动力，而这也应该是我国未来经济发展的方向，各地方同样需要更加依靠全要素生产率的提升来推动经济增长。至于提升全要素生产率的途径，包括改善营商环境、增加研发投入、强化技术创新能力、加快市场化改革、提高教育质量，等等，这些也都是需要发力的地方。北京市经济增长最大的推动力从资本转向全要素生产率，全要素生产率的贡献率已经超过 50%，全要素生产率的贡献呈现出稳步上涨的趋势。

3.2.2 特征之二：劳动生产率高

劳动生产率是高精尖产业发展的源泉。劳动生产率即国内生产总值与全国从业人员的比率。它要求一定时期内一定劳动力投入形成的产出数量和价值要高。从业人员人均 GDP 增速高，说明劳动效率高，反映出劳动者素质提高、管理和科技等水平提升，我国产业链由中低端逐步向中高端发展，也有利于国内生产总值这一"大蛋糕"做大及其质量的提高。数据显示，2020 年，我国 GDP 增长为 2.3%，我国全员劳动生产率增长为 2.5%[①]。这也显示出我国经济发展的质量在提高。如果从业人员人均 GDP 增速与 GDP 增速一样，则说明劳动效率未提高，国内生产总值大蛋糕的做大主要靠从业人员数量的增加来实现。

当前，国际经济竞争日趋激烈，我国要继续优化经济结构、转型升级，力争在本世纪中叶建设成为社会主义现代化强国，这些都亟须通过提高全员劳动生产率来应对。提高劳动生产率主要靠加大知识产权产品的投资，促进信息技术革命和颠覆式创新。

北京经济技术开发区 2017 年全员劳动生产率达到 42 万元/人，是全市平均水平的近两倍[②]。

📖【专栏 3 - 1】

北京经济技术开发区提高全员劳动生产率四策

——发挥头部企业的引领带动作用。发挥 GE 与清华工研院共建的"G2 创·中心"优势，建设高端医疗器械创新生态圈。依托中芯国际打造集成电路产业链优势，推动一批具有全球竞争力的尖端科技项目落地，建设集成电路设计和制造高地。依托奔驰和百度，搭建升级版的高端汽车整车制造以及关键零部件供应体系，打造智能网联汽车政策先行区，支持新能源汽车集群发展。

——畅通核心技术与产业发展的融合。出台"科创 20 条"，专项 10 亿元带动经开区科创加速跑。依托北方华创、悦康药业等 26 个国家级创新平台，畅通核心技术与产业发展的融合。依托清华、北

---

① "十四五"时期全员劳动生产率增长要高于 GDP 增长，如何理解 [N]. 新京报，2021 - 3 - 6.

② 北京：社会劳动生产率首次列入发展主要目标 [EB/OL]. 新华社，2018 - 1 - 26.

大、中科院等顶尖高校院所及重点产业资源建设产教融合基地，统筹人才、基地、项目，实现全球科技竞争赶超优势。

——加速一流创新要素集聚。鼓励高水平的"引进来"，吸引跨国公司研发中心、外资研发机构、重大创新平台的入驻，加速一流创新要素集聚。鼓励高质量的"走出去"，支持集创北方、百普赛斯等优势企业主动融入全球创新网络，建设离岸创新中心。深入实施"亦麒麟"人才品牌工程，打造全域"类海外"生活环境，加快建设百万平米国际人才社区。

——实施"科技应用场景示范工程"。以"创新无处不在，处处皆为场景"的创新理念，深入实施"科技应用场景示范工程"，补齐公共服务设施短板，建设国际消费中心城市的优质供给节点。

（资料来源：北京经济技术开发区《北京市"十四五"时期国际科技创新中心建设规划》发布会，2021 – 11 – 24）

3.2.3　特征之三：资源生产率高

资源生产率是高精尖产业发展的重要条件，也就是说单位投入的自然资源、能源和土地各类资源要素的产出附加值高。资源生产率是用于核算一个国家或地区单位自然资源投入或单位污染排放的经济产出的一种理论工具。提高资源生产率，是通过充分利用和提高人力资源素质减少自然资源消耗，最大限度地减轻对生态的破坏和环境的污染，扩大劳动就业，实现经济持续协调健康发展的发展方式。高精尖产业是新兴产业，与高能耗产业相比，自然资源消耗少，是知识密集、技术密集的产业，应当具备较高的资源生产率。

3.2.4　特征之四：环境效率高

环境效率是高精尖产业发展的内在要求。单位环境负荷的经济价值要高。环境效率是指在既定技术水平条件下，普通投入（资本、劳动力、水资源）和产出保持不变，可以实现的最小化有害投入（有害投入指排放的污水）与当前的有害投入之间的比率。环境效率高表示现有技术条件下污染物可减少的程度比较低，此时只有通过进一步提高技术水平才能更大幅度地减少污染物排放；环境效率低表示即使不提高技术水平，也可以通过充分利用现有技术而大幅度减少污染物的排放，从而改善环境质量。高精尖产业要成为绿色低碳发展的标杆，充分考虑资源投入与效益产出、污染排放的相互关系，推进清洁生产，加大回收利用。

【专栏 3 – 2】

强 化 创 新 对 清 洁 生 产 的 引 领 作 用

加强科技创新引领。以工业产品绿色设计、能源清洁高效低碳安全利用、污水资源化、多污染物协同减排、固体废弃物资源化等为方向，突破一批核心关键技术，研制一批重大技术装备；同时着力提高清洁生产先进技术和装备供给能力，扩大技术装备应用规模，加快技术装备产业化发展。

培育壮大清洁生产产业。推进重点领域清洁生产技术集成应用示范，培育一批核心技术企业和一批专业化服务机构；同时创新清洁生产服务模式，探索构建以绩效为核心的清洁生产服务支付机制和第三方服务机构责任追溯机制，健全清洁生产技术服务体系和咨询服务市场。

深化模式创新和管理创新，促进区域协同推进机制创新，在区域发展重大战略中探索建立清洁生产协同推进机制，做到统一要求、联合推广、整体改造。

（资料来源：根据《"十四五"全国清洁生产推行方案》整理）

3.3 高精尖产业的三大战略目标

北京在高精尖产业"十四五"规划中提出,将积极培育形成两个国际引领支柱产业、四个特色优势的"北京智造"产业、四个创新链接的"北京服务"产业以及一批未来前沿产业,构建"2441"高精尖产业体系;广东在制造业"十四五"规划中,提出重点发展集成电路、新能源等高精尖产业;上海则提出要形成以集成电路、生物医药、人工智能三大产业为核心的高精尖产业发展体系。

北京、上海、广东等地着力发展高精尖产业的战略性有三。

3.3.1 高精尖产业体系是实现创新发展的产业体系

改革开放以来,我国形成和发展了电子信息、生物工程、新能源、现代交通运输设备制造业等技术密集型的产业。但是必须看到,我国制造业的效率、高新技术产业的产业链、关键与核心技术等方面,与国际发达国家相比还存在诸多差距。高端制造业比重低,而且在高端产业链中,关键性的技术、材料、元器件和设备受制于人,存在诸多"卡脖子"的环节。由于购买技术和进口关键产品的国际贸易条件恶化,严重阻碍高附加值的技术密集型产业的发展。科技部门筛选了在高端制造业中,与国外有较大差距并依赖进口的关键材料、设备、元器件和软件等,包括光刻机、高端芯片、人工智能传感器、手机射频器件、手机和电脑操作系统、燃料电池和关键材料、重型燃气轮机、高档汽车发动机等30多项"卡脖子"的关键技术。克服高端制造业的技术短板,可以有效地缓解资源密集型产品供给不足的短板。发展高精尖产业有利于解决制造业的自主创新问题。发展高精尖产业,增强先进制造业的核心竞争力,增强高精尖产业持续发展的动

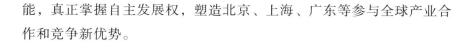

能，真正掌握自主发展权，塑造北京、上海、广东等参与全球产业合作和竞争新优势。

📖【专栏 3 - 3】

广东：增强先进制造业的核心竞争力

2021 年 7 月 30 日，《广东省制造业高质量发展"十四五"规划》（以下简称《规划》）正式印发。《规划》提出，"十四五"时期，广东努力打造世界先进水平的先进制造业基地、全球重要的制造业创新聚集地、制造业高水平开放合作先行地、国际一流的制造业发展环境高地四个发展定位。

——规模实力迈上新台阶。制造业规模增长潜力充分发挥，实力保持国内第一，形成根植性和竞争力强的制造企业群，培育若干具有全球竞争力的战略性产业集群。到 2025 年，制造业增加值占 GDP 比重保持在 30% 以上，高技术制造业增加值占规模以上工业增加值的比重达到 33%。

——创新驱动获得新突破。集聚全球创新要素，粤港澳大湾区国际科技创新中心建设取得重大进展，培育若干国家级和省级创新载体。制造业研发投入规模和强度不断提升，产业基础能力不断增强，制造业创新发展环境进一步优化。到 2025 年，规模以上制造业企业研发经费支出占营业收入比重达到 2.3%，规模以上制造业有效发明专利数 23 万件。

——质量效率发展取得新提升。制造业产品质量水平和品牌影响力进一步提升，加快实现"广东产品"向"广东品牌"转变，广东制造总体质量达到国际先进水平。到 2025 年，制造业产品质量合格率超过 94%，累计获得中国质量奖或提名奖企业数量达到 20 家次，规模以上制造业全员劳动生产率达到 30 万元/人。

——"两化"融合发展形成新优势。广东数字产业化和产业数字化发展取得新突破，重点行业数字化、网络化、智能化发展水平和工业互联网应用水平国内领先，规模以上工业企业应用工业互联网实施数字化转型基本覆盖，建成全国智能制造发展示范引领区和工业互联网示范区，打造具有国际竞争力的智能制造产业集聚区。到2025年，应用工业互联网实施数字化转型的规模以上工业企业数量达到5万家。

——绿色可持续发展迈入新阶段。落实国家碳达峰、碳中和部署要求，推动全省制造业能源资源配置更加合理、利用效率稳步提高，碳排放强度和主要污染物排放总量进一步下降。围绕重点产业继续打造一批绿色工厂、绿色设计产品、绿色园区、绿色供应链，生产方式绿色转型成效显著，逐步构建全产业链和产品全生命周期的绿色制造体系。"十四五"时期，广东规模以上工业企业单位增加值能耗逐年下降，继续保持全国前列。

——开放合作取得新成效。广东制造业"引进来"的吸引力和"走出去"的竞争力不断提高，促进国内国际双循环发展。到2025年，高新技术产品出口额占全省外贸出口额的比重在35%以上，制造业实际使用外商直接投资额占全省实际使用外商直接投资额的比重在20%以上，制造业对外投资额占全省对外投资额的比重在10%以上。

在重点产业领域，巩固提升战略性支柱产业。战略性支柱产业是广东制造稳定器，具体包括新一代电子信息、绿色石化、智能家电、汽车、先进材料、现代轻工纺织、软件与信息服务、超高清视频显示、生物医药与健康、现代农业与食品。

前瞻布局战略性新兴产业。战略性新兴产业是广东制造推进器，具体包括半导体及集成电路、高端装备制造、智能机器人、区块链与量子信息、前沿新材料、新能源、激光与增材制造、数字创意、安全应急与环保、精密仪器设备。

谋划发展未来产业。未来产业是会对未来经济社会发展产生重要支撑和巨大带动作用的先导性产业。聚焦发展前沿领域，立足全省技术和产业发展基础优势，积极谋划培育卫星互联网、光通信与太赫兹、干细胞、超材料、天然气水合物、可控核聚变 – 人造太阳等若干未来产业领域。

立足广东各区域重点产业发展基础，充分衔接广东二十个战略性产业集群发展意见及行动计划，《规划》绘制了"十四五"广东省十大战略性支柱产业和十大战略性新兴产业在全省"一核一带一区"的总体空间布局图，为更加清晰、直观表述和展现各产业空间布局，首次以"三星、二星、一星"分别代表"核心城市、重点城市、一般城市"的方式标注每个产业在全省 21 个地市的布局，为区域优势资源要素集聚和产业重点发展方向谋划提供科学引导和政府决策支持。

（资料来源：根据《广东省制造业高质量发展"十四五"规划》整理）

3.3.2 高精尖产业体系是实现融合发展的产业体系

"高精尖"产业加速发展的深刻背景是新一代产业革命的兴起与加速。一般认为，当前全球正处于第三次产业革命末期与新一代产业革命的孕育期。第四次产业革命继承了第三次产业革命中的信息技术，并在此基础上衍生了以物联网、云计算、大数据、3D 打印技术为代表的数字技术创新。数字技术与其他技术领域的融合创新往往需要打破行业的边界，实现跨界与协同，产业的边界因此更加模糊。数字技术创新通过数字网络和智能算法将对未来的生产流程、生产模式、管理方式产生颠覆性影响。新一代信息技术与制造业的深度融合、软件和信息服务业与制造业的深度融合，产生协同效益。软件产业和其他产业相比具有明显产业特征，主要体现在以下三个方面：一是基础性。软件是新一代信息技术的底座，云计算、大数据、人工智能、区块链等新一代信息技术的关键核心都是软件。云计算的本质是通过软件对硬件资源进行整合，从而使计算能力、存储空间等硬件资源得到最大程度的利用。人工智能产业生态的核心就是软件开发框架。区块链的本质就是一种分布式数据库软件。工业互联网的通用平台层本质就是工业操作系统，应用服务层的核心就是工业 App。二是实用性。"应用牵引、整机带动、生态培育"已成为软件产业发展的重要规律。充分发挥重大应用、重大工程对产业发展的牵引作用，特别是引导制造业企业开放应用场景，加紧产用协同创新、适配，是推动软件产业高质量发展的重要抓手。三是定义性。通过"软件定义"可以拓展产品的功能，变革产品价值创造模式，赋予企业新型能力，催生新型制造模式，推动平台经济、共享经济蓬勃兴起。"软件定义"已成为生产方式升级、生产关系变革、新型产业发展的重要引擎，成为驱动未来发展的重要力量，是新一轮科技革命和产业变革的新特征和新标志。制造业通过与软件与信息服务业融合互动，加速实现转型升级。龙头企业在实现智能化升级、打造智慧工厂的基础上，通过云平台向制造服务业企业转型。在融合发展中，信息技术产业得到更快发展。以北京市软件和信息服务业为例，2012～2019 年北京市软件和信息服务业增加值占 GDP 的比重逐年上升，特别是 2017～2019 年，在北京构建高精尖产业政策的推动下，北京软件和信息服务业发展更快。2012 年北京软件和信息技术服务业占 GDP 的比重为9.1%，到 2019 年北京软件和信息技术服务业增加值占 GDP 比重已达 13.5%。

📖【专栏 3 – 4】

上海：加快推进数字技术与高端装备融合

"十四五"时期，上海的高端装备产业主要包括"7 + X"领域："7"包括智能制造装备、航空航天装备、船舶海工装备、高端能源装备四大优势装备产业，以及节能环保装备、医疗装备、微电子装备三大重点装备产业;"X"指轨道交通、工程机械、农机装备、应急装备、高端电梯、先进泵阀等其他基础装备领域。2020年,上海市高端装备产业实现工业产值5800亿元,占全市工业总产值的比重为15%。

"十三五"期间,上海的高端装备产业规模持续扩大、质量能级不断提升、产业生态不断优化。机器人、民用船舶等领域全国领先,大型商业飞机、高端医疗装备等领域实现技术突破,一批市级制造业创新中心、市级特色产业园区、首台(套)装备获得认定支持。

按照《上海市高端装备产业发展"十四五"规划》,到2025年,上海将初步建成具有全球影响力的高端装备创新增长极与核心技术策源地。一是产业能级进一步提升,产业规模突破7000亿元,市级特色产业园区数达到20家以上;二是创新能力进一步增强,建设国家和市级企业技术创新中心100个,实现关键装备与核心部件首台(套)突破300项,规模以上企业研发支出占营业收入平均达到2%以上;三是数字水平进一步提高。新兴技术与高端装备融合程度进一步加深,建设高端装备市级智能工厂40家以上。

在空间布局上,上海将形成高端装备"1+2+N"产业布局,"1"指以中国(上海)自由贸易试验区临港新片区为高端装备创新和制造核心区,"2"指以沿江发展带、环湾发展带为两大协同发展带,"N"指多个特色产业群组成的示范发展区。

重大装备以高新技术为引领,处于价值链高端和产业链核心环节,具有技术密集、附加值高、成长空间大、经济发展带动性强等特点。上海围绕民用航空、航天及空间信息、船舶与海洋工程等领域,加强关键核心技术和产业化攻关,引领产业高质量发展,积极打造重大装备上海高地。

譬如在民用航空领域,上海起步最早。从数量上看,大飞机和航空发动机在沪的供应商共有120家,是国内民用航空产业链供应商数量最多的省市,同时依托大飞机产业园加快产业链企业进一步集聚;

从质量看，上海拥有 14 家国家级和市级的民用航空重点实验室等，同时正在打造大飞机创新谷、商用发动机创新中心等创新平台，还拥有全国首家以海岛为应用场景的无人驾驶航空试验区。

上海以"高端引领，数字驱动"主线发展高端装备产业，其中首要任务就是全面推进装备数字化转型，构建面向未来的"数字化"战略优势。"双数"工程即通过数字化装备融合工程，给装备加上"大脑""眼睛""耳朵"和"手脚"；通过数字化生产提升工程，全面推进智能工厂建设，加强智能制造供给能力。

沿着《规划》的发展思路和路径，上海的高端装备产业将在"十四五"期间全面支撑上海城市数字化转型、增强产业核心竞争力，助力建成具有全球影响力的高端装备创新增长极与核心技术策源地。

（资料来源：根据《上海市高端装备产业发展"十四五"规划》整理）

3.3.3　高精尖产业体系是实现协调发展的产业体系

北京、上海、广东的"十四五"产业发展规划都强调城市群协调发展。按照系统创新理论，高精尖产业是辐射带动强的产业集群，具有高水平创新驱动的属性，对经济具有极强的拉动作用，不仅能实现中心城市经济的高质量发展，而且能带动周边地区的产业联动转型。就京津冀地区而言，京津冀协同产业是国家发展战略，是国家现代化经济体系建设的重大区域发展战略，产业对接协作是这一战略的核心内容，产业升级是三地的共同任务。在疏解非首都核心功能的过程中，天津和河北一直是北京产业转移的主要承接者。然而，两地仅仅简单承接北京转移的一般产业是远远不够的，迫切需要发展高精尖产业带动区域科技创新与成果转化，促进区域产业联动，形成经济协同发展、错位发展、融合发展的京津冀地区经济新格局。以北京为例，在"十四五"规划中在环京地区产业协同发展规划布局了三个圈层，在空间区位上合理匹配，形成互补错位、合理高效的产业格局，通过京津冀地区产业协同，助力北京高精尖经济结构有序推动疏解首都非核心功能，优化产业结构。

📖【专栏 3 – 5】

天津：新一代信息技术产业着力畅通产业内外循环

为加快新一代信息技术产业高质量发展，《天津市新一代信息技术产业发展"十四五"专项规划》（以下简称《规划》）出台。到 2025 年，天津市将在产业规模、龙头企业培育、创新生态建设、跨界融合等方面取得突破，产业增长潜力充分发挥，成为具有国际影响力的新一代信息技术产业高地。

——优化产业组织方式，推动产业转型升级。《规划》指出，构建以电子信息制造为核心，软件和信息技术服务与人工智能共同发展的产业体系。到 2025 年，在智能终端、信创、人工智能等多个领域形成超千亿级产业集群，成为国内领先的新一代信息技术产业集聚区。结合新一代信息技术产业发展优势、特色，全面统筹规划空间布局，形成以滨海新区为核心，西青区、武清区、津南区、北辰区、宁河区等共同发展的"1 + N"空间发展布局。依托天津滨海高新技术产业开发区、天津经济技术开发区等，滨海新区重点发展人工智能、大数据、软件及集成电路等产业集群。立足各区产业基础和发展空间，科学规划，加快建设主业优势鲜明、配套功能完善、综合效益突出的产业园区，引导资源定向聚集，促进产业合理分工，推动新一代信息技术产业规模化发展。

——加强企业梯度培育，增强内生发展动力。《规划》指出，以全国电子百强、软件百强企业为引领，打造一批带动行业技术发展、拥有高端品牌的领军企业。引导新一代信息技术中小企业走专业化发展道路，在人工智能、大数据云计算、智能终端等基础产业领域，加强企业协作，引导中小企业向"专精特新"方向发展。

——推动源头技术创新，助力产业高端发展。《规划》指出，围绕产业链部署创新链，通过原始创新、集成创新、引进吸收再创新等手段，突破一批核心关键技术。聚焦强人工智能、大数据云计算等领域，组织开展相关基础理论研究。着力研发自动化装备、网络与信息安全软件等基础产品，提升产业制造和生产的支撑能力。重点突破多模态生物特征识别系统、知识深度学习、类神经网络分布计算、智能决策控制、新型人机交互等关键共性技术。高度重视知识产权在创新驱动型经济发展中的主导地位，支持企业在集成电路、智能终端、工业软件、人工智能等关键核心技术领域加强知识产权布局和储备。

——强化创新平台建设，提升创新能力支撑。在人工智能、集成电路、大数据云计算、智能终端等新一代信息技术重点领域布局建设一批技术创新中心和重点实验室，推动现有工程技术研究中心优化升级，争创一批国家级创新平台。加快推进中科曙光国家先进计算产业创新中心、天地伟业智能安防创新中心、中科创新大数据中心等项目建设。以科技资源集成开放和共建共享为目标，通过整合、集成和优化科技资源，完善基础条件建设。

——畅通产业内外循环，激发产业发展活力。围绕集成电路、人工智能、智能终端等产业链，编制产业图谱，绘制潜在招商目标，精准对接企业及创新资源要素。积极探索京津冀三地产业发展新模式，面向新一代信息技术产业发展需求，打造京津冀新一代信息技术产业发展共同体，在产业功能定位、产业分工、项目投资等方面做好统筹布局，支持共同体内各成员单位创新资源共享、优势互补、错位发展，积极开展技术交流、科技成果转化和行业标准制定等工作，推动产业链、创新链、资金链、政策链深度融合。充分发挥中国（天津）自由贸易试验区、天津国家自主创新示范区作用，开展多渠道、多层次的国际交流与合作。

——推进产业跨界融合，释放产业发展空间。深入实施"智能+"，推动人工智能、大数据云计算和制造业深度融合，提高技术装备水平，提升发展质量效益。对传统产业进行全方位、全角度、全链条改造，提高全要素生产率，释放数字对经济发展的放大、叠加、倍增作用。依托互联网平台，整合政府、社会、企业等多方资源，基于人工智能、大数据、区块链、物联网等技术，全面推进新一代信息技术在社会民生、政务治理等方面的渗透和融合。

（资料来源：根据《天津市新一代信息技术产业发展"十四五"专项规划》整理）

3.4　本章小结

高精尖产业是指以技术密集型产业为引领，以效率效益领先型产业为重要支撑的产业集合。其中，技术密集型高精尖产业指具有高研发投入强度或自主知识产权、低资源消耗特征，对地区科技进步发挥重要引领作用的活动集合。效率效益领先型高精尖产业指具有高产出效益、高产出效率和低资源消耗特征，对地区经济发展质量提升和区域经济结构转型升级具有重要带动作用的活动集合。"高精尖"的定义要在一个坐标体系里思考。"高"最重要的指标是研发强度；"精"是具有自主知识产权的原始创新；"尖"是能够引领技术发展方向国际技术前沿。高精尖产业的本质是一种创新驱动的产业。

高精尖产业的特征有四。特征之一：全要素生产率高。全要素生产率是高精尖产业发展的核心。特征之二：劳动生产率高。劳动生产率是高精尖产业发展的源泉。特征之三：资源生产率高。资源生产率是高精尖产业发展的重要条件。特征之四：环境效率高。环境效率是高精尖产业发展的内在要求。发展高精尖产业的战略性有三：高精尖产业体系是实现创新发展的产业体系；是实现融合发展的产业体系；

是实现协调发展的产业体系。按照系统创新理论，高精尖产业是辐射带动强的产业集群，具有高水平创新驱动的属性，对经济具有极强的拉动作用，不仅能实现中心城市经济的高质量发展，而且能带动周边地区的产业联动转型。

第4章　高精尖产业与相关
产业的区别与联系

高精尖产业与高技术产业、战略性新兴产业、未来产业概念相近，如何区别？本章进一步分析了高精尖产业与高新技术产业、战略性新兴产业、未来产业的联系与区别。

4.1　高精尖产业与高技术产业的区别和联系

4.1.1　高技术产业的定义和特点

"高技术"（high technology）一词最早是由美国提出的，其概念于 1971 年在《技术和国家贸易》一书中被首次提出。在这之后，《高技术词典》对"高技术"做了新的定义，认为高技术是一门知识密集型技术，是以最新的科学成就为基础，是社会生产力发展的主要贡献力量，也可以说高技术的产生基于科学发现和创新之上。自此之后，"高技术"一词正式开始使用。

"高技术产业"的定义最早由经济合作与发展组织（OECD）于 1986 年给出，它主要用来界定高技术产业的标准是 R&D 经费占产值的比重。OECD 认为高技术产业需要符合高强度的 R&D 投入、资本的投入大且风险高、产品和工艺的更新率高、老化速度快、R&D 的成果及其在世界各国贸易中的高国际合作性及高竞争性以及要符合政府发展规划，具有战略意义。而美国主流认知的界定标准主要将高技术产业分为两大方面：一是销售收入中研究与开发强度占 10% 以上；二是专业技术从业人员的比例占 10% 以上。

因此，高技术产业是研究开发投入显著高、创新率高、收益高、风险高，在产业生命周期中处于初创期和成长期的产业。具体包括医药制造，航空、航天器及设备制造，电子及通信设备制造，计算机及办公设备制造，医疗仪器设备及仪器仪表制造，信息化学品制造 6 大类①。

高技术产业的特征有五：

特征之一：知识技术密集。该特征是高技术产业与传统产业的最大区别。高技术产业通过知识和技术的投入来生产高附加值产品，同时，由于知识技术更新速度较快，导致产品更新换代速度快，对产业参与者的文化知识要求也较高，因此，高技术产业的知识密集程度和技术密集程度都较高。

特征之二：资金投入巨大。由于新知识、新技术研发投入巨大，研发成果转移转化前，高技术产业需要大量的资金来持续技术试验和产品研发以开发新产品；在研发成果转移转化过程中，高技术产业也需要耗费大量资金进行高标准的固定资产投入；在研发成果转化后，高技术产业新产品由于新颖性较强，市场接受需要过程等原因，还需要大量资金进行营销推广（闫丽平、孙文博，2019）。

特征之三：高风险高收益。高技术产业的高风险主要有技术不确定性或开发失败的技术风险；市场可能暂时不能接受新产品的市场风险；技术开发过程中资金短缺的资金风险；市场上更新的产品出现的风险；人才流失的竞争风险等。但伴随着高风险的高技术产业总是带来高收益，由于高技术产业的附加值高，将促使技术优势形成一定的市场垄断性或排他性，一般得到市场认可后，高技术产业将产生大量的收益。

---

① 高技术产业的分类参见《中国高技术产业统计年鉴》。

特征之四：高成长短周期。高技术产业凭借独特的技术优势，短期内产业能够集聚扩张，很快成长为行业翘楚，这是产业的成长性，但现代产业更新换代速度快，新产品周期越来越短，这使得高技术产业变化加快，与传统产业相比，高技术产业的"创业—成长—扩张—成熟"生命周期更短。

特征之五：高创新高集群。高技术产业创新过程依赖于新技术，新技术不停地更新换代，使得高技术产业风险加剧，为了规避风险，高技术产业不断进行技术创新，以开发出适应市场需求的产品，获取高额收益；同时，为了规避风险，高技术产业内企业往往以技术合作为基础，与相关企业集聚在同一地域内，降低研发、生产成本，从而形成高技术产业集群。

4.1.2　高精尖产业与高技术产业的区别

高精尖产业强调"高""精""尖"，而高技术产业基本上侧重"高"。高精尖产业是根据某种产业是否可以实现高速增长，带来强劲后劲、是否拥有核心竞争力和重要知识产权、是否符合国家重大战略，具有国际水平前沿科学技术来划分的；而高技术产业是根据技术密集度来划分产业的。

从高精尖产业和高技术产业的划分范围看，高技术产业与高精尖产业所包含的子行业差异较大。高技术产业与高精尖产业有许多交叉的子行业，但即使名称相同的子行业，在高精尖产业里和高技术产业里也不一样。

4.1.3　高精尖产业与高技术产业的联系

首先，技术和市场是高精尖产业和高技术产业的重要推动力。高精尖产业和高技术产业都需要高研发的投入和产出；技术创新和市场需求的重要推动力，两种产业都是建立在当代最新、最先进的科学基础和技术上；两种产业都拥有市场需求这一重要牵引力；两种产业都面对国际竞争这一重要压力，国际竞争迫使各国集中一切力量抢夺技术制高点，才能在竞争中占据有利地位。

其次，高精尖产业和高技术产业形成和发展的动力源泉都是远离平衡。首要条件是都要保持产业化系统的开放性，都会针对市场需求和提高经济效益来提高技术成果的实用性，把工业性实验、产业化和市场预测放在重要位置；两种产业形成和发展的动力源泉都是远离平衡，远离平衡的条件存在分工、分配、投资的显著差异，通过充分调动科技人员的积极性和首创精神，使微小涨落产生建设性作用，形成新的经济增长点；加大技术创新投入、加快技术创新步伐，不断开发出新的技术成果，从而保持旺盛的创新活力。

再次，高精尖产业和高技术产业的形成和发展都应当遵守协同作用规律。两种产业从创新主体看在各自的产业领域都拥有大企业和小企业，其中大企业自主研发力强，但是创新动力不足，创新机制不活；而小企业创新机制灵活，创新效率高，抵抗风险能力差。因此，都需要重视大企业和小企业的密切合作、产业关联、协同发展。

最后，高精尖产业和高技术产业都应具有产业共生的产业生态系统，包括高质量的基础设施框架，对知识工作者有吸引力的氛围以及利于学习和知识交换的相互联系网络系统等。

4.2 高精尖产业与战略性新兴产业的区别和联系

4.2.1 战略性新兴产业的定义和特点

新兴产业是与突破性创新相关联，产业发展需要以创新为核心驱动，对应于产业生命周期的前期，具有高不确定性的产业。本书认为，从战略上说，新兴产业是有着远大发展前景、正在茁壮成长、其地位和影响力趋于上升的产业，类似新生事物。新兴产业是实现新旧产业的更新换代、实现经济持续繁荣的关键。

与成熟产业或衰退产业相比，新兴产业具有六大特点：

特点之一：成长性。综观世界各国和地区的经济发展历程，及时选择和培育新的经济增长点，进行新旧产业之间的更新换代是所有国家和地区经济发展的必然选择。韩国政府在推动新旧产业之间的更新换代过程中，集中财力、物力、人力，扶持重要的新兴产业。为了加快处于弱势地位的新兴产业发展步伐，韩国专门设立了"特定研究开发事业费"，以扶植"有希望的幼稚产业"的技术开发，其根本原因在于新兴产业的成长性好，能带动国家的产业转型升级。

特点之二：创新性。新兴产业是产学研深度整合的产业。按照经济学家波特的创新理论，新兴产业的出现，不外乎技术创新、相对成本的变化、新消费需求的出现，或其他经济及社会方面的变化，致使某个新产品或某项新服务得以实现市场化。无论是产品创新，还是工艺创新，以及市场创新，都指向创新。创新是新兴产业发展的共同要求。

特点之三：时代性。对于新兴产业而言，技术是新的，产品是新的，需求是新的，它代表了产业发展的时代要求。日本在工业化初期，选择纺织、食品、钢铁、电力为重点产业；进入工业化中期以后，又及时地确定造船、石油化工、汽车、家电、机械等作为重点扶持产业；石油危机后，日本减少了对能耗高、污染大的产业支持，转而发展计算机、电子、新材料、新能源等新兴产业；进入 21 世纪以后，信息通信、现代物流、节能和新能源开发、环保、生物工程、宇宙航空、海洋开发等新兴产业成为国家重点扶持的领域。这就说明，新兴产业的选择具有时代性，符合产业发展的时代要求。

特点之四：战略性。新兴产业关系到一国在世界格局中的地位，是关系到国家长远发展的根本性和全局性的问题，因此具有战略性。一国的新兴产业一般由国家制定和组织实施。美国投入到替代能源、电动汽车等的研发和推广费用达到 700 多亿美元，确保了美国在新兴产业领域的领先地位；日本由首相亲自领导和协调日本科技研发与新兴产业发展，大幅提高新能源研发和利用的预算，由原先的 882 亿日元增加到 1156 亿日元。

特点之五：先进性。新兴产业具有先进的技术，符合经济社会发展先进性的要求。由于新兴产业大多突破了现有的技术体系，发展中需要交叉融合多种科技要素，因此往往对产业体系产生较大的关联效应，客观上提高了经济发展的整体效率。例如，新一代信息技术显著提高了生产效率，深刻地改变了社会经济的生产组织方式、服务模式乃至生活方式。

特点之六：带动性。新兴产业可以对传统产业进行改造，使社会生活发生根本性变化，能够显著提高国民经济的整体效率，支撑经济持续增长。从最新的投入产出统计来看，战略性新兴产业的感应度系数和影响力系数基本都大于 1，如通信设备、计算机及其他电子设备业的影响力系数达到 1.4，体现了强大的带动能力。

战略性新兴产业区别于传统产业，以重大技术突破和重大发展需求为基础，对经济社会全局和长远发展具有重大引领带动作用，是知识技术密集、物质资源消耗少、成长潜力大、综合效益好的产业[1]。战略新兴产业包括新一代信息技术产业、高端装备制造产业、新材料产业、生物产业、新能源汽车产业、新能源产业、节能环保产业、数字创意产业、相关服务业 9 大领域[2]。战略性新兴产业的产生必须具备两个重要的前提条件，一个是先进技术；另一个是潜在市场。与其他产业相比，战略性新兴产业具有高附加值、成长速度快、高回报率、战略地位高的特性，这是战略性新兴产业与其他产业的重要不同

---

[1][2] 参见《国务院关于加快培育和发展战略性新兴产业的决定》。

之处（董树功，2012），参见表 4 - 1。

表 4 - 1　　　　　　　　　　战略性新兴产业概念界定

学者	概念界定
万钢（2010）	战略性新兴产业在国民经济中具有战略地位，首先其对经济社会发展和国家安全具有重大和长远影响；其次，这些产业是着眼未来的，它必须具有能够成为一个国家未来经济发展支柱产业的可能性
朱瑞博（2010）	战略性新兴产业是一个国家或区域实现经济持续增长的先导产业，在国民经济发展中具有决定性的促进作用，在产业结构转换中具有导向作用
肖兴志（2010）	战略性新兴产业应当首先是主导产业，而且是前沿的主导产业，是一个动态的概念。具有创新，依靠科技进步，获得新的生产函数；形成持续高速增长的增长率；具有较强的扩散效应，对其他产业乃至所有产业的成长起决定性作用
郑江淮（2010）	战略性新兴产业应该在技术上具有普遍深入性，并且能够渗透到很多产业中，具有规模报酬递增的特征，而且产业关联性强
刘洪昌（2011）	战略性新兴产业是指在国民经济中具有重要战略地位，关系到国家或地区的经济命脉和产业安全，科技含量高、产业关联度高、市场空间大、节能减排优先的潜在朝阳产业，是新兴科技和新兴产业的深度融合，既代表着科技创新的方向，又代表着产业发展的方向
龚慧群（2011）	对经济社会发展和国家安全具有重大和长远影响，有可能成为一个国家或地区未来经济发展的支柱，在国民经济和社会发展全局中具有主导性地位，并处于成长过程的产业
贺俊（2012）	"战略性"所体现的经济学性质主要体现在以下两个方面，一是产业所基于的主导技术的未来性和突破性；二是产业所面向的现实和潜在市场需求规模巨大
剧锦文（2012）	战略性新兴产业是一个国家或地区因新兴科技与产业的深度融合而催生出的一批产业

4.2.2　高精尖产业与战略性新兴产业的区别

高精尖产业的纳入标准要比战略性新兴产业更加严格。在战略性新兴产业中，新一代信息技术产业所包含的行业小类（见国家统计局《战略性新兴产业分类（2018）》，其中的行业小类以《国民经济行业分类（2017）》为基础）有 83 个；而在高精尖产业中，新一代信息技术产业所包含的行业小类（见《北京市十大高精尖产业登记指导目录（2018）》，其中的行业小类也以《国民经济行业分类（2017）》为基础）只有 21 个。也就是说，高精尖产业的纳入标准要比战略性新兴产业更加严格，大多数纳入战略性新兴产业的行业小类都不属于高精尖产业。

4.2.3　高精尖产业与战略性新兴产业的联系

首先，战略性新兴产业与高精尖产业都以先进制造业为重点。发展的重要目标是促进制造业高质量发展。

其次，战略性新兴产业与高精尖产业都不是短期性行为，而是着眼于未来的长期性规划。都是政府重点布局、对于区域发展有战略意义的重要产业。

最后，战略性新兴产业与高精尖产业都能拓展新空间，提升社会生产力水平，拓展生产可能性边界，开拓新的发展空间。

4.3　高精尖产业和未来产业的区别和联系

4.3.1　未来产业的定义和特点

所谓未来产业是指机器人、尖端生命科技、金融程式编码化、网路安全，以及大数据，是推动未来二十年全球经济社会变迁的关键产业。未来产业是重大科技创新产业化后形成的、代表未来科技和产业发展新方向、对经济社会具有支撑带动和引领作用的前瞻性新兴产业，其界定标准包括新技术标准、潜在需求标准、产业成长性标准、未来竞争力标准和产业带动引领标准。

2021 年 4 月 19 日，国家发展和改革委员会发布下一步重点布局未来产业的目标领域，并指出未来产业具备四"新"特征，即新科技、新需求、新动力和新空间。2021 年 9 月 24 日，科学技术部副部长邵新宇在 2021 中关村论坛上表示，未来产业是基于前沿重大科技创新而形成的、能够决定未来产业竞争实力和区域竞争力的前瞻性产业，在未来将成为支撑产业发展的主导力量[①]。"十四五"期间，未来产业培育和发展的重点领域包括人工智能产业、物联网产业、大数据与云计算产业、量子技术与量子产业、新一代机器人产业、区块链产业、新兴海洋产业、航空航天产业、生命科技与康养产业、新材料产业、新能源产业和新基础产业等。其特征为体现产业发展的智能化、数字化、绿色化趋势，代表了先进产业的发展方向。未来产业是技术和产业高度融合发展而出现的战略性新兴产业，具有创新性、超前性、先导性、引领性和基础性特征。

📖【专栏 4 – 1】

全球未来产业演进三大趋势

通过对美国、日本、英国、法国、德国、韩国、俄罗斯的未来产业部署进行研究，发现全球未来产业的演进呈现出三大趋势。

演进趋势一：未来产业朝着智能、低碳、健康方向演进。从全球未来产业的领域分布来看，未来产业主要集中在智能、低碳、健康三个方面。智能体现在各国在半导体、人工智能、大数据、区块链、物联网、量子技术、下一代通信技术、超智能社会、传感器、机器人、先进计算技术、数字经济、脑神经信息、人机交互、网络安全、虚拟和增强现实

[①]　中国未来产业超前谋划蓄势待发［N］. 北京日报，2021 – 9 – 28.

技术、智慧城市等未来产业群的部署；低碳体现在各国在新能源、生物能源、绿色交通、氢能、低碳工业、低成本核能等未来产业群的部署；健康体现在各国对未来医学、生物医药、未来医院、生物信息学、疫苗研发、精准医疗、老龄化、健康食物等未来产业群的部署中。

演进趋势二：通过加速新兴技术与传统产业的融合以发展未来产业。随着5G通信、人工智能和大数据等新兴技术的突破，新兴技术在传统产业中得到了快速和广泛的应用，使传统产业产生变革并有望形成未来产业。各国也开始通过新兴技术与传统产业融合以发展未来产业：美国的先进制造业领域是先进技术对传统制造业的升级；俄罗斯九大市场方向都是新技术与传统产业的融合；日本基于"社会5.0"提出的六大创新型产业都建立在传统产业基础之上。

演进趋势三：从重视技术创新到同时重视技术创新、研发模式、生产方式、业务模式和组织结构的革新。生产力和生产关系对立统一又相互依存，未来产业基于新生产力，必然要求生产关系做出相应变革，各国未来产业的部署也说明了这一趋势。以美国为例，2019年美国提出发展未来产业相关新兴技术，而2021年的《美国就业计划》《无尽前沿法案》和《美国国家科学基金会（NSF）未来法案》（NSF for the Future Act）中不仅提出发展未来产业相关技术，而且提出要新设立一个机构发展未来产业；而新建的未来产业研究所（Industries of the Future Institutes）则旨在打造未来产业新型研发模式、管理结构和运营机制等。

（资料来源：《中国科学院院刊》2021年第11期"科技与社会"栏目）

4.3.2 高精尖产业和未来产业的区别

未来产业依托新科技，主要是基于颠覆性技术的突破和产业化，并依托于技术之间、技术与产业之间的深度融合，包含量子技术与量

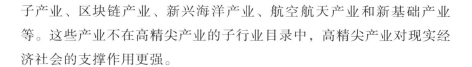

子产业、区块链产业、新兴海洋产业、航空航天产业和新基础产业等。这些产业不在高精尖产业的子行业目录中,高精尖产业对现实经济社会的支撑作用更强。

【专栏 4 - 2】

未来产业的七个可能触发机制

一是重大科技突破和指数型技术的应用。前沿科技和颠覆性技术的突破是未来产业出现的最直观的因素,一批"从 0 到 1"的原创技术能开辟一个只属于创新者的蓝海市场,并带来技术专利、网络效应、规模经济、品牌等一系列竞争优势。同时,指数型技术的应用突破能助力具备强大成长潜力的未来产业"从 1 到 N"创新升级,实现爆发式增长和规模化扩张。

二是学科交叉和跨界融合。当今社会,经济发展所面临的复杂性使学科之间、科学和技术之间、技术与技术之间日益呈现交叉融合的趋势;各行业在原有产业价值链基础上,跨界融合运动更加频繁,并衍生出"N + X"未来产业新业态。其中,人工智能跨领域的商业化,带来智慧医疗、智慧教育等新兴业态的出现,这方面的表现最为突出。

三是社会需求升级。新冠肺炎疫情在全球暴发,加速了无人零售、智能机器人服务等未来产业的技术创新和试验示范。人与自然矛盾的加剧与共生使人类对未来生产、生活方式转变以及亟待解决的重大问题产生认知更新,要求未来产业加速发展,支撑经济社会的变化和高效运行。健康护理、疾病早筛、智能诊疗、养老服务等未来社会面临的人口老龄化问题以及绿色低碳、数据驱动、可持续发展等未来城市愿景亟待新技术、新服务的支撑。

四是创意和思想实验。未来产业不只是面向已知需求开展研发,还有很多需要创造性的前沿科技突破和重大变革性创新,这就要有大胆的想象力、突破性的创意和改变世界的梦想,积极对科学研究进行探索性、创造性的思想实验，找到建立新观念、新理论、新规律、新方法的突破口，形成新的生产生活方式与新的体验，带来新市场和新业态。正如马斯克拥有登陆火星的梦想和创意，通过目标导向可以激发一系列技术突破和未来产业衍生。

五是新场景驱动。聚焦若干科技发展未来目标，通过场景创新建设，集聚创新资源，实现真实环境中新技术应用的反复试验，从而加速技术迭代与集成，成就前沿科技应用与产业化，这已成为新时期科技创新与未来产业发展的重要方式。

六是重大政策规制引导。国家战略引导布局事关国家安全和发展全局的未来产业核心领域，出台相关政策对资源、环境、太空等战略性领域加大投入；制定新规则逐步开放部分垄断行业、管控领域、公共服务领域，为新供给、新模式、新组织创造了良好的宏观发展环境，将催生一批新兴产业。

七是军民互助融合。国防科技创新整合和利用军用、民用科技资源，建设形成军民科技融合下的国防科技创新体系，军用技术与民用技术两者互相转移、互相融合和互相促进，在深海空天开发、国防安全、网络空间、新材料、量子计算等领域，加速了颠覆性、前沿性技术创新与集成。

（资料来源：杨跃承、武文生、党好. 发展未来产业是我国构筑长期竞争优势的战略选择［J］. 中国经济周刊，2021（23））

4.3.3　高精尖产业和未来产业的联系

首先，高精尖产业和未来产业都是创新驱动的产业，是决定竞争优势的前沿产业，是居于全球价值链高附加值环节的高端产业。

其次，高精尖产业和未来产业都能引领新需求。未来产业与高精尖产业不仅可以更好满足人们现有需求，而且将创造新的应用场景和新消费需求。

再次，高精尖产业和未来产业都是新动能产业。引导市场主体向更先进的生产力聚集，催生新技术新产业新业态新模式。

最后，高精尖产业和未来产业都具有生态产业思维（赵大伟，2016），都是关联性和带动性很强的产业，是科技迅速发展和群涌式创新所带来的新兴产业。

4.4　本 章 小 结

本章分析了高精尖产业与高新技术产业、战略性新兴产业、未来产业的联系与区别。高精尖产业强调"高""精""尖"，而高技术产业基本上侧重"高"。高精尖产业的纳入标准要比战略性新兴产业更加严格。在战略性新兴产业中，新一代信息技术产业所包含的行业小类有 83 个；而在高精尖产业中，新一代信息技术产业所包含的行业小类只有 21 个。也就是说，高精尖产业的纳入标准要比战略性新兴产业更加严格，大多数纳入战略性新兴产业的行业小类都不属于高精尖产业。战略性新兴产业与高精尖产业的联系体现在，战略性新兴产业与高精尖产业都以先进制造业为重点。发展的重要目标是促进制造业高质量发展。战略性新兴产业与高精尖产业都不是短期性行为，而是着眼于未来的长期性规划。都是政府重点布局、对于区域发展有战略意义的重要产业。未来产业依托新科技，主要是基于颠覆性技术的突破和产业化，并依托于技术之间、技术与产业之间的深度融合，包含量子技术与量子产业、区块链产业、新兴海洋产业、航空航天产业和新基础产业等。高精尖产业对现实经济社会的支撑作用更强。

第5章 北京高精尖产业发展历程及现状分析

北京是全国率先提出高精尖产业发展构想的城市。本章从三个阶段梳理了北京高精尖产业发展历程，对"三城一区"创新发展进行了现状分析与趋势分析。

5.1 北京高精尖产业的提出背景

2014 年，习近平总书记在北京市考察时指出，北京市一要坚持和强化首都全国政治中心、文化中心、国际交往中心及科技创新中心的核心功能，深入实施人文北京、科技北京和绿色北京战略，建设成国际一流的和谐宜居之都；二要调整疏解非首都核心功能，优化产业，特别是工业项目的选择，突出高端化、服务化、集聚化、融合化和低碳化，有效控制人口规模，增强区域人口均衡分布，促进区域均衡发展。习近平总书记指出，"北京市不提经济中心定位，不是要放弃经济发展、产业发展，而是要放弃'大而全'的经济体系，'腾笼换鸟'，构建'高精尖'的经济结构，使经济更好地服务于城市战略定位。"①在全球产业创新变革的新形势下，北京经济发展要紧扣产业演变规

---

① 张伯旭．推动"在北京制造"向"由北京创造"的转变［J］．中国经贸导刊，2016（6）．

律，紧扣疏解非首都功能要求，跳出传统的产业门类划分思维，把打造高精尖产业体系作为新的突破口，加快推动产业高质量发展。北京市委书记蔡奇强调，"把更多精力放在构建高精尖经济结构上来，进一步强化地均产出、人均产出导向，做好'白菜心'，推动高质量发展。"①

北京市构建高精尖经济结构实际是国际国内经济发展变化形势使然。这是主动适应新形势的新举措，国际上产业结构正在发生深刻变革，呈现出产业发展高端化、产业地域集群化、产业间关系生态化的总体趋势；与此同时，我国经济发展进入减速换挡的新常态，体制机制正在深化改革，发展方式也在深刻转型。

2015 年，《京津冀协同发展规划纲要》颁布，北京市需重新定位产业发展的方向，提出构建高精尖经济结构。北京市产业的选择总体上应该以服务性产业为发展方向，以产业功能集聚为基础，以科技创新为内涵，构建彰显首都特色的现代产业体系。城市战略、城市功能、经济结构是相互依存的关系，城市战略决定了要构建高精尖的经济结构，而高精尖的经济结构则支撑着城市功能，城市功能进一步彰显城市发展战略。因此，北京构建高精尖经济结构是适应国内外形势的积极谋划，这不只是北京市自身的事，还要考虑对地区、国家乃至国际的影响。从京津冀、全国乃至国际角度对北京市经济结构进行审视，北京高精尖经济结构要发挥应有的作用影响，进而打造新的首都经济圈增长极，参与国际分工，重塑国际分工结构，同时，这也是探索人—资—环协调发展的区域生态文明建设的客观要求。

2017 年 12 月，北京市根据党的十九大发展要求，以有序疏解北京市非首都功能、提升发展水平为根本要求，以创新驱动为导向，落实

---

① 蔡奇. 学习贯彻习近平新时代中国特色社会主义经济思想 [N]. 北京日报，2021 - 2 - 23.

京津冀协同发展战略，选取新一代信息技术、集成电路、医药健康、智能装备、节能环保、新能源智能汽车、新材料、人工智能、软件和信息服务以及科技服务业十个产业作为重点发展的高精尖产业，并分别编制指导意见。北京市成为全国率先提出高精尖产业发展构想的城市。

5.2　北京高精尖产业的发展历程

在正式提出高精尖产业发展之前，北京市关于高精尖产业的发展已经经过了长期的探索和积累。改革开放以后，北京市一直积极探索适合首都特点的经济发展道路。

（1）第一阶段（1978～2002年），北京发展知识密集型的高新技术产业，着力发展中关村科技园区，带动北京产业结构不断优化。

1983年7月，中共中央、国务院在对《北京市城市建设总体规划方案》的批复中强调，北京市不应再发展重工业，而应着重发展"高精尖"、技术密集型工业。1988年5月，经国务院批准以中关村为中心的新技术产业开发试验区建立，北京市高新技术产业开始迅猛发展。伴随适合首都特点的经济探索和实践，北京市三次产业结构调整的力度不断加大，三次产业格局由1978年的5.2∶71.1∶23.7演变为1994年的5.9∶45.2∶48.9，第三产业比重首次超过第二产业比重，产业结构不断优化升级。1999年，经国务院批复同意，北京市新技术产业开发试验区更名为中关村科技园区。以中关村科技园区发展为契机，北京市制定《中共中央国务院关于加强技术创新，发展高科技，实现产业化的意见》，加快实施"首都二四八重大创新工程"，推进电子信息、医药、生物工程等五大产业领域技术创新，大力促进高新技术产业化发展。这一阶段，北京通过发展知识密集型的高新技术产业，转型得非常成功，紧紧抓住了现代科技和产业变化的趋势，带动了整个北京市高新技术的发展，推动北京产业结构不断优化。在首都经济发展战略推动下，北京市产业结构实现深度调整，三次产业格局演变为 2002 年的 1.9 : 29 : 69.1。至此，北京市高精尖产业格局雏形开始形成。

（2）第二阶段（2002～2012 年），借助"入世"与奥运会契机，北京推动产业结构深度调整。

北京市借助中国加入世界贸易组织（WTO）和北京市筹备奥运会的历史契机，推动产业结构深度调整。2005 年 1 月，国务院批复《北京市城市总体规划（2004 年～2020 年）》，对北京市"四个服务"职能进行明确。2010 年 11 月，北京市委在《关于制定北京市国民经济和社会发展第十二个五年规划的建议》中提出，积极实施"科技北京"战略，努力打造"北京服务"和"北京创造"品牌，着力发展高端产业，推动产业转型升级。此外，北京市大力发展循环经济，完成对首钢等一批大型企业的搬迁，首都经济向节能降耗、优质高效的方向迈出坚实步伐；大力发展高技术产业和现代制造业，"中芯国际""京东方""北京奔驰"等一批重大高端项目落户北京市。2012 年北京市三次产业结构演变为 0.8 : 22.7 : 76.5，产业结构趋向于高端化，同时第三产业内部不断优化升级。

（3）第三阶段（2012 年以来），确立"四个中心"的城市战略定位，北京高精尖产业助力首都高质量发展。

党的十八大后，北京发展进入新时代。习近平总书记多次视察北京并发表重要讲话，明确北京市"四个中心"城市战略定位。[①] 2015 年 11 月，北京市委在《中共北京市委关于制定北京市国民经济和社会发展第十三个五年规划的建议》中提出，要深入实施创新驱动发展战略，着力提高发展质量和效益。2016 年，国务院印发《北京市

---

① 张伯旭. 推动"在北京制造"向"由北京创造"的转变 [J]. 中国经贸导刊，2016（6）.

加强全国科技创新中心建设总体方案》，明确北京市加强全国科技创新中心建设的总体思路和保障措施。2017 年，北京市三次产业格局演变为 0.4∶18.6∶81.0，首都经济综合实力、创新能力迈上新台阶，优势行业增长势头良好，高端产业带动作用明显，北京经济高质量发展迈出实质性步伐。2017 年 12 月，北京市委市政府正式发布《中共北京市委、北京市人民政府关于印发加快科技创新构建高精尖经济结构系列文件的通知》。至此，北京市正式迈入大力发展高精尖产业的新阶段。北京市 2021 年 8 月 19 日发布《北京市"十四五"时期高精尖产业发展规划》（以下简称《规划》），提出力争到 2025 年，高精尖产业占 GDP 比重达 30% 以上，培育形成 4~5 个万亿级产业集群，基本形成以智能制造、产业互联网、医药健康等为新支柱的现代产业体系。《规划》集中体现了"五个突出"：一是突出高端智能绿色方向；二是突出创新引领数智赋能；三是突出聚焦产业链发展新集群；四是突出跨区域深度协同；五是突出独立自主和开放合作相促进。"十四五"时期北京将重点实施"八大工程"：一是万亿级产业集群培育"五个一"工程；二是产业"筑基"工程；三是创新成果转化"接棒"工程；四是企业"登峰"工程，建立企业梯次培育机制；五是产业链强链补链工程，选择 10 个产业链开展强链补链示范；六是"新智造 100"工程；七是服务型制造领航工程；八是京津冀协同智造示范工程。

从北京高精尖产业发展历程看出：构建高精尖经济结构是北京实现高质量发展的重要组成部分。北京依靠科技创新引领，着力发展技术创新能力强、辐射带动能力强的产业，加快培育掌握核心竞争力和重要知识产权的高技术企业，主动布局国家重大战略项目和前沿技术，创新驱动北京高精尖经济结构不断升级，产业结构沿着合理化、高级化的路径持续迈进。

5.3　北京高精尖产业总体发展现状

北京高精尖产业发展现状分析，包括高精尖产业规模及发展能级、高精尖产业科技创新成效、北京高精尖产业基础能力、高精尖产业园区、京津冀高精尖产业区域协同五个方面。

5.3.1　高精尖产业规模及发展能级

2020 年，北京高精尖产业实现增加值 9885.8 亿元，占地区生产总值比重达到 27.4%，较 2018 年提高 2.3 个百分点[①]。北京已经培育形成新一代信息技术（含软件和信息服务业）、科技服务业两个万亿级产业集群以及智能装备、医药健康、节能环保、人工智能四个千亿级产业集群。

5.3.2　高精尖产业科技创新成效

2020 年，北京高精尖产业研发经费投入占收入比重 7.3%；创建 3 个国家级制造业创新中心、92 个企业技术中心和 8 个工业设计中心，布局人工智能、量子、脑科学等一批新型研发机构；拥有独角兽企业 93 家，数量居世界城市首位[②]。涌现出柔性显示屏、国内首款通用 CPU（中央处理器）、新冠灭活疫苗、5G＋8K（第五代移动通信技术＋8K 超高清分辨率）超高清制作传输设备、新型靶向抗癌新药、手术机器人、高精密减速器等具有全球影响力的创新成果。

---

①② 数据来自《北京市"十四五"时期高精尖产业发展规划》。

📖【专栏 5 –1】

北京新经济发展呈现六个特征

北京新经济发展具有六个特征：

一是新经济产业加快发展，北京经济活力攀升。2019 年北京新经济增加值 12765.8 亿元，占地区生产总值比重为 38.9%。

二是知识型人才投资成效显著，北京知识密集型服务业规模稳步增长。2019 年北京知识密集型服务业增加值 15931.70 亿元，占地区生产总值比重为 48.55%，比 2014 年提高 6.53 个百分点。北京 IT 岗位比例从 2014 年的 7.3% 增长至 2019 年的 9.96%，年均增长率为 7.29%；高新技术从业人员占比由 2014 年的 13.36% 增长至 2019 年的 20.87%，年均增长率为 11.24%。

三是新经济创新能力不断提升，自主创新还需加强。北京新经济集群区新经济企业数从 2014 年的 8733 家，增加到 2019 年的 15529 家。北京新经济集群区新经济企业数稳健增长，实现了对创新资源的区域高效配置，牵引了论文、专利、创新型企业等多个领域创新绩效的优化升级，形成了新经济创新能力综合系统。

四是新经济国际化成效突出，北京成为全球"独角兽之都"。北京全球独角兽企业数量全国排第一。北京拥有独角兽企业数量已经从 2014 年的 4 家增加到 2019 年的 44 家，并且 2019 年全国占比达到 47.83%。北京成为全球"独角兽之都"。新经济企业研发境外支出持续保持在 6 万亿元以上。

五是从"数字化"到"数智化"跨越，数字经济成为新经济主引擎。2019 年移动互联网接入流量是 2014 年的 38 倍多。2019 年新建 4G/5G 基站数较 2018 年增长了将近 3 倍。

六是绿色发展势头较好，新经济成为转型升级主角。北京在新经济迅速发展的同时，实现了空气质量的改善。

北京市制定《关于加快培育壮大新业态新模式促进北京经济高

质量发展的若干意见》，形成"1+5"的政策体系，拓展新场景，促进上下游产业链融通发展，推动新经济转换为发展动能，促进创新型企业加快成长。虽然新经济在北京经济舞台上崭露头角，但一些短板不容忽视。研究发现，新技术新产品新服务研发研制数下降，这反映出北京当下需要加强创新资源向前端（基础研究）和后端（民生领域）的延伸；同时，战略性新兴产业增加值增长比例下降，要通过结构性改革盘活存量、优化资源配置效率，加快发展高精尖产业，促进北京新经济向全球价值链中高端迈进。

（资料来源：贾品荣.北京新经济指数报告［J］.中国经济报告，2021（2））

5.3.3　高精尖产业基础能力

北京围绕十大高精尖产业，大力推进产业基础建设，国家级专精特新"小巨人"、制造业单项冠军、智能制造示范项目和系统解决方案供应商数量全国领先，涌现出福田康明斯"灯塔工厂"、小米"黑灯工厂"等行业标杆。率先启动建设国家网络安全产业园，聚集全国半数以上网络安全和信创企业。落地工业互联网标识解析国家顶级节点、国家工业互联网大数据中心和安全态势感知平台等一批重大基础设施平台。

5.3.4　高精尖产业园区

中关村科学城持续推进信息业、医药健康、科技服务三大重点产业发展，形成以攻克底层技术为牵引、以科技服务业为基础、以信息产业为支柱、以健康产业为突破、以先进制造业为支撑的海淀特色现代产业体系。目前中关村科学城24个新基建、21个新场景项目依次展开；小米科技、百度、字节跳动等数字经济企业先后进入"千亿俱乐部"。"十三五"时期,中关村科学城全社会研发投入强度达10%,全区发明专利授权量年均增长10%。中关村科学城总收入、研发投入强度、每万人发明专利拥有量等重要指标均位居北京市园区之首。

北京经济技术开发区高精尖产业集群加速成型,新一代信息技术、高端汽车和新能源智能汽车、生物技术和大健康、机器人和智能制造四大主导产业实力大幅跃升,"十三五"北京经济技术开发区生产总值年均增速达9.3%,2021年1~7月完成工业总产值2650.5亿元。其中,集成电路"设计/总部+小线+大线+装备材料+零部件"的全产业链自主生态体系建设起步,在全国集成电路行业的领导地位逐步形成。北京经济技术开发区从"奖励、扶持、培养、服务、保障、荣誉"六个方面,围绕"奖、扶、培、服、住、医、教、户、行、誉"人才创新创业十大要素,制定《北京经济技术开发区支持高精尖产业人才创新创业实施办法》。截至2019年年底,北京经开区人才总量已超过27万人,拥有院士37人,享受国务院政府特殊津贴20人。北京经济技术开发区制定"白菜心"工程,完善产业联盟、研究院、专利池、公共技术服务平台、基金、特色产业园"六位一体"创新生态体系,将"20+"技术创新中心打造成为创新策源地,持续提升"10+"中试基地产业化服务能力,推动形成一批具有引领性、突破性的重大技术创新成果。

北京怀柔科学城聚焦综合性国家科学中心建设,积极构建科技创新生态、培育高精尖产业业态、完善新型城市形态、加快构建以科学城为统领的"1+3"融合发展新格局。

北京未来科学城聚焦于高精尖协同创新发展,目前已经建立了氢能技术协同创新平台、中国氢能源及燃料电池产业创新战略联盟、核能材料产业发展联盟、海洋能源工程技术联合研究院、智能发电协同创新中心、直流输电协同创新研究中心6个协同创新平台(见表5-1~表5-3)。

表 5 - 1　　　　　　　　北京"三城一区"高精尖产业布局

名称	地理位置	高精尖产业	功能定位
中关村科学城	海淀区	新一代信息技术、节能环保、航空航天、生物、新材料、新能源、新能源汽车、高端装备制造	诺奖级原创成果
怀柔科学城	怀柔区密云区	科技服务业、新材料、生命健康、智能信息与精密仪器、太空与地球探测、节能环保	原始创新承载区
未来科学城	昌平区	新能源、先进制造、医药健康	技术创新地
北京经济技术开发区	大兴区	高端汽车、新一代信息技术、生物医药、机器人与智能制造	千亿级产业集群

表 5 - 2　　　2019 年中关村国家自主示范区六大高精尖产业企业数量分布

单位：个

名称	电子信息	生物医药	新材料	先进制造	新能源与节能	环保
海淀园	10095	509	338	654	421	393
顺义园	139	42	51	83	45	29
大兴—亦庄园	428	300	85	254	127	61
房山园	122	24	47	40	27	20
东城园	347	19	6	18	8	11
门头沟园	101	9	9	38	15	15
平谷园	44	19	11	18	17	14
怀柔园	63	25	25	37	8	10
密云园	41	12	23	28	13	15
延庆园	54	19	7	18	19	8
通州园	110	41	52	107	30	25
石景山园	553	19	25	52	41	30
西城园	458	36	33	63	46	37
朝阳园	1211	61	56	133	91	90

名称	电子信息	生物医药	新材料	先进制造	新能源与节能	环保
昌平园	1540	439	226	414	320	211
丰台园	914	153	116	216	110	108

资料来源：范合君等，《北京市高精尖产业研究：历史、现状与评估》，首都经贸大学出版社，2021.

表 5 – 3 　　　　　 2019 年北京经济技术开发区高精尖产业发展规划

主导产业	技术领域	项目数量（个）	总投资额（亿元）	发展定位
新一代信息技术	集成电路、平板显示、5G 通信、物联网和云计算	29	581	尖
新能源智能汽车	轻量化、智能网联、燃料电池、全固态电池、纯电与插电动力系统、整车电控与集成等	16	256	高
生物医药	疫苗、抗体、靶向、基因重组	29	156	大
智能制造	机器人、3D 打印、航天航空、无人机、北斗导航系统	9	13	精

5.3.5　京津冀高精尖产业区域协同

京津冀三地协同推进规划共编、项目共享、企业互动、园区共建，"2 + 4 + N"产业合作格局（包括北京城市副中心和河北雄安新区两个集中承载地、曹妃甸协同发展示范区、北京新机场临空经济区、天津滨海新区、张承（张家口、承德）生态功能区四大战略合作功能区及 46 个专业化、特色化承接平台）初步形成；城市副中心产业"腾笼换鸟"全面推进，积极对接雄安新区规划建设；汽车、医药、装备、大数据和云计算等领域的产业合作和项目落地取得重大突破。

5.4　北京 "三城一区" 的发展现状

　　科技创新中心是服务国家创新驱动发展战略和建设创新型国家重大战略决策的重要支撑。2014 年以来，习近平总书记多次视察北京市并发表重要讲话，明确了北京市建设 "四个中心" 的城市战略定位，指出北京市要以建设具有全球影响力的科技创新中心为引领，抓好 "三城一区" 的建设。"三城" 注重基础研究、理论科研和前瞻研究，"一区" 则是科研成果转化的主阵地。中关村科学城、怀柔科学城、未来科学城和北京市经济技术开发区在内的 "三城一区" 是北京市建设全国科技创新中心的主平台，在推动实现经济高质量发展、加快构建 "高精尖" 经济结构方面起到重要的作用。2016 年，国务院印发《北京市加强全国科技创新中心建设总体方案》，强调加快推进京津冀全面创新改革试验，以深化改革促进科技创新中心建设。2017 年 3 月，北京市政府会同科技部印发了《北京加强全国科技创新中心建设重点任务实施方案（2017 - 2020 年)》，从 "总体方案" 到 "实施方案"，进一步明确了北京市加快建设全球有影响力的科技创新中心的 "施工图"。2018 年，北京市坚持多规合一、融通创新、联动发展，高标准开展 "三城一区" 规划编制，"三城一区" 建设全面提速。2019 年，北京市继续高水平建设 "三城一区" 主平台。中关村科学城积极打造中关村大街和北清路 "创新主轴"，推动产生一批世界领先的颠覆性原创成果，打造享誉全球的科技创新出发地、原始创新策源地和自主创新主阵地；怀柔科学城加快建立高效、开放、可持续的管理体制和运行机制，加快建设高能同步辐射光源等 5 个国家重大科技基础设施，着力建设世界级原始创新承载区；未来科学城注重 "一企一策" 盘活存量资源，鼓励和引导央企研发机构进行混合所有制改革，加快中关村生命科学园三期建设，打造全球领先的技术创新高地；北京市经济技术开发区、顺义区持续推动与三大科学城对接，重点创建智能车联、新型显示等 20 个技术创新中心，带动大兴、通州、房山等北京市东南部地区发展，打造高精尖产业主阵地。

5.4.1　中关村科学城发展现状

（1）中关村科学城简介。

中关村科学城主体区域是中关村科技园区海淀园 174 平方千米范围，同时拓展至海淀全域和昌平区部分区域，是中关村国家自主创新示范区的核心区，也是全国科技创新中心的核心区，聚集了众多的央属科研院所、高校、创新型企业和创新服务机构，是"三城一区"主平台中的领头羊，创新内生动力最强，对北京建设全国科技创新中心起着关键作用。以"打造具有全球影响力的科技创新中心新地标"为总体定位，中关村科学城正建设成为体制机制创新的前沿阵地、战略性新兴产业策源地、高端要素聚集区、科技成果转化的辐射源，着力发展新一代信息技术、节能环保、航空航天、生物、新材料、新能源、新能源汽车、高端装备制造八大战略性新兴产业的高端环节，加快产学研用协同创新，突破一批产业化关键核心技术，推动科技成果转化，带动国家和北京市战略性新兴产业发展。

（2）中关村科学城发展情况①。

——经济产出方面。中关村科学城 GDP 总量、对北京市经济增长的贡献率位居 16 区"双第一"。2020 年，中关村科学城高新技术企业总收入突破 3 万亿元，增速达 13% 左右；企业研发经费投入强度 6% 以上，技术合同成交额增长 5%，发明专利授权量突破 3 万件，每万人发明专利拥有量达 480 件，创新投入不断提升。

——研发资源方面。中关村科学城跻身我国"双一流"的大学

---

① 该部分由作者根据中关村科学城官网及官方发布的信息整理而成。

有 17 所，占北京市（33 所）的 51.5%，占全国（137 所）的 12.4%。"2022QS 世界大学排名"中，首次有两所中国大陆高校跻身世界 20 强：清华大学位列全球第 17 位（亚洲第 3 名），北京大学紧随其后位列全球第 18 位。2021 年排名中，清华大学位列全球第 15 位；北京大学位列第 23 位。最新榜单中，北京大学比 2020 年上升 5 位。这些高校院所成为中关村科学城知识创新的重要源泉，为区域创新源源不断地输送技术、人才和科技服务资源；同时，北京市协同创新研究院、北京市大数据研究院、北京市石墨烯产业创新中心、中科大北京市研究院等一批新型研发机构在中关村科学城快速崛起。这些新型研发机构背靠"大院大所"，打通了产学研和资本的全链条通道，联通原始创新与成果转化和技术应用，在引才机制、激励机制、融资机制、项目筛选机制等方面，进行了大胆创新。

——创新人才方面。到 2020 年年底，海淀区人才资源总量为 197.6 万人，占全市人才资源总量的 1/4。经比较，海淀是全国智力资源最为密集的区域。海淀区的人才规模能级，是整个区域推动高质量发展的源动力，也是承担北京建设国际科技创新中心任务的突出优势。海淀区从业人员中，受过高等教育的占 73.5%，高出全市平均水平 21 个百分点，特别是中关村科技园区海淀园区，这一比例高达 88.1%。高学历成为海淀区劳动者的主要特征。人才贡献率是直接反映人才效能的综合性指标，也是间接反映人才工作成效的主要标准。经测算，2020 年海淀区人才贡献率为 64.3%，同比提高了 0.4 个百分点，比北京市平均水平高 9 个百分点，这个数据内涵是 2020 年海淀区经济增速为 5.9%，促成这个成果中，人才所做的贡献占 64.3%，这也充分说明，近年来促进海淀区经济增长的，主要不是资本驱动，而是创新驱动，是依靠人才和科技进步驱动。丰富的人才资源为中关村科学城建设科技创新高地提供了强大的后备资源和有力保障。

——创新服务方面。中关村科学城形成了以 93 家国家级众创空间（占北京市的 55%）、105 家众创空间（占北京市的 49%）、69 家创新型孵化器（占北京市的72%）、21家大学科技园为主体的创业服务载体，150家集中办公区的创业服务体系，总孵化面积达260万平方米，初步构建起"集中办公区—孵化器—加速器—产业园区"全链条创业孵化的生态体系。

——成果产出方面。中关村科学城是北京市专利、科技奖项等创新成果主产区。创新产出方面，以专利为例，2020年，中关村科学城发明专利授权量突破3万件，每万人发明专利拥有量达480件。2020年，中关村科学城在企业研发经费投入强度、技术合同成交额增长、发明专利授权量、每万人发明专利拥有量等指标方面均位居全市之首，国家高新技术企业约为10550家，独角兽企业44家，上市企业236家，科技企业的数量、质量、市场认可度和经济贡献度均大幅提升。

——产业规模方面，2020年，中关村科学城高新技术企业总收入突破3万亿元，增速达13%，实现逆势增长。企业研发经费投入强度6%以上，技术合同成交额增长7.4%。中关村科学城高新技术产业规模约占北京市四成，均位列示范区分园首位。

——产业发展方面。中关村科学城移动互联网和下一代互联网产业聚集企业5000余家，近年来主导创制了近70项国际标准和600项国家标准。北斗与空间信息服务产业聚集了合众思壮、北斗星通等一批自主创新领军企业，产值占示范区的一半左右。云计算产业聚集了全国近1/3的云计算基础设施和北京市85%的云计算企业，总收入占北京市六成以上。集成电路设计产业聚集了大唐半导体设计、中星微电子等领军企业70余家，总收入占全国1/10强。生物医药产业聚集了中关村45%的有销售收入的生物医药类企业。新能源新材料和节能环保产业聚集了安泰科技、有研硅股等一批领军企业。人工智能产业聚集了商汤科技、旷视科技、比特大陆等独角兽企业，已发展成为北京市AI产业发展的主阵地、全国AI产业发展的"领头羊"。文化和科技融合产业规模以上收入达4469.7亿元，同比增长22%，18

家企业入选 2018 年第三届首都文化企业 30 强、30 佳，中关村科学城逐步成为北京市乃至全国战略新兴产业策源地。

2020 年 5 月，中关村科学城发布了"中关村科学城北区发展行动计划"，以破解制约占海淀区域面积 54% 的百望山以北地区发展的重难点问题，将用五年时间，通过三大行动计划和 14 项具体任务，建设生态优良、人才聚集、创新活跃、产业高端、公共服务便捷的科技产业创新中心，推动中关村科学城向纵深发展。此外，中关村科学城还发布了《关于中关村科学城新时期再创业再出发提升创新能级的若干措施》，结合新的发展阶段实际，出台的 15 条措施涵盖基础研究、成果转化、高精尖产业、服务生态、开放创新、先行先试等重点突破方向，以"再创业"的精神、"再出发"的状态，为提升中关村科学城创新能级赋能。

5.4.2　怀柔科学城发展现状

（1）怀柔科学城简介。

怀柔科学城位于北京市东北部，规划面积约 100 平方千米，以怀柔区为主体并拓展到密云区的部分地区，其中，规划城市建设用地约 40 平方千米。《北京市城市总体规划（2016～2035 年）》提出北京市整体形成以"三城一区"为重点，辐射带动多园优化发展的科技创新中心空间格局，怀柔科学城承担着在原始创新和重大技术创新方面寻求"突破"的重要任务，目标是建成与国家战略需要相匹配的世界级原始创新承载区。目前规划范围内已经确定了高能同步辐射光源、先进光源技术研发与测试平台等大科学装置和交叉研究平台，未来怀柔科学城将围绕物质、空间、地球系统、生命、智能等五大科学方向的成果孵化，着力培育科技服务业、新材料、生命健康、智能信息与精密仪器、太空与地球探测、节能环保等高精尖产业，构建"基础设施—基础研究—应用研究—技术开发—成果转化—高精尖产业"的创新链。结合外围的雁栖湖国际会都和中国（怀柔）影视产业示范区，区域整体将构建成为科学、文化创意与国际交往三位一体的世界文明新标杆。

（2）怀柔科学城发展情况①。

自 2016 年 9 月国务院提出建设怀柔科学城后，怀柔科学城一路昂首阔步向着世界级原始创新承载区不断迈进，作为具有全球影响力的科技创新中心"三城一区"主平台之一，怀柔综合性国家科学中心的核心承载区怀柔科学城承载国家战略。2019 年以来，在多方参与合作支持下，怀柔科学城发展取得重要"突破"：

——产业发展方面。2019 年，全区高技术产业发展良好，累计实现总产值 35 亿元，同比增长 9.2%，拉动全区规上工业总产值增长 0.5 个百分点。

——创新平台方面。怀柔科学城正密集开工 16 个科学设施平台项目，包括分子材料与器件研究测试平台、泛第三极环境综合探测平台、物质转化过程虚拟研究开发平台等在内的 11 个中科院"十三五"科教基础设施项目，以及国际子午圈大科学计划总部、分子科学交叉研究平台、介科学与过程仿真交叉研究平台和激光加速创新中心、高能同步辐射光源配套综合实验楼和用户服务楼在内的 5 个第二批交叉研究平台项目。

——创新人才方面。怀柔科学城为引进高层次人才入驻怀柔科学城，进一步完善其人才支持政策和公共服务配套设施。按计划，到 2025 年，在怀柔科学城工作的中科院人员将达到三个"万人量级"：固定研究人员超万人、流动研究人员超万人、中国科学院大学在校学生超万人。

未来，怀柔科学城将争取承接国家实验室建设，推进一流研究型大学布局建设，启动中国科学院大学本科生整建制迁入雁栖湖校区工

———————————
① 该部分由作者根据怀柔科学城官网及官方发布的信息整理而成。

作，推动北京大学、清华大学等高校重点项目布局落地，推动新型研发机构和应用转化机构建设，加快推进北京市应用数学研究院等新型研发机构组建运行，建设创新人才集聚高地，制定怀柔科学城人才培养支持计划，加快建设国际人才社区，打造全领域、综合性、一站式的国际人才服务载体和平台。

📖【专栏 5 - 2】

张江："十四五"高端产业发展下好"四步棋"

上海市委、市政府审议通过《上海市张江科学城发展"十四五"规划》，计划到 2025 年将张江科学城打造成为大师云集的科技创新策源地、硬核主导的高端产业增长极、共治共享的创新生态共同体、活力四射的国际都市示范区。张江也将率先成为全国创新驱动发展示范区和高质量发展先行区，基本建成具有全球重要影响力的高科技园区。

上海张江高科技园区积极构建产业发展新格局。基础科研方面，利用领先的平台优势向外辐射，与包括东南大学在内的国内一流的集成电路专业院校，在包括人才交流、技术研发、联合实验室等方面开展合作；资本投资方面，总金额约 120 亿元的长江小米产业基金，目前已投资了多家张江芯片设计企业；武汉烽火通信也与张江高科共同投资了张江 5G 射频前端芯片设计企业。聚焦产业生态培育，优化营商环境，打造世界级产业集群。搭建科技产业协同创新平台，完善全生命周期客户服务体系，深化高科技产业链布局。

在高科技产业链布局方面，有四步棋：

一是打造好"895 创业营"品牌，强有力的创新生态孵化集群。聚焦集成电路、人工智能、生物医药等硬核产业，整合资本、技术、人才、产业链上下游、科研院所等多方资源，发挥好张江高科在长三角一体化战略中的创新引领作用。"895 创业营"自 2015 年创营至今，已有来自集成电路、生物医药、智能制造、互联网＋的 2300 多个项目在 895 的舞台上角逐 PK，有 306 位创始人与 895 共走征途，60% 的入营项目通过 895 的平台对接到了有效的产业上下游资源，获得了后续融资。同时，其中有 13 个项目获得了张江高科投资平台的直接投资，有 20 家企业已启动未来三年的上市计划，2 家企业已报科创板。

二是对接行业平台，提升集成电路产业氛围。对接集微网、赛迪研究、芯谋研究等专业机构，提升园区产业活动氛围。举办 2021 年张江科学城专项资金扶持政策宣讲会，"芯片大家说""italk"，协办智能驾驶暨汽车芯片论坛、IC 咖啡沙龙等活动。

三是加大金融创新力度，传播好张江 REITs 的全国首单成功经验。争取在更多领域、更多项目上实现创新突破。目前张江 REITs 项目已经在上交所成功上市，且经营向好。

四是加快提升产城融合能级，强化智慧赋能发展。发挥产业载体优势，推动智慧园区建设，持续丰富智慧园区新场景。张江会将集设园、人工智能岛、张江科学之门、天之骄子等试点区域形成联动，为全域的拓展做好先试先行工作。

（资料来源：根据《上海市张江科学城发展"十四五"规划》整理）

5.4.3　未来科学城发展现状

（1）未来科学城简介。

未来科技城位于北京市昌平区境内，于 2009 年 7 月正式启动建设。规划总面积约为 10 平方千米，以温榆河和定泗路为界，分为北区和南区，两区之间核心绿地 3.38 平方千米。根据国家产业发展政策和科技发展规划，围绕促进我国产业结构优化升级和国有经济布局结构的战略性调整，把未来科技城建设成为具有世界一流水准、引领我国应用科技发展方向、代表我国相关产业应用研究技术最高水平的人才创新创业基地，使之成为中国乃至世界上创新人才最密集、创新活动最活跃、创新成果最丰富的区域之一。

（2）未来科学城发展情况①。

未来科学城是北京市昌平区唯一的全国科技创新中心。自 2009 年设立至今已经成立十周年。2018 年，未来科学城空间布局拓展为"两区一心"，盘活了 6 万平方米的闲置楼宇。2019 年，北京市《未来科学城规划（2017～2035 年）》正式发布，按照最新规划，未来科学城规划占地面积 170.6 平方千米，较原来增长约 16 倍。未来科学城的发展将聚焦"先进能源""先进制造""医药健康"三大核心领域，其中东区将建设具有国际影响力的"能源谷"，西区将建设"生命谷"与沙河高教园区。

——创新平台方面。目前，未来科学城东区集聚了 330 家能源企业，核心区集聚 8000 余名能源科研人才，累计建成 28 个国家级和北京市重点实验室、工程技术中心，组建了 15 个氢能技术、核能材料等协同创新平台；西区成为国内一流的生命科学研发和产业聚集区，已入驻单位近 500 家，聚集了北京生命科学研究所、脑科学与类脑研究中心等 8 家国家工程研究中心和重点实验室，形成了以基础研究为核心，从研发、中试、生产到临床应用的生物医药体系完整产业链。此外，西区还是基础研究和人才培育的聚集区，目前已入驻华北电力大学以及沙河高教园区的北京航空航天大学、北京邮电大学等 8 所高校。

——创新人才方面。作为北京市首批国际人才社区试点，未来科学城着力营造良好的人才发展环境，延揽全球科技领军人才，汇集高素质工程技术人才，集聚高水平创新创业人才。目前已聚集科研人员 2 万余人，累计引进"千人计划"专家 176 名，其中常驻 57 名，同时入驻 8800 余名科研人员，高级职称以上近 1400 名，两院院士、享

---

① 该部分由作者根据未来科学城官网及官方发布的信息整理而成。

受国务院特殊津贴专家、海外高层次人才等占比超过 1%，正高级职称技术专家占比超过 2%。

——成果产出方面。目前，未来科技城已入驻 15 家央企的 23 家研究院，累计获得国内外专利 2564 件，取得省部级以上科技成果 109 项，转化科技成果 75 项。

未来科技城东区将借助能源领域优势，依托北七家成果基地将科研成果就地转移转化，努力建设具有国际影响力的"能源谷"；西区将依托中关村生命科学园在医药健康领域的发展优势，打造"生命谷"，建设成为能够代表世界先进水平的生命科学研究高地，并且将发挥高校科学研究优势和特色，推动高校将计算机科学与技术、航空科学与技术、仪器科学与技术等相关学科纵向整体迁入沙河高教园区。

5.4.4　经济技术开发区发展现状

（1）经济技术开发区简介。

北京市经济技术开发区位于北京市大兴亦庄地区，于 1992 年开始建设，1994 年 8 月 25 日被国务院批准为北京市唯一的国家级经济技术开发区，是北京市唯一同时享受国家级经济技术开发区和国家高新技术产业园区双重优惠政策的国家级经济技术开发区。2007 年 1 月 5 日，北京市人民政府批复《大兴亦庄新城规划（2005～2020年)》，明确指出以北京市经济技术开发区为核心功能区的大兴亦庄新城是北京市东部发展带的重要节点和重点发展的新城之一。

（2）经济技术开发区发展情况①。

——经济产出方面。"十三五"时期北京经开区创新硕果累累。地区生产总值年均增速 9.6%，突破 2000 亿元大关，达到 2045.4 亿

---

① 该部分由作者根据北京经济技术开发区官网及官方发布的信息整理而成。

元；工业增加值占北京市的 30%；规模以上工业总产值占全市的 22%，连续 4 年保持第一。

——成果产出方面。聚焦关键技术攻关，创新成果丰硕。开发区有效发挥企业创新主体作用，联合国内外重点高校及科研院所，挂牌 22 个技术创新中心和 13 家产业中试基地，获批工信部授予全国唯一智能网联汽车制造业创新中心。新增国家高新技术企业 142 家，总数突破 1100 家。组建 2 家高价值专利培育中心。获得国家科技进步奖 9 项。国家高新技术企业达到 1628 家，是 "十二五" 期末的 2.8 倍。国家级经开区排名自 2016 年起跃居全国第四，始终处在第一梯队。建成全球最大的重组蛋白库，拥有全球首张用于临床诊断的致聋基因检测芯片，一类新药 "罗沙司他" 成为首个中国本土孵化和获批的全球首创原研药。

——创新人才方面。聚焦多维综合施策，人才集聚优势凸显。开发区不断加强政策引领，设立人才发展专项资金，在全市首发人才基金。加强人才培养，推荐区内人才参加 "北京市有突出贡献人才" 评选，组织开展第一批人才基金项目和第一批优秀青年人才培养资助项目评审工作，深入实施职工素质提升工程。目前区内两院院士 37 名，其中芯创智公司吴汉明博士新当选为中国工程院院士，成为开发区本土成长的首位民企院士；新增院士专家工作站 4 家，累计 28 家；新增博士后科研工作站分站 11 家，获批数占全市近三成，累计 50 家；享受国务院政府特殊津贴 20 人。

——创新服务方面。聚焦交流平台搭建，服务机制更加完善。让 "创新碰撞"，开发区加快强化与国内外行业协会、产业联盟合作，组织首届 "世界 5G 大会" "世界机器人大会" "京台科技论坛" 以及 "双创周亦庄会场" 等活动。

中共中央、国务院高度重视国家级经开区工作，2019 年，印发《国务院关于推进国家级经济技术开发区创新提升打造改革开放新高地的意见》，该意见提出 "三创新、两提升" 的发展方针，赋予国家级经开区更大的改革自主权，为开发区发展注入政策利好。未来，开发区将围绕主导产业，强化产业担当，增强承担国家战略任务的能力，不断打造高精尖产业集群。围绕关键核心技术攻关，绘制技术路线图，培育细分领域隐形冠军，提升科技成果转化承载力，从打造具有全球影响力的科技创新中心中找思路、谋发展、抓落实。推动"三城"创新成果转化落地。

5.5 "三城一区"和中关村国家自主创新示范区"十四五"布局

《北京市"十四五"时期国际科技创新中心建设规划》提出，以科技资源优化配置为抓手，发挥"三城一区"主平台和中关村国家自主创新示范区主阵地作用，强化京津冀协同创新共同体建设，加快形成产业纵深战略腹地，深化重点区域科技协作，加强全国创新辐射引领，强化区域创新链、产业链和供应链协同共生、优势互补。

5.5.1 加快建设"三城一区"主平台

（1）聚焦中关村科学城。

围绕人工智能、量子信息、区块链等重点方向，实现更多"从0到1"原始创新，加快战略高技术突破，深度链接全球创新资源，营造一流创新创业文化，打造科技创新出发地、原始创新策源地和自主创新主阵地，力争率先建成国际一流科学城。充分发挥一流高校院所、高新技术企业、顶尖人才集聚优势，加快新型研发机构建设。聚焦战略性新兴产业和未来产业，积极推进人工智能、物联网、智慧电网等新基建项目，加紧建设数字贸易港，探索数字贸易规则，打造全球数字技术供给源。积极推动科技成果转化，创新产学研合作体制机制。依托国际人才社区建设，引进和培养更多国际一流的战略科技人才和高水平创新团队，引进集聚具有较大国际影响和资源整合能力的研发组织与服务机构。加快构建区域"创新生态雨林"系统，提升创新生态能级，打造充满活力与创造力的国际化创新生态。

（2）突破怀柔科学城。

强化以物质为基础、以能源和生命为起步的科学方向，深化院市合作，加快形成重大科技基础设施集群，营造开放共享、融合共生的创新生态系统，努力打造成为世界级原始创新承载区，聚力建设"百年科学城"。加快推进现有重大科技基础设施和交叉研究平台建设，面对战略必争和补短板领域，预研和规划一批新的重大科技基础设施。实现一批符合定位的中科院研究机构整建制搬迁，支持雁栖湖应用数学研究院等新型研发机构发展。推进国家科学中心国际合作联盟建设。打造城市客厅、雁栖小镇、国际人才社区、创新小镇、生命与健康科学小镇等重要区域节点，为入驻怀柔科学城的高校院所开展创新活动提供高质量服务。打造怀柔科学城产业转化示范区，重点培育高端仪器与传感器、能源材料、细胞与数字生物等战略性新兴产业和未来产业。

（3）搞活未来科学城。

紧抓生物技术、生命科学、先进能源、数字智造等发展机遇，秉承"攻关未来科技、发展未来产业、集聚未来人才"理念，加强东西联动，推进"两谷一园"建设，加快打造全球领先技术创新高地、协同创新先行区、创新创业示范城。"生命谷"布局基因编辑、脑科学、人工智能赋能药物研发等前沿技术，培育生物科技和美丽健康产业，打造医药健康产业发展"核爆点"。用足"两区"政策，加快国际研究型医院、北京市疫苗检验中心等关键平台建设。加快生命科学园三期建设，打造一批高水平孵化器和加速器。"能源谷"围绕碳达峰、碳中和，在绿色能源、能源科技、能源互联网等领域加快布局。开展重大科学问题研究和底层技术攻关，打造国际先进能源产业集群。沙河高教园加快高校院系学科整建制迁入，推动校企合作，加快建设新型研发中心、概念验证中心、北京高校大学生创业园、高教园科技创新综合体等各类平台，促进科技成果转化落地。

（4）提升创新型产业集群示范区。

瞄准集成电路、医药健康、新能源智能汽车、新材料、智能装备等产业领域高端发展需求，加快建成北京经济发展新增长极，打造具有全球影响力的高精尖产业主阵地。北京经济技术开发区发挥产业生态优势，建设集成电路设计和制造高地，推进双"1＋1"工程建设，推动关键核心技术、装备、零部件、材料和工艺等技术突破和工艺装备验证，开展新型存储器和先进制造工艺技术研究。建成生物药研发生产平台、高端制剂定制研发生产（CDMO）平台、疫苗大规模生产基地、细胞与基因治疗研发中试基地、mRNA 疫苗技术平台与生产基地等，提升医药健康平台创新支撑作用。围绕车规级芯片、自动驾驶计算平台和操作系统等搭建公共服务平台，攻克关键共性技术，支持新能源智能网联汽车集群发展。支持高级别自动驾驶示范区建设，加快网联云控式自动驾驶技术规模化运用。顺义区聚焦新材料、智能制造以及航天领域，推动第三代半导体产业集聚，建设工艺、封装和检测等共性技术平台，打造国际第三代半导体创新高地；推动智能装备产业高质量发展，建设领域创新中心，推进智能控制系统和智能制造等技术集成创新；推动航空发动机、航空复合材料、机载航电系统等关键技术和零部件研发，发展地理信息、北斗导航、卫星遥感等高技术服务。

（5）加强"三城一区"协同联动和引领带动。

健全"三城一区"统筹联动和融合发展机制，建立重大事项协调推进机制，健全创新统计监测体系，探索协同治理新模式。支持"一区"积极承接"三城"科技成果转化重大项目，推动"三城一区"原始创新成果向其他区辐射和扩散，有序引导各区根据禀赋和优势有选择、有重点地吸收"三城一区"外溢科技成果，形成配合良好、统筹协同的差异化发展格局。东城区聚焦数字经济、健康产业、文化科技等领域，建设文化科技融合示范基地，通过物联网、云计算等新技术应用推进传统商圈转型升级。西城区以促进金融与科技融合创新为重点，强化与中关村科学城对接联动，打造国家级金融科技示范区。朝阳区聚焦人工智能、数字消费科技等领域，发挥国际高端创新资源集聚优势，推动数字经济核心区建设，打造现代化国际创新城区。丰台区聚焦轨道交通、航空航天等领域，强化创新研发功能，打造全国轨道交通创新中心。石景山区聚焦工业互联网、虚拟现实等领域，依托新首钢高端产业综合服务区建设，推进科幻产业发展，打造国家级绿色转型发展示范区。大兴区聚焦高端制造和医药健康领域，依托大兴国际机场临空经济区，利用自由贸易试验区和综合保税区政策叠加优势，建设国际生命健康产业园，打造南部"先进智造"主阵地。门头沟区开展矿山、农业、园林等生态修复先进技术试验示范，与新首钢高端产业综合服务区协同发展，推动高精尖产业创新示范。房山区聚焦智能装备、新能源智能网联汽车、无人机、石墨烯、新型显示材料等，打造"先进智造"创新成果转化基地。平谷区发挥现代农业资源全市领先优势，引领现代农业科技发展。延庆区推动无人机与 5G 技术融合，拓展无人机运行场景与产业发展，推动体育科技前沿技术创新中心建设，大力发展体育科技产业。

5.5.2 加快建设中关村国家自主创新示范区主阵地

《"十四五"时期中关村国家自主创新示范区发展建设规划》进一步擦亮中关村"金名片"，坚持"发展高科技、实现产业化"方向，强化先行先试作用，率先打造成为科技自立自强、高质量发展的引领区，加快建设世界领先的科技园区。

（1）擦亮中关村论坛"金字招牌"。

贯彻落实习近平总书记在 2021 中关村论坛上的视频致贺精神，

持续打造面向全球科技创新交流合作的国家级平台。坚持高端前沿引领，围绕科学、技术、产品、市场交易全链条创新，链接全球智慧，聚合科技力量，完善中关村论坛会议、交易、展览、发布、大赛功能，推动筹备工作机制化和论坛活动常态化，进一步提升论坛的国际化、权威性、影响力。

（2）保护和激发中小微企业创新活力。

持续改革优化营商环境，保持企业创新创业活跃态势。建立"普惠＋精准"服务机制，落实"服务包""服务管家"制度，着力培育独角兽企业、隐形冠军企业和科技领军企业。支持中小微企业积极参与创新联合体建设，搭建高精尖产业协同创新平台，加强关键核心技术攻关。在特定领域按规定开展高新技术企业认定"报备即批准"政策试点，推动研发费用加计扣除、高新技术企业所得税减免以及中关村小微企业研发经费支持等政策的落实。

（3）构建完善的创新创业服务体系。

支持高校院所、研究型医院等创新主体新建一批专业化科技成果转化服务机构，积极发展众创、众包、众扶、众筹等创新创业新模式。完善创业孵化支持政策，对孵化器实施分类指导、运行评估和动态管理，支持创业孵化服务机构建设科研开发、检验检测等专业平台，提升企业孵化器、众创空间、加速器服务能力。提升大学科技园专业化运营管理水平，带动高校科技成果溢出落地转化。

（4）推动"一区多园"统筹协同发展。

按照产业相近、功能相通、地域相连的原则，推动形成发展组团，促进土地集约利用和空间集聚发展。优化各分园产业布局，按照"一园一产"原则，支持分园出台主导产业政策，实现十六个分园均有特色园区布局。聚焦解决部分专业园区小、散、弱问题，强化统筹协同，构建"一区多园、各具特色、协同联动"的发展格局。加快建设中关村科技成果转化先导基地，推动分园结对合作，有序引导中心城区分园外溢的高精尖创新成果和项目在郊区分园落地转化，切实

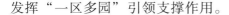

发挥"一区多园"引领支撑作用。

（5）建立和完善园区管理体制机制。

加强市级层面对各分园工作的领导和支持，推动各区优化分园管理机制，加强分园管理机构干部队伍建设，提升抓项目、抓产业、抓生态的专业能力。支持分园引入或设立专业化、市场化的产业促进服务机构，组建专业化运营管理团队，提升产业服务水平。根据园区发展基础，对分园和专业园区实施分类管理，聚焦支持一批园区先行发展，形成示范带动效应。完善分园创新发展的考评机制。

5.6 本章小结

北京高精尖产业分为三个阶段：第一阶段（1978～2002 年），北京发展知识密集型的高新技术产业，着力发展中关村科技园区，带动北京产业结构不断优化；第二阶段（2002～2012 年），借助"入世"与奥运会契机，北京推动产业结构深度调整；第三阶段（2012 年以来），北京确立"四个中心"的城市战略定位，高精尖产业助力首都高质量发展。

从北京高精尖产业发展历程看出：构建高精尖经济结构是北京实现高质量发展的重要组成部分。北京依靠科技创新引领，着力发展技术创新能力强、辐射带动能力强的产业，加快培育掌握核心竞争力和重要知识产权的高技术企业，主动布局国家重大战略项目和前沿技术，创新驱动北京高精尖经济结构不断升级，产业结构沿着合理化、高级化的路径持续迈进。本章从高精尖产业规模及发展能级、高精尖产业科技创新成效、北京高精尖产业基础能力、高精尖产业园区、京津冀高精尖产业区域协同五个方面介绍了北京高精尖产业总体发展现状分析，分析了"三城一区"产业发展及"十四五"园区重点布局情况。

第6章　研发创新对高精尖产业结构影响的研究

构建高精尖产业体系，从经济学角度说，就是需要突破和超越现在产业中的生产可能性边界，其中最重要的就是研发创新，引领国际技术发展，从而构建科技创新中心。其中研发创新包括自主创新和合作创新。自主创新就是自身的研发能力；合作创新，就是通过与国家级和行业龙头的科研院所及高校合作共同研发产品、提高创新效率和成果转化应用。本章通过构建理论模型反映研发创新对高精尖经济结构的影响，从而通过研发创新的大力发展确立北京全球化科技创新中心的地位，从而带动北京高精尖产业的发展，最终促进经济高质量发展。

6.1　高精尖经济结构与创新驱动相关理论

从北京市高精尖产业发展历程可以看出，高精尖产业是新兴技术产业和战略性新兴产业的深度应用及精炼而来的，是以关键核心技术的重大突破为驱动力的。高精尖产业的产生和发展，离不开科技创新和新兴技术的引领作用，关键核心技术的突破对产业发展起到先导性和决定性的作用。从世界各国科技和产业发展的历程看，每一次技术革命都推动了相关的产业革命，催生了新的产业。在某些技术领域，我国的技术水平与发达国家间的技术差距不大，甚至达到了世界先进水平。例如，在物联网领域，我国早在 1999 年就启动了传感网研究，在无线智能传感器、微型传感器、传感器端机等关键技术方面取得了重大突破和进展，成为国际标准制定的 4 个主导国之一。在航空航天领域，我国第 8 颗北斗导航卫星成功发射，标志着我国自主研发的北斗卫星导航系统基本建成。在高端装备制造领域，我国自主研制的 8 万吨级模锻液压机投入试生产，这标志着我国装备制造业整体水平进一步提升，实现了我国锻造产品从高端产品向世界顶级产品的跨越。我国较为强大的技术储备和技术优势，为高精尖产业的发展提供了强劲的驱动力。

技术的进步是创新活动的结果。熊彼特曾经论述过技术创新促进经济增长的机理。他认为，技术创新的出现扩大了对生产资料和银行信用的需求，引起经济扩张；而当技术创新扩展到较多企业后，盈利机会减少，对生产资料和银行的信用需求减少，导致经济收缩；经济衰退又促使企业家进行技术创新，这又导致了经济的下一轮扩张和收缩，形成了经济周期下一个阶段的循环。同时，经济领域不会只存在单一的技术创新，而是总会存在多种技术创新。其中有的技术创新不确定性很低，出现频率较高，创新风险很低，创新持续时间很短，对经济增长的影响也很小，这类创新属于渐进性技术创新；有的技术创新不确定性很高，出现频率很低，创新风险很高，创新持续时间较长，对经济增长的影响很大，这类创新属于革命性技术创新，即技术革命。渐进性的技术创新影响着某个国家（或地区）某一时期内经济增长的周期，而技术革命则决定了世界经济增长的长期趋势。

阿罗（Arrow）从内生技术角度来解释技术创新对经济增长的推动作用，从而突破了新古典经济增长理论的研究框架。接着罗默（Romer）开创了内生增长理论研究的先河。到了 20 世纪 90 年代，内生增长理论开始从产品多样化模型和产品质量升级模型两个方面来探讨技术创新促进经济增长问题。在这些代表性著作中，罗默、克罗斯曼（Crossman）、埃尔芒（Helmand）、阿金（Aghinn）和蒙伊特

（Howitt）等继承了熊彼特模型的思想，他们的内生增长模型都以研发（R&D）为基础。

6.2 研发创新对高精尖经济结构影响的模型构建

本书从宏观产业层面研发创新对高精尖经济结构的影响。其基本理论模型如图 6 - 1 所示。

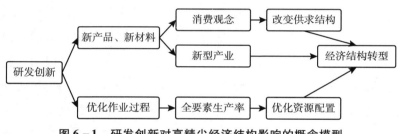

图 6 - 1 研发创新对高精尖经济结构影响的概念模型

可用于分析时间序列因果关系的方法主要有向量自回归（*VAR*）、格兰杰因果检验以及协整检验。其中，*VAR* 和格兰杰因果检验针对平稳时间序列，而协整检验用于非平稳时间序列。由于 *VAR* 是一个多个变量构成的系统，其因果关系是双向的，而本书只需关注研发创新对北京市高精尖产业结构的影响，即待研究的因果关系是明确且单向的，因而本书考虑使用格兰杰因果检验或者协整检验来研究研发创新对北京市高精尖产业结构的影响。此外，协整关系表示变量之间存在长期稳定的关系，但这关系并非因果关系。因此，对于非平稳时间序列变量的因果关系检验，需在协整的基础上进行。由于目前尚不清楚被解释变量和解释变量的时间序列的平稳性，因此在选择模型之前首先应进行平稳性检验，即单位根检验。因此，本节的研究框架如图 6 - 2 所示。

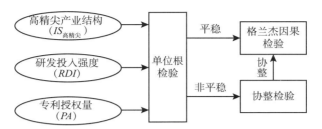

图 6 - 2　研发创新对高精尖经济结构影响的研究框架

建立格兰杰因果检验所需要的模型：

$$IS_t = \gamma_{1,t} + \sum_{m=1}^{p} \alpha_{1,m} IS_{t-m} + \sum_{m=1}^{p} \beta_{1,m} RDI_{t-m} + \varepsilon_{1,t} \quad (6-1)$$

$$IS_t = \gamma_{2,t} + \sum_{m=1}^{p} \alpha_{2,m} IS_{t-m} + \sum_{m=1}^{p} \beta_{2,m} PA_{t-m} + \varepsilon_{2,t} \quad (6-2)$$

$$RDI_t = \gamma_{3,t} + \sum_{m=1}^{p} \alpha_{3,m} RDI_{t-m} + \sum_{m=1}^{p} \beta_{3,m} PA_{t-m} + \varepsilon_{3,t} \quad (6-3)$$

$$PA_t = \gamma_{4,t} + \sum_{m=1}^{p} \alpha_{4,m} PA_{t-m} + \sum_{m=1}^{p} \beta_{4,m} RDI_{t-m} + \varepsilon_{4,t} \quad (6-4)$$

式中，IS_t、RDI_t 和 PA_t 分别为 t 年北京市高精尖产业结构、研发投入强度和专利授权量。

6.3　研发创新对高精尖经济结构影响的实证研究

6.3.1　变量选取与测度

（1）高精尖产业结构。

本书研究研发创新对北京市高精尖产业结构的影响，因此被解释变量为高精尖产业结构。高精尖产业结构（由 $IS_{高精尖}$ 表示）由高精尖产业的增加值（由 $VA_{高精尖}$ 表示）占北京市地区生产总值（由 $GDP_{北京市}$ 表示）的比重来测度，具体表达式为：

$$IS_{高精尖} = \frac{VA_{高精尖}}{GDP_{北京市}} \qquad (6-5)$$

然而，目前北京市高精尖产业尚缺乏官方统计数据，因此本书提出一种新的产业规模核算框架重新测算了北京市高精尖产业的增加值。

在介绍该框架之前，本书对已有的一些官方统计指标进行梳理和比较，来说明重新测算北京市高精尖产业增加值的必要性。北京市公布过的与高精尖产业相关的新兴产业统计数据有高新技术产业、高技术制造业、高技术产业、信息产业和战略性新兴产业，如表6-1所示。

表6-1　　　　　　　　与高精尖产业相关的产业分类

产业名	行业子类	统计时间
高新技术产业	电子与信息、生物及医药制品、新材料、光机电一体化、新能源、环保设备、航空航天及地球空间技术	1998～2004年
高技术制造业	核燃料加工、信息化学品制造、医药制造业、航空航天器制造、电子及通信设备制造业、电子计算机及办公设备制造业、医疗设备及仪器仪表制造业	2006～2018年
高技术产业	医药制造业、航空航天器及设备制造业、电子及通信设备制造业、计算机及办公设备制造业、医疗仪器设备及仪器仪表制造业、信息化学品制造业、信息服务、电子商务服务、检验检测服务、专业技术服务业的高技术服务、研发与设计服务、科技成果转化服务、知识产权及相关法律服务、环境监测及治理服务	2004～2018年
信息产业	电子信息设备制造、电子信息设备销售和租赁、电子信息传输服务、计算机服务和软件业、其他信息相关服务	2004～2018年
战略性新兴产业	节能环保产业、新一代信息技术产业、生物产业、高端装备制造业、新能源产业、新材料产业、新能源汽车	2016～2018年
高精尖产业	新一代信息技术、集成电路、医药健康、智能装备、节能环保、新能源汽车、新材料、人工智能、软件和信息服务和科技服务	无

这些产业与高精尖产业所包含的子行业差异较大，因此无法直接使用这些产业的数据来衡量高精尖产业。此外，这些产业与高精尖产业有许多交叉的子行业，但即使名称相同的子行业，在高精尖产业里和其他产业里也不一样。高精尖产业强调"高""精""尖"，而其他产业基本上只强调"高"。以所包含行业子类最相近的战略性新兴产业为例，在战略性新兴产业中，新一代信息技术产业所包含的行业小类（见国家统计局《战略性新兴产业分类（2018）》以《国民经济行业分类（2017）》为基础，有 83 个，而在高精尖产业中，新一代信息技术产业所包含的行业小类（见《北京市十大高精尖产业登记指导目录（2018）》也以《国民经济行业分类（2017）》为基础，只有 21 个。也就是说，高精尖产业的纳入标准要比其他战略性新兴产业更加严格，大多数纳入战略性新兴产业的行业小类都不属于高精尖产业，故而其他产业中的子行业也无法直接用来表示高精尖产业中的子行业。因此，提出一套完整的产业规模核算框架来重新测算高精尖产业的增加值是十分必要的。

本书利用《北京市十大高精尖产业登记指导目录（2018 年版）》中对高精尖产业的界定和细分，采用自底向上的思想将高精尖产业的所有行业小类的增加值逐级向上加总得到高精尖产业的增加值，公式如下：

$$VA_{高精尖} = \sum_{i=1}^{10} VA_i = \sum_{i=1}^{10} \sum_{j=1} VA_{ij} \qquad (6-6)$$

其中，VA_i 为高精尖产业中子行业 i（$i=1, 2, \cdots, 10$）的增加值，VA_{ij} 为高精尖产业中子行业 i 的行业小类 j 的增加值。VA_{ij} 的计算则采用自上而下的思想用北京市地区生产总值与逐级向下的权重相乘而得到：

$$VA_{ij} = GDP_{北京市} \cdot W_{\frac{大类}{GDP}} \cdot W_{\frac{中类}{大类}} \cdot W_{\frac{小类}{中类}} \qquad (6-7)$$

其中，$W_{\frac{大类}{GDP}}$、$W_{\frac{中类}{大类}}$ 和 $W_{\frac{小类}{中类}}$ 分别是增加值中行业大类占地区层面、行业中类占行业大类、行业小类占行业小类的权重系数。其中行业大、中、小类的划分与《国民经济行业分类（2017）》保持一致。在《国民经济行业分类（2017）》中，行业大、中、小类的代码位数分别为 2、3、4。需指出，高精尖子行业的行业小类 j 与《国民经济行业分类（2017）》中的行业小类是完全对应的，这保证了该测算框架的统一性。

权重系数 $W_{\frac{大类}{GDP}}$ 通过北京市投入产出表中相应行业大类的增加值与北京市 GDP 的比重确定。由于北京市投入产出表只统计了 42 个行业（其中均为行业大类），因而权重系数 $W_{\frac{大类}{大类}}$ 通过全国投入产出表中相应行业中类与行业大类的比重确定。全国投入产出表包含了 150 个左右（不同年份行业分类略有差异）的行业统计信息。$W_{\frac{小类}{中类}}$ 则通过国民经济行业分类表中，行业中类所包含的行业小类的个数确定。该方法框架中，使用了全国中类与大类行业的比重作为北京市中类与大类行业的比重，其合理性有两个方面：第一，随着行业划分的细化，各细分行业之间的比重在省级之间的差异趋小；第二，由于北京市的高精尖产业在全国所占比重较大，因而在一定程度上全国中类与大类行业的比重能够代表北京市的相应比重。

本测算使用的数据包括北京市和全国投入产出表（2002～2017）和北京市 GDP（2002～2017）。北京市 GDP 数据来源于《北京市统计年鉴（2019）》。由于全国和北京市投入产出表均只包含特定年份，对于缺失年份采用了线性插值法进行填充。此外，在对高精尖产业的行业小类梳理时发现，某些行业小类同属于高精尖产业的两个或者多个子行业，例如信息系统集成服务（代码为：6531）同属于新一代信息技术、人工智能、软件和信息服务三个子行业。为避免重复核算，对于此类情况，根据该行业小类在国民经济行业分类中的归属将其划分到某一个子行业中。这导致人工智能子行业的所有行业小类均被划分到其他行业中，包括新一代信息技术、软件和信息服务、集成电路，这表明人工智能子行业与这些行业的联系较为紧密，难以独立核算。因此在测算结果中，北京市高精尖产业只包含 9 个子行业。

最后，本书测算了北京市 2002～2017 年高精尖产业增加值及其

占北京市 GDP 的比重，结果如图 6 - 3 所示。可以看出，北京市高精
尖产业增加值从 2002 年的 583.94 亿元增加到 2017 年的 5316.45 亿
元，其所占北京市 GDP 的比重从 13.5% 增加到 19.0%。

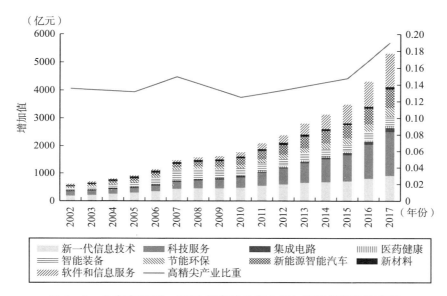

图 6 - 3 北京市 2002~2017 年高精尖产业增加值及经济结构变化

（2）研发创新。

研发创新是通过研发活动产生创新成果的过程，其内涵既包括研
发创新的投入，又包括产出。有关研发创新活动的投入，文献中通常
选用 R&D 经费支出和 R&D 人员投入来表征。但是对于高精尖产业，
"高"代表了技术创新应具有一定门槛，因而使用强度指标——研发
强度来衡量研发创新的投入更能体现高精尖产业的特点。研发强度由
研发经费内部支出（即实际支出）与地区生产总值的比值表示。

在衡量创新过程的产出时，文中选取发明专利授权量作为考核指
标。事实上，专利是否适合于衡量创新产出，学术界一直存在质疑。
这主要是由于一些发明并不申请专利，因此专利在反映创新活动的全

部成果时存在不足；而且由于专利质量的不同，在体现创新成果的经济价值上也存在一定的缺陷。基于此，一些学者开始尝试一些新的指标，比如新产品开发项目数、新产品销售收入等（见图 6 - 4）。显然，新产品开发项目数存在着与专利类似的缺陷，即并不能全面反映出创新成果的经济价值和商业化水平；新产品销售收入虽然能够较好地衡量创新产出，但相关统计年鉴中并没有分省份的这一指标。因此，尽管专利在衡量创新产出时存在着诸多缺陷，但由于找到更好的替代指标还存在一定的困难，目前研究中依然被广泛使用。

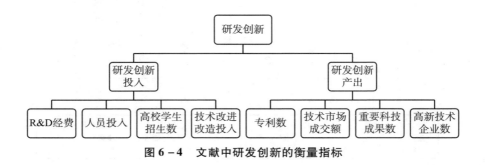

图 6 - 4 文献中研发创新的衡量指标

在我国，专利包括发明、实用新型和外观设计 3 种形式。3 种专利中，发明专利是衡量创新产出水平的较好指标，其技术含量高且申请量很少受到专利授权机构审查能力的约束，更能客观地反映出一个地区原始创新能力与科技综合实力。此外，对于高精尖产业，"精"代表了具有自主知识产权的原始创新。因此，本书选用发明专利授权量作为研发的创新产出指标。

北京市 2002 ～2017 年研发强度和发明专利授权量的数据来源为《北京市统计年鉴（2019）》。相关指标的描述性统计如表 6 - 2 所示。

6.3.2 单位根检验

单位根检验的结果如表 6 - 3 所示。

表 6 – 2　　　　　　　　　　　相关指标的描述性统计

变量	单位	均值	最大值	最小值	标准差	计算
产业结构	%	14.190	18.977	12.479	1.636	$VA_{高精尖}/VA_{北京市}$
人均研发强度	万元/人·年	37.909	58.601	19.104	14.365	研发经费内部支出/研发人员折合全时当量
万人发明专利授权量	件/万人	7.565	21.230	0.746	6.476	发明专利授权量/年末人口

表 6 – 3　　　　　　　　　　　变量的单位根检验结果

变量		ADF	PP	DF – GLS	KPSS
水平数据	IS	0.024（2）	1.047	– 1.669（1）	0.163 **
	LnRDI	– 1.931（1）	– 1.997	– 1.090（1）	0.114 **
	LnPA	– 4.451 ***（1）	– 5.171 ***	– 1.996（1）	0.171 ***
一阶差分	D. IS	– 0.65（4）	– 1.107	– 2.388（1）	0.146 **
	D. LnRDI	– 2.632（1）	– 4.468 ***	– 1.531（1）	0.1916 ***
	D. LnPA	– 4.757 ***（1）	– 5.030 ***	– 3.603 **（1）	0.179 ***
二阶差分	D2. IS	– 11.231 ***（3）	– 3.434 ***	– 4.270 ***（2）	0.079
	D2. LnRDI	– 5.701 ***（1）	– 10.353 ***	– 3.352 ***（1）	0.079
	D2. LnPA	– 3.893 ***（1）	– 3.772 ***	– 3.411 **（1）	0.096

注：检验方法 ADF、PP 和 DF – GLS 的原假设为存在单位根，而 KPSS 检验方法的零假设为不存在单位根；所有的检验方法都包含趋势项；括号中为滞后长度，由 SIC 确定；*** 、 ** 、 * 分别表示在 1%、5%、10% 上显著。

由单位根检验可以看出，三个变量的水平数据在四种检验方法下基本上都存在单位根，表明它们均是不平稳的。而 LnPA 的一阶差分在 KPSS 检验下存在单位根，而 IS 和 LnRDI 的一阶差分在四种检验方法下也都基本上存在单位根。而三个变量的二阶差分在四种检验方法下都强烈地表明不存在单位根，因此可以说明，它们的二阶差分都是平稳过程，即 2 阶单整，记为 $I(2)$。

6.3.3 协整检验

上述单位根检验表明，三个变量 IS、$LnRDI$、$LnPA$ 是 2 阶单整，因此可以做协整检验。不同于单位根检验是检验单个时间序列的平稳性，协整检验的目标是检验非平稳序列组合的平稳性。使用 Johansen 协整检验方法检验 IS 与 $LnRDI$ 和 $LnPA$ 之间是否存在长期稳定关系。

协整检验的详细步骤如下：

（1）使用协整秩迹检验（strace statistic）确定出协整秩为 1，表明这 3 个变量之间只存在一个线性无关的协整向量，即存在 1 个协整关系；

（2）检验出这 3 个变量所构成的 VAR 系统的最优滞后阶数为 2，使用该阶数作为协整检验中的滞后阶数；

（3）使用 Johansen 的 MLE 方法估计该系统的向量误差修正模型（VCEM），得到 IS 与 $LnRDI$ 和 $LnPA$ 之间存在的长期均衡关系的表达式为 $IS_t = -0.9066 + 0.1447RDI_t + 0.2933LnPA_t$，其估计的标准误及相关统计量如表 6-4 所示；

表 6-4 协整模型估计结果

参数	系数	标准误	z	P
IS	1	—	—	—
$LnRDI$	0.1447	0.0307	9.56	0.000
$LnPA$	0.2933	0.0144	-10.4	0.000
_Con	-0.9066	—	—	—
R^2	0.7025	—	—	—

（4）检验 VECM 模型的残差是否存在相关性，如果存在相关性则预示着需要增加滞后阶数，检验结果表明，可以接受"无自相关"

的原假设，因此证明 VECM 的残差不存在相关性；

（5）检验此 VECM 是否稳定，结果如图 6-5 所示，表明除了 VECM 模型本身所假设的单位根以外，伴随矩阵的所有特征值均落于单位圆以内，故是稳定的。

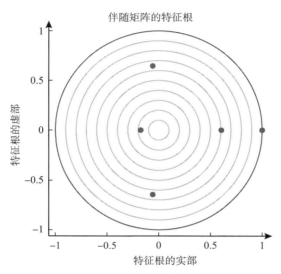

图 6-5　VECM 模型系统稳定性的判别

因此，协整检验表明 *IS*、Ln*RDI*、Ln*PA* 3 个变量是协整的，这意味着它们之间存在着长期均衡的关系。

6.3.4　格兰杰因果关系检验

上述协整检验的结果表明，衡量研发创新投入和产出的指标 Ln*RDI* 和 Ln*PA* 与高精尖产业结构 *IS* 之间存在着长期稳定的关系，为了进一步确定这一关系是否为因果关系，进行格兰杰因果关系检验。经过前文分析，这 3 个变量之间可能的格兰杰因果关系有 4 个：Ln*RDI* →*IS*、Ln*PA* →*IS*、Ln*RDI* →Ln*PA*、Ln*PA* →Ln*RDI*，分别对应方程（6-1）~（6-4）。检验结果如表6-5所示。

表6-5　　　　　　　　格兰杰因果检验结果

零假设	滞后期	F值	P值	结论	因果关系
$LnRDI \rightarrow IS$	1	3.8230	0.032	拒绝	是
$LnPA \rightarrow IS$	1	3.0762	0.004	拒绝	是
$LnRDI \rightarrow LnPA$	2	66.3372	0.001	拒绝	是
$LnPA \rightarrow LnRDI$	2	116.3251	0.763	不拒绝	否

注：表中零假设均为箭头左边的变量不是箭头右边的变量的格兰杰原因；被检验的变量均为二阶差分。

从表6-5可以看出，$LnRDI$和$LnPA$均为IS的格兰杰原因，同时$LnRDI$为$LnPA$的格兰杰原因，但$LnPA$不是$LnRDI$的格兰杰原因。因此可以得出研发创新的投入和产出均能影响高精尖产业结构，而研发投入增加能够导致专利成果的增加。

结合三者之间的协整模型的系数，$LnPA$的系数是$LnRDI$的系数的2倍，这表明，虽然研发投入和专利数量均能促进北京市高精尖产业结构的转变，但是专利数量的促进效应更加明显。这是由于研发投入不一定能够转化为创新成果。

6.4　本章小结

构建高精尖产业体系，从经济学角度说，就是需要突破和超越现在产业中的生产可能性边界，其中最重要的就是研发创新，引领国际技术发展，从而构建科技创新中心。其中研发创新包括自主创新和合作创新。自主创新就是自身的研发能力；合作创新，就是通过与国家级和行业龙头的科研院所及高校合作共同研发产品、提高创新效率和成果转化应用。本章通过构建理论模型反映研发创新对高精尖经济结构的影响。首先，利用《北京市十大高精尖产业登记指导目录（2018年版）》中对高精尖产业的界定和细分，采用自底向上的思想将高精尖产业的所有行业小类的增加值逐级向上加总得到高精尖产业的增加值。其次，建构研发创新对高精尖经济结构影响模型。研发创新是通过研发活动产生创新成果的过程，其内涵既包括研发创新投入，又包括产出（用专利数量衡量）。本书研究发现，研发投入和专利数量均能促进北京市高精尖产业结构的转变，专利数量的促进效应更加明显。

第7章 高精尖产业发展水平评价指标体系构建

本章以高精尖产业为研究对象，构建高精尖产业发展水平评价指标体系，旨在为高精尖产业发展提供决策参考。

7.1 高精尖产业发展水平指标体系构建

根据北京市印发的《北京市十大高精尖产业登记指导目录（2018 年版）》，北京市高精尖产业主要包括新一代信息技术、集成电路、医药健康、智能装备、节能环保、新能源汽车、新材料、人工智能、软件和信息服务和科技服务业 10 个产业。本书从北京市高精尖产业发展现状出发，在参考了大量相关研究文献的基础上，初步提出了北京高精尖产业发展水平指标体系，并经过多轮专家修订后，按照要素相斥、系统整分、简约明晰的原则，建立了高精尖产业发展水平指标体系。需要特别说明，虽然高精尖经济结构包含了"高""精""尖"三方面的内涵，但是这三个方面并非边界分明，而是相互关联的。作为一个系统，本报告在评价北京高精尖产业发展水平时不将"高精尖"拆分开，而是将它作为一个整体进行评价。最终得到的评价体系如表 7 - 1 所示。

表 7 - 1　　　　　　　　　高精尖产业发展水平指标体系

一级指标	二级指标	指标解释
高精尖 发展水平	增加值比重	高精尖产业增加值占地区生产总值的比重
	能耗强度	单位 GDP 的能源消耗量，反映能源利用效率
	行业利润率	行业总利润与总成本的比值，反映盈利水平
	劳动生产率	产出（以 GDP 衡量）与投入劳动力的比值
	研发人员比重	研发人员数占总劳动力人数的比重
	研发投入强度	研发投入资金占地区生产总值的比重
	专利授权数	万人专利授权数量

高精尖产业发展水平由 7 个核心指标组成，包括增加值比重、能耗强度、行业利润率、劳动生产率、研发人员比重、研发投入强度、专利授权数。

各二级指标的定义及选取依据如下：

核心指标之一：增加值比重。

增加值比重指标，使用高精尖产业增加值与北京市地区生产总值的比值来衡量，反映高精尖产业的规模。

$$增加值比重 = \frac{高精尖产业增加值}{地区生产总值} \qquad (7-1)$$

增加值是指企业在报告期内以货币形式表现的生产活动的最终成果，是企业全部生产活动的总成果扣除了在生产过程中消耗或转移的物质产品和劳务价值后的余额，是企业生产过程中新增加的价值。高精尖产业增加值比重是北京高精尖产业发展水平最直接的表征，提升高精尖产业在整个经济中的比重是北京市发展高精尖产业的一个目标。高精尖产业发展既要有"数量"，又要有"质量"，而"数量"是通过高精尖产业增加值比重体现的。

核心指标之二：能耗强度。

能耗强度使用高精尖产业增加值与能源消耗量的比值来衡量。

$$能耗强度 = \frac{高精尖产业增加值}{高精尖产业能源消耗量} \qquad (7-2)$$

着眼于北京市经济的长远发展,高精尖产业必须要以可持续发展理念为基础。在全球应对气候变化的形势日趋严峻的背景下,中国把应对气候变化作为国家重大战略纳入国民经济和社会发展的中长期规划中,对于降低二氧化碳排放有了清晰的路径,即 2030 年前实现碳排放达峰,2060 年前实现碳中和。在此背景下,能源强度指标成为衡量高精尖产业发展水平的必然要求。能源强度指标具有两个方面的内涵:其一,由于碳排放主要来自化石能源消耗,因此降低能耗强度对于节能减排有重要意义,低能耗强度是高精尖产业与传统产业的一种重要差别;其二,能耗强度同时反映了能源利用效率,而较高的能源利用效率也是高精尖产业发展的要求。

核心指标之三:行业利润率。

行业利润率指标,使用高精尖产业总利润与总成本的比值来衡量,反映行业在一定时期的盈利能力。

$$行业利润率 = \frac{高精尖产业总利润}{高精尖产业总成本} \qquad (7-3)$$

利润率越高,盈利能力越强。鼓励拥有较高盈利能力的行业发展,有利于保障投资人的所有者权益,有利于政府部门行使社会管理职能,有利于保障企业职工的劳动者权益,最终促进经济高质量发展。因此,较高的行业利润率是高精尖产业的内在要求,高精尖产业只有具备了较强的盈利能力才能吸引投资人的持续投资,才能吸引高精尖人才的加入和避免高精尖人才的流失,从而维持行业的持续发展。然而,由于高精尖产业相较于传统行业还处于初期阶段,投入较大,且技术的回报不稳定,导致行业的利润率具有波动性,且可能在具体年份利润率为负。而随着行业发展的成熟,行业利润率将逐渐稳定。因此,行业利润率可以反映高精尖产业的发展水平。

核心指标之四：劳动生产率。

劳动生产率指标，使用高精尖产业增加值与从业人员总数的比值来衡量，反映产业价值创造效率的高低。

$$劳动生产率 = \frac{高精尖产业增加值}{高精尖产业从业人员总数} \qquad (7-4)$$

价值创造是左右商业活动最基本的行为之一，即企业以一定资源投入，实现尽可能高的产出。然而，并不是所有产业都具有相同的价值创造效率。事实上，整个人类社会的发展都伴随着劳动生产率的提高，通过使用新技术、淘汰旧技术，使经济结构始终朝着劳动生产率高的产业发展。拥有较高劳动生产率的产业，通常具备产业竞争中的某些优势或至少在某段时间内拥有相对优势。从产业结构转型来看，劳动力资源通常是从规模报酬已经处于递减状态的产业向规模报酬正处于递增状态的产业转移，而高于一般水平的劳动生产率也是一个产业正处于规模报酬递增状态的一种表现形式。因此，发展高精尖经济，必须提高劳动生产率，通过促进这部分产业的发展带动整体经济的高速发展，通过高效价值创造提升经济发展质量。

核心指标之五：研发人员比重。

研发人员比重指标，采用高精尖产业研发人员数与总从业人员数的比重来衡量，是反映研发投入的重要指标之一。

$$研发人员比重 = \frac{高精尖产业研发人员数}{高精尖产业从业人员总数} \qquad (7-5)$$

随着现代科学技术与经济关系的日益紧密，研发创新是产业竞争力和经济活力的源泉，是经济发展和生产率增长的基本驱动力，技术含量高的产业已经成为经济发展的主导，并将长期保持下去。因此，通过研发创新增加经济发展潜力，是高精尖产业发展的重要目标。研发创新的衡量指标有很多，但可以分为投入和产出两类指标。在研发创新投入指标方面，选取研发人员比重和研发投入强度；在研发创新产出指标方面，选取专利授权数量。研发人员比重可以直观地反映出行业的技术密集程度，也是国家认定企业是否为高新技术企业的标准之一。科技部、财政部、国家税务总局发布的《高新技术企业认定管理办法》中明确指出企业从事研发和相关技术创新活动的科技人员占企业当年职工总数的比例不低于10%。由于高精尖产业处于高新技术产业链的顶端，更强调技术的尖端性，因而其研发人员比重的标准更高。

核心指标之六：研发投入强度。

研发投入强度指标，采用高精尖产业研发投入经费与产业增加值的比值来衡量，是衡量研发投入的另一个重要指标。

$$研发投入强度 = \frac{高精尖产业研发投入经费}{高精尖产业增加值} \qquad (7-6)$$

研发创新对产业的竞争优势有着重要影响。首先，研发创新通过影响产业的投入产出状况以及生产要素的配置和转换效率，影响产业竞争优势，推动产业结构的调整；其次，研发创新促使产业间相互融合形成新的竞争优势；最后，研发创新还可以通过暂时的技术知识垄断来获得竞争优势。尽管研发投入强度和科研人员比重均是衡量研发投入的指标，但研发投入强度属于资本投入方面的指标，而科研人员比重是劳动力投入方面指标。资本和劳动力是几乎所有生产函数必不可少的两种生产要素。研发活动本质上也可以看作是一个生产活动，投入的是资本和劳动力，而产出的是创新成果。因此，在评价北京高精尖产业发展水平时，将研发投入强度指标纳入指标体系是必要的。

核心指标之七：专利授权数。

专利授权数采用每万人口所拥有的创新发明专利授权数量来衡量。

$$专利授权数 = \frac{高精尖创新发明专利授权数量}{北京市总人口} \times 10000 \qquad (7-7)$$

专利授权数反映了研发创新的最终成果，这些成果可以直接高效率地创造经济效益。北京发展高精尖产业的初衷不仅仅是要引领国内的某些产业，而且要在国际市场上与欧美等发达国家的这些产业进行竞争，从而稳固和提升我国的核心竞争力。因此，高精尖产业强调科技创新自立自强，而不是模仿创新，这就要求高精尖产业必须拥有足够的核心知识产权。创新发明专利授权数量是目前衡量具有知识产权的创新成果的最重要指标。因此，将专利授权数纳入高精尖产业评价指标体系中。

7.2　评价数据的收集

在评价过程中，需要收集的数据包括两个方面：一是确定指标权重时建立判断矩阵的数据；二是进行综合评价时各指标隶属于评价集的数据。通常情况下，主要采用专家咨询的方法。这是因为评价需要对高精尖产业发展水平的认识和把握具有一定的高度，同时也是为了使收集的数据更加有效。因此，本书采用专家咨询法，特邀请 30 名熟悉高技术产业、创新管理理论以及产业经济的专家结合统计数据来进行评价。

7.2.1　高精尖产业发展水平评价的方法

在评价中，采用两种或两种以上的方法，形成一个新方法集合，不失为一种有益的评价思想，可以克服一种评价方法的缺陷。层次分析法和模糊综合评价法同属于多指标的综合评价方法，都是通过把多个指标融合来分析和评价事物，两种方法在特征上具有相似性。基于此，本书将层次分析法和模糊综合评价方法相结合，首先利用层次分析法确定各评价指标的权重，然后运用模糊综合评价法进行综合评价，得出最终评价结果。其具体研究方法如下。

7.2.2　指标权重

确定指标权重的方法主要有主观赋权法和客观赋权法两大类。在实际应用中，可根据具体情况选择不同的权重确定方法。现有的综合评价方法通常会采用主观赋权法，该方法对指标权重的确定主要依赖于专家的研究经验和客观态度，其观念的形成往往与所处的客观环境有着直接的联系，因此从某种程度上来看主观赋权法也具有内在客观性。由于高精尖产业发展水平指标的相关实际数据往往难以精确统计，所以更加适合采用层次分析法。此外，层次分析法是一种主观与客观相结合的一种赋权方法，比单纯地采用主观或客观赋权方法更加科学，因此本书采用层次分析法确定指标权重。

层次分析法（analytic hierarchy process，AHP）是美国运筹学家萨蒂于 20 世纪 70 年代初提出的。它是针对复杂的多目标决策问题，将定性与定量分析方法相结合的一种综合决策方法。首先将决策问题按总目标、各层子目标、评价准则直至具体的备选方案的顺序分解为不同的层次结构，然后用求解判断矩阵特征向量的办法，求得每一层次的各元素对上一层次某元素的优先权重，最后再用加权求和的方法递阶归并各备选方案对总目标的最终权重，然后选择最终权重最大的方案，即最优方案。该方法的主要优点是简单明了，不仅适用于存在不确定性和主观信息的情况，而且允许以合乎逻辑的方式运用经验、洞察力和直觉来解决相关问题。

7.2.3　评价方法

在确定了指标权重之后，接下来就是对高精尖产业发展水平进行综合评价。综合评价是高精尖产业发展水平评价过程中的重要部分，随着高精尖产业的不断发展，各领域之间相互交融相互联系，使得评价事物越来越庞杂，构成因素也越来越多，而且因素间的关系更加复杂，为了使评价体系对评价对象有更切合实际的分析，需要考虑尽可能多的因素进行多因素的评价，而综合评价能通过把高精尖产业发展情况整合为一个综合的评价指标，以此作为高精尖产业结构评价结果，由于该评价结果能包含各个评价指标的情况，因此也更加科学。此外，评价事物包含的因素是多种多样的，不仅有可通过相关数值指标进行描述的具体因素，而且有很多难以用直接的数据来反映的抽象因素。因此，采用模糊综合评价方法较为合适。

模糊综合评价方法（fuzzy comprehensive evaluation，FCE）由美国控制论学者扎德于在 1965 年发表的论文中提出。这种评估方法是一种通过使用模糊数学概念和应用部分模糊关系原理的综合评价方法。在多元经济的日常生活中，由于环境的变化，常常出现好坏难以判断的问题。在采用数学原理解决这一问题的模糊综合评价方法中，为应对评估决策等一系列社会问题提供了更客观、科学的方法。基本原则是通过对评估指标建立评价等级的方法，根据确定的指标权重向量和指标对应的隶属度，最终使用模糊数学和归一化操作得到最终综合评估结果。该方法具有结果清晰、系统性强的特点，能较好地解决模糊的、难以量化的问题，适合各种非确定性问题的解决。

7.3　本章小结

本章建立了高精尖产业发展水平指标体系。需要特别说明，虽然高精尖经济结构包含了"高""精""尖"三方面的内涵，但是这三个方面并非边界分明，而是相互关联的。作为一个系统，本章在评价北京高精尖产业发展水平时不将"高精尖"拆分开，而是将它作为一个整体进行评价。高精尖产业发展水平由 7 个核心指标组成，包括增加值比重、能耗强度、行业利润率、劳动生产率、研发人员比重、研发投入强度、专利授权数。其中，增加值比重指标表征高精尖产业的规模；能耗强度指标表征高精尖产业的资源利用水平；行业利润率指标表征高精尖产业的盈利能力；劳动生产率指标表征高精尖产业的价值创造效率；研发人员比重、研发投入强度指标表征高精尖产业的创新投入；专利授权数指标表征高精尖产业的研发创新成效。在评价方法上中，本章将层次分析法和模糊综合评价方法相结合，首先利用层次分析法确定各评价指标的权重，然后运用模糊综合评价法进行综合评价，克服一种评价方法的缺陷。

第8章 北京高精尖产业
发展水平评价

本章采用第 7 章构建的高精尖产业发展水平评价指标，评价分析了北京高精尖产业发展情况。评价显示，北京十大高精尖产业均处于较高水平，高精尖产业发展呈现六个特征。

8.1 确定指标权重

本书采用层次分析法确定各指标权重。

8.1.1 建立高精尖产业发展水平的层次结构

根据评价指标体系（见图 8 − 1），建立高精尖产业发展水平评价指标的层次结构模型。由于本书利用 AHP 确定指标权重，因此在构建北京高精尖产业发展水平指标的层次结构时，使用了目标层和准则层。

8.1.2 构造判断矩阵

本书邀请 30 位专家对指标体系中的 7 个指标，即 $D = \{d1，d2，d3，d4，d5，d6，d7\}$ 中各指标两两之间的重要性进行判断。

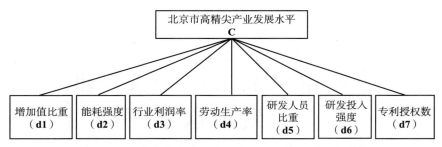

图 8 - 1　北京高精尖产业发展水平评价指标的层次结构

　　以其中一位专家为例，建立判断矩阵，计算相应的指标权重并对结果进行一致性检验。

　　建立准则层 d1、d2、d3、d4、d5、d6 和 d7 相对于目标 C 的判断矩阵 C—D，如表 8 - 1 所示。

表 8 - 1　　　　　　　　　判断矩阵 C - D

C	d1	d2	d3	d4	d5	d6	d7
2d2	1/4	1	1/2	1/3	1/3	1/2	1/2
d3	1/2	2	1	1/3	1/3	2	1/2
d4	2	3	3	1	1/2	2	2
d5	3	3	3	2	1	3	3
d6	1/2	2	1/2	1/2	1/3	1	1
d7	1/2	2	2	1/2	1/3	1	1

8.1.3　层次指标排序和一致性检验

　　根据上述计算步骤，d1、d2、d3、d4、d5、d6 和 d7 相对于目标 C 的权重系数及其一致性检验结果见表 8 - 2。

表 8 - 2　　　　　判断矩阵 C – D 权重系数及其一致性检验

C	d1	d2	d3	d4	d5	d6	d7	λ_{max}	C. I	C. R
W	0.1569	0.0553	0.0922	0.2043	0.1049	0.0860	0.3004	7.3079	0.0513	0.0389

在上述结果的基础上,进行一致性检验,求得其一致性比例 C. R =
0.0389,可知其检验结果在容许范围之内。对权重系数进行排序,见
表 8 - 3。

表 8 - 3　　　　　　　　指标权重及其排序

指标	权重系数	排序
d1	0.1569	3
d2	0.0553	7
d3	0.0922	5
d4	0.2043	2
d5	0.1049	4
d6	0.0860	6
d7	0.3004	1

本书采用 AHP 方法,通过 30 名专家对 7 个指标的重要性比较计
算指标权重,则可得到 30 组权重向量,取其平均值,即得北京市高
精尖产业发展水平评价体系中各指标的平均权重,见表 8 - 4。

表 8 - 4　　　　北京高精尖产业发展水平指标平均权重系数

目标层	指标	平均权重
北京高精尖产业发展水平	增加值比重 (d1)	0.1525
	能耗强度 (d2)	0.1117
	行业利润率 (d3)	0.1029
	劳动生产率 (d4)	0.1904

目标层	指标	平均权重
北京高精尖产业发展水平	研发人员比重（d5）	0.1238
	研发投入强度（d6）	0.1049
	专利授权数（d7）	0.2137

结合计算结果，可以获得各指标对目标层的平均权重值，制成柱状图，见图 8 - 2。

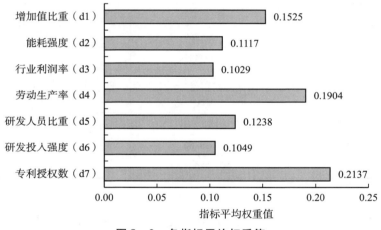

图 8 - 2　各指标平均权重值

8.2　模糊综合评价

本书构建的是一个具有 7 个指标的评价指标体系。首先分别对每个指标进行模糊综合评价，其次与各指标的权重进行模糊综合，最后便可以得到整个模糊综合评价结果。

8.2.1　确定各级评价因素集

确定对评价对象有影响的各因素，可根据评价指标体系的层次结构（见图 8 - 1），将因素集 D 分为如下层次：

评价因素集如下：

$$D = \{d1, \ d2, \ d3, \ d4, \ d5, \ d6, \ d7\} \qquad (8 - 1)$$

8.2.2　构造评价集、数值集以及权重集

参照相关专家的意见，并结合日常的评分习惯，采取不同等级的分值对指标赋予相应的分数，来计算不同产业的评估结果。首先，构造评价集：$V = \{V1, \ V2, \ V3, \ V4, \ V5\}$ = {优秀，良好，一般，差，较差}，以及评语集对应的数值集 $N = \{N1, \ N2, \ N3, \ N4, \ N5\}$，其中，$N$ 表示为五个不同等级对应的分值，见表 8 - 5。

表 8 - 5　　　　　　　　　　　分值表

指标程度	优秀	良好	一般	差	较差
分值（Ni）	95	85	75	65	55

在前面已由 AHP 方法得到北京高精尖产业发展水平中各指标的平均权重，结合步骤 1 可以得到相应的权重集。

评价指标权重集：

$$W = \{0.1525, \ 0.1117, \ 0.1029, \ 0.1904, \ 0.1238, \ 0.1049, \ 0.2137\}$$
$$(8 - 2)$$

构造隶属度子集 Ri：

$$Ri = (r_{i1}, \ r_{i2}, \ \cdots, \ r_{im}) \qquad (8 - 3)$$

$$r_{ij} = \frac{\text{第 } i \text{ 个指标选择 } Vi \text{ 等级的人数}}{\text{参与评价总人数}}, \quad j = (1, 2, \cdots, m)$$

$$(8-4)$$

其中，Ri 是指评价因素中第 i 个指标对应评语集中每个 $V1$，$V2$，$\cdots$，Vm 的隶属度。

本书以新一代信息技术作为评价对象为例，并请 30 名专家对其进行匿名调查评价，其评价结果见表 8-6。其中，表格中的数值代表选择相应选项的人数。

表 8-6 专家对新一代信息技术的评价结果

指标	指标平均权重	优秀	良好	一般	差	较差
增加值比重（d1）	0.1525	17	7	6	0	0
能耗强度（d2）	0.1117	21	7	2	0	0
行业利润率（d3）	0.1029	20	5	5	0	0
劳动生产率（d4）	0.1904	18	7	5	0	0
研发人员比重（d5）	0.1238	21	7	2	0	0
研发投入强度（d6）	0.1049	17	11	2	0	0
专利授权数（d7）	0.2137	19	9	2	0	0

首先，由表 8-6 可构造出新一代信息技术产业各指标的隶属度子集：

$R1 = \{0.57, 0.23, 0.20, 0, 0\}$，$R2 = \{0.70, 0.23, 0.07, 0, 0\}$
$R3 = \{0.67, 0.17, 0.17, 0, 0\}$，$R4 = \{0.60, 0.23, 0.17, 0, 0\}$
$R5 = \{0.70, 0.23, 0.07, 0, 0\}$，$R6 = \{0.57, 0.37, 0.07, 0, 0\}$
$R7 = \{0.63, 0.30, 0.07, 0, 0\}$

因此，可得到指标的模糊评价矩阵：

$$R = \begin{pmatrix} 0.57 & 0.23 & 0.20 & 0 & 0 \\ 0.70 & 0.23 & 0.07 & 0 & 0 \\ 0.67 & 0.17 & 0.17 & 0 & 0 \\ 0.60 & 0.23 & 0.17 & 0 & 0 \\ 0.70 & 0.23 & 0.07 & 0 & 0 \\ 0.57 & 0.37 & 0.07 & 0 & 0 \\ 0.63 & 0.30 & 0.07 & 0 & 0 \end{pmatrix} \qquad (8-5)$$

其次，结合各指标的权重向量，进行模糊矩阵的复合运算，可得其模糊综合评价向量：

$G = W \times R$

$= (0.1525, 0.1117, 0.1029, 0.1904, 0.1238, 0.1049, 0.2137)$

$$\times \begin{pmatrix} 0.57 & 0.23 & 0.20 & 0 & 0 \\ 0.70 & 0.23 & 0.07 & 0 & 0 \\ 0.67 & 0.17 & 0.17 & 0 & 0 \\ 0.60 & 0.23 & 0.17 & 0 & 0 \\ 0.70 & 0.23 & 0.07 & 0 & 0 \\ 0.57 & 0.37 & 0.07 & 0 & 0 \\ 0.63 & 0.30 & 0.07 & 0 & 0 \end{pmatrix}$$

$= (0.6264, 0.2572, 0.1163, 0, 0) \qquad (8-6)$

最后，根据表 8-5 中 N 值进行计算，得到新一代信息技术产业的最后得分：

$$F = G \times N = (0.6264, 0.2572, 0.1163, 0, 0) \times \begin{pmatrix} 95 \\ 85 \\ 75 \\ 65 \\ 55 \end{pmatrix} = 90.1015$$

$$(8-7)$$

按照同样的方法，依次对集成电路、医药健康、智能装备、节能环保、新能源汽车、新材料、人工智能、软件和信息服务以及科技服务其余9个产业进行评价，最终得到这10个行业高精尖发展评分，如表8-7所示。

表8-7　　　　　北京十大高精尖产业发展水平综合评分情况

高精尖产业	综合评分	排名
新一代信息技术	90.10	1
医药健康	89.87	2
科技服务业	88.91	3
人工智能	87.08	4
集成电路	85.53	5
软件和信息服务业	85.35	6
新能源汽车	84.73	7
新材料	84.00	8
节能环保	83.93	9
智能装备	83.78	10

8.3　评价结果分析

得到北京市高精尖产业发展水平综合评价结果，并绘制成柱状图，如图8-3所示。

从评价结果可知，北京十大高精尖产业均处于较高水平，高精尖产业发展呈现六个特征。

8.3.1　特征之一：创新驱动北京经济结构不断升级，高精尖产业发展水平较高

作为全国率先提出高精尖产业发展构想的城市，北京依靠科技创

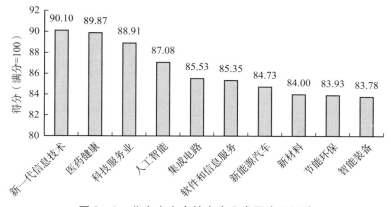

图 8 – 3　北京十大高精尖产业发展水平评价

新引领，着力发展技术创新能力强、辐射带动能力强的产业，加快培育掌握核心竞争力和重要知识产权的高技术企业，主动布局国家重大战略项目和前沿技术，创新驱动高精尖经济结构不断升级，北京产业结构沿着合理化、高级化的路径持续迈进。2020 年北京高精尖产业实现增加值 9885.8 亿元，占地区生产总值比重达到 27.4%。2020 年北京高精尖产业发展水平综合评分 86.33，发展水平较高。

8.3.2　特征之二：全球数字经济标杆城市建设加速推进，数字经济创新成为北京高质量发展引擎

以人工智能、先进通信网络、超高清视频和新型显示、产业互联网、网络安全和信创、北斗、虚拟现实为代表的新一代信息技术成为北京高质量发展的引擎。2020 年北京数字经济总量 1.44 万亿元，占GDP 比重超过 40%[①]。2020 年北京新一代信息技术产业发展水平综合得分 90.10，在十大高精尖产业排名第一。

---

① 数据来源自《北京市"十四五"时期高精尖产业发展规划》。

📖【专栏 8－1】

重庆："十四五"增强数字经济内生发展动力

2021 年 12 月 9 日，重庆市政府印发《重庆市数字经济"十四五"发展规划（2021～2025 年）》（以下简称《规划》），提出到 2022 年，重庆将集聚 100 家数字经济龙头企业，500 家前沿领域高成长创新企业，5000 家"专特精尖"中小微企业和创新团队，创建 10 个国家级数字经济应用示范高地，到 2025 年重庆数字经济总量超过 1 万亿元，数字经济将成为支撑"智造重镇""智慧名城"建设的主力军。

"十三五"期间，重庆通过实施以大数据智能化为引领的创新驱动发展战略行动计划，建设"芯屏器核网"全产业链，集聚"云联数算用"全要素群，塑造"住业游乐购"全场景集，加快推动数字产业化、产业数字化，用智能化为经济赋能、为生活添彩。截至 2020 年年底，重庆累计建成开通 5G 基站 4.9 万个，数字产业增加值达到 1824 亿元，集聚大数据智能化企业 7000 多家，实施 2780 个智能化改造项目，建成 67 个智能工厂、359 个数字化车间，"上云"企业达到 7.1 万多家，同时数字经济在城建、政务、教育、医疗等多个领域均得到应用并反馈良好。

重庆市数字经济发展面临"短板"，如数字基础设施建设区域不平衡，数字经济人才结构不合理，"芯屏器核网"产业链不长、产业群不强，龙头企业偏少，政府数据壁垒仍然存在，数据要素资源作用发挥不够等。

为此，《规划》提出 5 个方面建设内容，包括推动新型基础设施建设，实现信息基础设施全面升级，让传统基础设施数字化、网络化和智能化水平大幅提升；推动数字产业化能力大幅提升，让"芯屏器核网"产业链条不断延伸、产业集群效应显著增强，新兴数字产业加快布局；推动产业数字化取得重大进展，让大数据、人工智能、

区块链等数字技术与农业、工业、服务业深度融合；推动数字化治理
效能达到更高水平，让数字政府、数字社会建设持续深化；推动数字
经济开放水平显著提高，围绕中新（重庆）国际互联网数据专用通
道建设，创新探索南向、北向、西向国际互联网数据专用通道建设，
在重大开放平台建设取得突破。

结合"十四五"全市数字经济发展方向，《规划》提出了明确的
建设方案，比如在发展新基建，筑牢数字经济发展基础条件方面，将
加快完善信息基础设施体系，全面深化融合基础设施建设，统筹推进
创新基础设施建设；在激活新要素，发挥海量数据价值方面，将着力
推动数据高效聚集，促进数据顺畅融通，深化数据融合应用等。

另外，《规划》还围绕提升社会和政府数字化水平，增强数字经
济内生发展动力，扩大数字经济开放合作能级等提出了相关发展
措施。

（资料来源：根据《重庆市数字经济"十四五"发展规划（2021~
2025 年）》整理）

8.3.3　特征之三：医药健康产业创新能力持续增强，跑出发展加速度

北京医药健康产业发力创新药、新器械、新健康服务三大方向，
在新型疫苗、下一代抗体药物、细胞和基因治疗、国产高端医疗设备
方面构筑领先优势，竞争力居前。到 2019 年，北京已拥有亿元品种
100 余个，医药健康领域源头创新品种全国最多；2019 年，北京启动
建设 5 个示范性研究型病房，创新医疗器械申请和获批数量均居全国
第一。2020 年北京医药健康产业发展水平综合得分 89.87，在十大高
精尖产业排名第二[①]。

---

① 北京市高精尖产业发展水平居全国第一梯队［N］. 北京日报，2021 - 8 - 27.

8.3.4 特征之四：科技服务业营造产业创新生态，创新环境不断优化

北京是全国首个服务业扩大开放综合试点城市，以科技创新、服务业开放和数字经济为特征建设自由贸易示范区，为北京科技服务业注入了强大动力。2019 年北京科技服务业机构总量达到 73.7 万个。截至 2020 年，科技部确定我国共有 498 家"众创空间"，北京"众创空间"从业人员占全国的 13%，达到 24.7 万人，分别是广东、上海的 1.6 倍和 4.3 倍。2019 年科技服务业人均利润在北京第三产业中排名第二。2020 年北京科技服务业发展水平综合得分 89.91，在十大高精尖产业排名第三①。

📖【专栏 8－2】

四措施推动北京科技服务业跨越发展

——巩固提升工程技术服务和科技金融优势行业。推动工程技术服务业国际化发展，鼓励领军企业开展高端装备、关键零部件等领域基础软件及核心模块开发，参与国际标准研制，带动投资咨询、勘察、设计、监理等相关企业面向海外市场提供服务。提升金融服务科技创新能力，打造大数据征信风控体系，建设"区块链＋供应链"综合金融服务云平台。

——加快打造研发服务、科技咨询和检验检测支柱行业。吸引领军企业设立独立研发机构。推动科技咨询数字化发展，开展数据存储、分析、挖掘和可视化技术以及理论、模型、工具和方法研究。促进检验检测服务升级，开展计量、检验检测、品质试验方法及评价方

---

① 北京市高精尖产业发展水平居全国第一梯队［N］. 北京日报，2021－8－27.

法等研究，形成相关检测标准。

——积极培育潜力行业。提升技术转移综合服务能力，建设概念验证中心、中试熟化平台。加强设计专业服务能力建设，鼓励企业进行标准制定，以及设计工具、方法、基础数据库开发，推动新材料、新技术、新工艺在设计研发中应用。推动知识产权服务高端发展，鼓励专业服务机构开展高增值服务。

——发展科技服务新业态新模式。支持互联网保险、第三方支付等科技金融新模式发展。运用新一代信息技术提升源头追溯、实时监测、在线识别、网络存证、跟踪预警等知识产权保护与服务能力。支持科技服务与智能制造融合，开展智能制造系统解决方案、流程再造等新型业务，培育服务衍生制造、供应链管理、总集成承包等新模式。

（资料来源：根据《北京市"十四五"时期国际科技创新中心建设规划》整理）

8.3.5　特征之五：软件和信息服务业与先进制造业融合加快，产生协同效益

北京软件和信息服务业与先进制造业融合互动加快，提质增效迈出坚实步伐。2020 年规模以上软件和信息服务业人均营业收入较 2015 年增长 99.1%。在融合发展中，北京软件和信息服务业得到更快发展。到 2019 年软件和信息技术服务业增加值占 GDP 比重已达 13.5%。2020 年软件和信息服务产业发展水平综合得分 85.35。

📖【专栏 8-3】

"十四五"软件和信息技术服务业发展趋势

"十三五"期间，我国软件和信息技术服务业顶层设计持续加

强，政策体系不断完善，产业规模效益快速增长，综合竞争力实现新的跃升。业务收入从 2015 年的 4.28 万亿元增长至 2020 年的 8.16 万亿元，年均增长率达 13.8%，占信息产业比重从 2015 年的 28% 增长到 2020 年的 40%。软件信息服务消费在信息消费中占比超过 50%，在新冠肺炎疫情期间，软件创新应用有力支撑了疫情防控和复工复产等工作。

《"十四五"软件和信息技术服务业发展规划》（以下简称《规划》）指出，到 2025 年软件和信息技术服务业方面：

产业基础实现新提升。基础组件供给取得突破，标准引领作用显著增强，"十四五"期间制定 125 项重点领域国家标准。知识产权服务、工程化、质量管理、价值保障等能力有效提升。

产业链达到新水平。产业链短板弱项得到有效解决，长板优势持续巩固，产业链供应链韧性不断提升。到 2025 年，工业 App 突破100 万个。

生态培育获得新发展。培育一批具有生态主导力和重要竞争力的骨干企业，建设 2~3 个有国际影响力的开源社区，建成 20 家以上高水平中国软件名园，软件市场化定价机制进一步完善，国际交流合作全面深化。

产业发展取得新成效。增长潜力有效释放，发展质量明显提升，到 2025 年，规模以上企业软件业务收入突破 14 万亿元，年均增长12% 以上。产业结构更加优化，综合实力迈上新台阶。

为顺利完成发展目标，《规划》部署了五个主要任务。一是推动软件产业链升级。围绕软件产业链，加速"补短板、锻长板、优服务"，提升软件产业链现代化水平。二是提升产业基础保障水平。重点夯实共性技术、基础资源库、基础组件等产业发展基础，强化质量标准、价值评估、知识产权等基础保障能力，推进产业基础高级化。三是强化产业创新发展能力。重点加强政产学研用联合攻关，做大做强创新载体，充分释放"软件定义"创新活力，加速模式创新、机制创新，构建协同联动、自主可控的产业创新体系。四是激发数字化发展新需求。鼓励重点领域率先开展关键产品应用试点，推动软件与生产、分配、流通、消费等各环节深度融合，加快推进数字化发展，推动需求牵引供给、供给创造需求的更高水平发展。五是完善协同共享产业生态。重点培育壮大市场主体，加快繁荣开源生态，提高产业集聚水平，形成多元、开放、共赢、可持续的产业生态。

（资料来源：根据《"十四五"软件和信息技术服务业发展规划》整理）

8.3.6　特征之六：大力发展硬科技，创新驱动北京产业高质量发展

"硬科技"是指能够提高物质产品生产效率的科学技术，是能够改进物质产品生产的材料、设备、工艺、零部件、元器件和终端产品性能的技术。"硬科技"是推进工业、环境治理和保护、信息产业、装备制造业现代化的高新技术，有利于提高我国国际产业分工地位和国际贸易竞争力。北京充分挖潜高校院所众多、科研人才聚集等资源禀赋优势，让更多的科技成果惠及产业创新发展，逐步形成产业创新驱动发展体系，拉动集成电路、新能源汽车、新材料、智能装备、节能环保等高精尖产业跨越式发展。《北京市"十四五"时期高精尖产业发展规划》提出，构建集设计、制造、装备和材料于一体的集成电路产业创新高地，建设世界级的智能网联汽车科技创新策源地和产业孵化基地，以装备的智能化、高端化带动北京制造业整体转型升级，以氢能全链条创新为突破，推进新能源技术装备产业化，打造绿色智慧能源产业集群。这些发展规划为北京高精尖产业发展带来了战略性机遇。2020 年集成电路、新能源汽车、新材料、节能环保、智能装备产业发展水平得分分别为 87.08、84.73、84、83.93、83.78。

综上所述，北京十大高精尖产业发展总体处于较高水平。北京以

建设具有全球影响力的科技创新中心为引领，促进先进制造业与新一代信息技术两化融合、先进制造业与科技服务业两业融合，促进龙头支柱产业壮大成势、关键支撑产业创新突破、创新融合产业赋能升级、前沿先导产业超前布局，从自主创新和先进制造能力两个方面，抢占全球产业基础和产业链的制高点，使北京成为中国本土高科技跨国企业的策源地、引领中国实体经济由大变强的先行区域和京津冀协同发展的增长引擎。

8.4 本章小结

本章采用建构的高精尖产业发展水平评价指标评价了北京 2020 年高精尖产业发展状况。从评价结果可知，北京十大高精尖产业均处于较高水平，高精尖产业发展呈现六个特征。特征之一：创新驱动北京经济结构不断升级，高精尖产业发展水平较高。作为全国率先提出高精尖产业发展构想的城市，北京依靠科技创新引领，着力发展技术创新能力强、辐射带动能力强的产业，加快培育掌握核心竞争力和重要知识产权的高技术企业，主动布局国家重大战略项目和前沿技术，创新驱动高精尖经济结构不断升级，北京产业结构沿着合理化、高级化的路径持续迈进。2020 年北京高精尖产业发展水平综合评分 86.33，发展水平较高。特征之二：全球数字经济标杆城市建设加速推进，数字经济创新成为北京高质量发展引擎。以人工智能、先进通信网络、超高清视频和新型显示、产业互联网、网络安全和信创、北斗、虚拟现实为代表的新一代信息技术成为北京高质量发展的引擎。2020 年北京数字经济总量 1.44 万亿元，占 GDP 比重超过 40%。2020 年北京新一代信息技术产业发展水平综合得分 90.10，在十大高精尖产业排名第一。特征之三：医药健康产业创新能力持续增强，跑出发展加速度。北京医药健康产业发力创新药、新器械、新健康服务三大方向，在新型疫苗、下一代抗体药物、细胞和基因治疗、国产高端医疗设备方面构筑领先优势，竞争力居前。到 2019 年，北京已拥有亿元品种 100 余个，医药健康领域源头创新品种全国最多；2019年，北京启动建设 5 个示范性研究型病房，创新医疗器械申请和获批数量均居全国第一。2020 年北京医药健康产业发展水平综合得分89.87，在十大高精尖产业排名第二。特征之四：科技服务业营造产业创新生态，创新环境不断优化。北京是全国首个服务业扩大开放综合试点城市，以科技创新、服务业开放和数字经济为特征建设自由贸易示范区，为北京科技服务业注入了强大动力。2019 年北京科技服务业机构总量达到 73.7 万个。截至 2020 年，科技部确定我国共有498 家"众创空间"，北京"众创空间"从业人员占全国的 13%，达到 24.7 万人，分别是广东、上海的 1.6 倍和 4.3 倍。2019 年科技服务业人均利润在北京第三产业中排名第二。2020 年北京科技服务业发展水平综合得分 89.91，在十大高精尖产业排名第三。特征之五：软件和信息服务业与先进制造业融合加快，产生协同效益。北京软件和信息服务业与先进制造业融合互动加快，提质增效迈出坚实步伐。2020 年规模以上软件和信息服务业人均营业收入较 2015 年增长99.1%。在融合发展中，北京软件和信息服务业得到更快发展。到2019 年软件和信息技术服务业增加值占 GDP 比重已达 13.5%。2020年软件和信息服务产业发展水平综合得分 85.35。特征之六：大力发展硬科技，创新驱动北京产业高质量发展。"硬科技"是指能够提高物质产品生产效率的科学技术，是能够改进物质产品生产的材料、设备、工艺、零部件、元器件和终端产品性能的技术。"硬科技"是推进工业、环境治理和保护、信息产业、装备制造业现代化的高新技术，有利于提高我国国际产业分工地位和国际贸易竞争力。北京充分挖潜高校院所众多、科研人才聚集等资源禀赋优势，让更多的科技成果惠及产业创新发展，逐步形成产业创新驱动发展体系，拉动集成电路、新能源汽车、新材料、智能装备、节能环保等高精尖产业跨越式发展。《北京市"十四五"时期高精尖产业发展规划》提出，构建集设计、制造、装备和材料于一体的集成电路产业创新高地，建设世界级的智能网联汽车科技创新策源地和产业孵化基地，以装备的智能化、高端化带动北京制造业整体转型升级，以氢能全链条创新为突破，推进新能源技术装备产业化，打造绿色智慧能源产业集群。这些发展规划为北京高精尖产业发展带来了战略性机遇。2020 年集成电路、新能源汽车、新材料、节能环保、智能装备产业发展水平得分分别为 87.08、84.73、84、83.93、83.78。综上所述，北京十大高精尖产业发展总体处于较高水平。

第9章 北京高精尖产业发展
与其他省市的比较分析

本章运用构建的高精尖产业发展水平指标体系，对全国省域的高精尖产业发展水平进行评价，重点比较了北京、上海、广东的高精尖产业。

9.1 全国省域高精尖产业发展评价

本书运用构建的高精尖产业发展水平指标体系，对全国省域的高精尖产业发展水平进行评价，得到各个省域高精尖产业的得分。对高精尖产业得分求平均值即得到该省高精尖产业发展水平的最终得分，如表9-1所示。

表9-1　　　　全国省域十大高精尖产业发展水平评价结果

省区市	新一代信息技术	医药健康	科技服务业	人工智能	集成电路	软件和信息服务	新能源汽车	新材料	节能环保	智能装备	平均得分
广东	91.33	87.28	84.28	91.28	90.18	86.83	88.63	86.12	83.24	85.83	87.50
北京	90.10	89.87	88.91	87.08	85.53	85.35	84.73	84.00	83.93	83.78	86.33
上海	84.33	88.90	86.63	86.04	86.92	82.38	87.91	85.21	81.92	90.19	86.04
浙江	85.26	81.38	78.87	80.83	74.49	83.18	73.93	75.82	73.28	80.31	78.73

续表

省区市	新一代信息技术	医药健康	科技服务业	人工智能	集成电路	软件和信息服务	新能源汽车	新材料	节能环保	智能装备	平均得分
江苏	77.83	82.91	80.14	73.90	78.90	75.29	79.17	78.17	74.20	76.31	77.68
天津	71.90	76.23	74.28	70.29	82.39	71.82	80.34	76.30	77.63	74.29	75.55
重庆	65.10	73.82	64.29	62.28	78.48	69.31	81.57	75.68	72.20	81.32	72.40
湖北	75.89	78.53	76.24	73.81	82.68	71.29	74.26	68.23	62.82	60.23	72.40
四川	70.23	81.80	72.39	72.29	75.47	74.38	71.23	65.21	61.43	68.39	71.28
山东	66.84	72.25	70.23	65.39	61.35	68.34	72.22	74.90	68.28	74.32	69.41
辽宁	64.22	72.21	63.82	67.25	71.31	64.28	69.74	73.20	68.28	76.23	69.05
安徽	79.17	70.49	65.29	78.38	72.92	73.28	65.23	62.48	63.29	58.28	68.88
湖南	64.20	68.90	65.29	61.90	68.29	61.37	73.21	74.29	63.72	80.61	68.18
陕西	68.90	69.37	62.38	60.23	71.38	70.27	70.18	58.27	63.79	75.27	67.00
河北	60.34	70.13	67.29	58.23	59.23	58.24	68.27	71.23	75.27	70.26	65.85
福建	62.28	61.28	69.30	68.23	67.29	67.18	69.23	71.86	62.93	55.27	65.49
河南	64.18	65.89	68.99	59.09	63.18	61.39	65.27	67.29	70.56	64.90	65.07
吉林	62.10	67.31	60.85	59.68	68.49	60.43	71.58	56.09	58.54	63.46	62.85
广西	56.90	62.89	58.35	54.09	55.45	54.54	70.43	71.65	59.95	69.54	61.38
黑龙江	61.20	69.39	59.32	61.09	65.10	58.20	63.29	54.76	54.24	61.29	60.79
江西	58.13	60.58	59.19	58.20	55.29	59.25	56.93	69.37	64.29	57.18	59.84
贵州	62.37	71.91	60.33	52.29	51.27	58.73	52.10	72.14	55.53	47.29	58.40
云南	48.68	68.22	58.28	49.23	54.37	52.67	54.29	53.87	62.20	58.35	56.02
山西	45.21	50.18	52.41	45.20	45.09	48.90	51.24	50.13	54.39	52.12	49.49
海南	53.19	53.11	54.25	51.91	43.24	45.29	48.20	53.20	49.10	35.24	48.67
内蒙古	38.34	34.29	48.28	42.14	49.22	45.29	47.27	59.29	48.28	41.20	45.36
新疆	37.19	38.81	54.53	48.10	47.23	49.39	47.21	44.13	41.49	43.42	45.15
甘肃	35.20	38.23	50.12	47.91	58.21	43.29	45.29	42.09	40.20	38.26	43.88
宁夏	34.39	32.68	46.40	38.29	38.29	41.67	46.23	51.20	38.78	35.92	40.39
青海	31.38	37.28	45.29	34.30	32.78	36.58	42.98	52.02	37.90	32.27	38.28

表 9 - 1 已经根据最终得分进行了排序。可以看出，北京高精尖产业发展总体上位居第一梯队，发展水平居全国第二位，这与实际发展情况相符。首先，北京市明确"四个中心"的城市战略定位，"有所为、有所不为"，推动高精尖产业进入创新发展、提质增效新阶段；其次，北京拥有全国数量最多的高等院校及科研院所，发展高精尖产业具有先天优势；再次，北京拥有代表全国领先水平的一批高技术企业和创新水平高的高科技园区，"三城一区"在北京市高精尖产业发展的过程中起到了持续研发投入、打造高精尖产品、引领市场需求的积极作用；最后，北京总部经济特征明显，拥有世界 500 强 60家，超过东京、纽约之和，实力强劲。此外，北京市营商环境水平全国最高，高技术企业创新活跃，创业氛围浓。更重要的还在于，北京市不断完善科技创新、产业创新政策，为北京产业高质量发展提供了重要保障。

　　从具体产业来看，北京已经形成以新一代信息技术和医药健康两大产业作为发展引擎，其他产业齐头并进的创新发展局面。新一代信息技术和医药健康领域的探索，是当前技术带领产业跃迁的命脉所在，而以智能化为重要特征的第四次工业革命，融合了信息、智能制造、生命科学等众多科技，不仅会促使全球产业竞争格局重新调整，也为重构全球创新体系提供了重要窗口期。北京在互联网信息科技领域进行战略部署，寒武纪、商汤科技、地平线等一批知名创新企业发展势头迅猛，产业集群初具规模。在生物医药领域，截至目前，全国有 5 支新冠疫苗进入 III 期临床试验，其中有 4 支来自北京市；全国有5 个团队的中和抗体药物获批临床试验，均来自北京市；北京市 9 个诊断试剂产品获批上市，数量也居全国第一。面向疫情的生物医药研发，是最为紧迫也是科研压力最大的领域，而高达 4/5 的占比，充分展现了北京医药健康领域的创新能力。

　　《北京市"十四五"时期国际科技创新中心建设规划》提出，在新一代信息技术产业发展上，以人工智能、区块链等底层核心技术为牵引，以先进通信网络、工业互联网、北斗导航与位置服务等应用技术为驱动，大力发展虚拟现实等融合创新技术，攻关一批底层核心技术，支撑壮大特色产业集群。人工智能领域以智能芯片、开源框架等核心技术突破为切入点，开展超大规模智能模型、算力与智算平台建设，为人工智能技术开发应用提供创新支撑。区块链领域围绕长安链底层平台和区块链专用加速芯片构成的技术底座，以先进算力、数字化等应用平台为支撑，提供适配各种场景的区块链解决方案，推动融合技术创新，培育产业应用。先进通信网络领域丰富 5G 技术应用，强化"5G＋"融合应用技术创新，开展卫星互联网芯片、核心器件和整机研制，前瞻布局第六代移动通信（6G）潜在关键技术。工业互联网领域突破数字孪生、边缘计算、人工智能、互联网协议第 6 版（IPv6）、标识解析、低功耗分布式传感等技术，夯实北京工业互联网技术自主供给能力；研发一批行业专用工业 App、知识图谱等，加速工业互联网系统解决方案迭代优化。北斗导航与位置服务领域鼓励北斗与 5G、物联网、人工智能等技术融合创新，突破关键引领技术，推动"北斗＋""＋北斗"集成应用，带动北斗产业应用发展。虚拟现实领域加快近眼显示光学系统、多元感知互动、实时位置感知融合、多维交互等关键技术攻关，推动虚拟现实联调测试验证等共性技术平台建设，推进虚拟现实技术在治安防控、教育等领域应用示范。

《北京市"十四五"时期国际科技创新中心建设规划》提出，在医药健康产业发展上，创新药、疫苗、高端医疗器械、中医药、数字医疗新业态等领域开展关键核心技术攻关和产品研发。创新药方向持续加强对新型抗体药、小分子化药、细胞和基因治疗等新机制、新靶点、新结构的原创新药的研发；加速重大疾病药物、临床短缺药物、特殊人群适用的高端制剂研发，建立新药研发孵化和加速平台，重点支持基于临床队列的新靶点发现、原创新药的研发，提高药物研发效率与成功率，支持无血清细胞培养基、商业化细胞株、一次性生物反应袋等关键原料及工艺设备的开发。疫苗方向加快布局信使核糖核酸

（mRNA）等新型疫苗技术研发，推进蛋白疫苗、载体疫苗、多价联合疫苗以及新型疫苗佐剂等技术创新和产业体系建设。高端医疗器械方向支持医用机器人、高端植入耗材、神经介入器械等特色高端医疗器械研发；支持常用研究用高端仪器设备的国产化开发；加快医疗设备和精密科学仪器的技术攻关，支持性能稳定、精密度高的医疗器械关键材料与核心部件研制。中医药方向支持新发突发传染病、重大疑难疾病、慢性病的临床研究和中药新药创新研发，持续推进中药经典名方研发，推进数字化和定量化技术在中医诊疗中的应用，提升中医临床治疗水平。数字医疗新业态方向加快推动医药健康产业与人工智能、大数据、5G 等新兴技术领域融合发展，支持数字疗法产品、人工智能辅助诊断产品等技术攻关；发挥首都临床资源优势，推动研究型医院建设，提升研究型病房临床试验能力；支持医疗卫生机构使用新技术新产品（服务）目录中的创新药和医疗器械，加速创新产品推广应用。

北京以科技创新引领高精尖产业发展，以高精尖产业发展支撑全国科技创新中心建设，努力构建高精尖经济结构，推动高质量发展。科技创新催生新技术、新产业、新业态快速成长。新一代信息技术的研发与深度应用，人工智能、新材料、节能环保、新能源汽车等新兴产业的出现，有力推动了产业结构持续优化升级，产业创新能力不断提升，企业技术水平达到了新的高度，高精尖产业正在成为北京推动经济高质量发展的重点抓手。

面向"十四五"，北京市提出在新能源智能网联汽车发展上，推动电动化、智能化、网联化的协同发展，构建新能源智能网联汽车关键技术策源地，加速释放产业发展新动能。电池技术方面重点突破全固态电池与燃料电池技术，实现全固态电池和燃料电池电堆的工程化应用。自动驾驶方面重点突破固态激光雷达、成像雷达、融合感知等先进环境感知技术，车规级芯片技术，基于域控制的电子电气架构技术，计算平台、车控操作系统等智能决策技术，基于轮毂电机的分布式驱动、高安全线控底盘等控制执行技术，并实现在车辆上的集成应用。网联汽车方面重点突破低时延高可靠车联网技术、路侧实时感知与数据处理技术、云控平台分级架构技术等，实现车辆与路侧设施的协同感知与决策，推动单车智能与网联智能动态融合，加速高级别自动驾驶车辆规模化运行。

面向"十四五"，北京市提出在智能制造上，聚焦智能机器人、无人机和智能装备等，加大产业前沿及底层正向研发技术支持力度，形成"北京智造"品牌，打造具有全球影响力的智能制造产业创新策源地。智能机器人领域重点打造仿人和仿生机器人共性技术平台，加快医疗健康机器人、特种机器人、仓储物流机器人等整机研发和关键技术突破，仿人机器人重点研究人体肌肉—骨骼刚柔耦合、多模式运动智能自主适应、双臂协同拟人化多任务作业等技术，研制刚柔机器人关节、智能仿生视觉—力觉感知单元、灵巧操作手臂等；仿生机器人重点研究仿生灵巧机构与结构设计、动态感知越障规划、多模步态生成与稳定控制等技术，研制柔性电驱关节、行走智能控制器、智能能量管理系统等；异构协同重点突破新型多机器人控制器、多传感器协同融合、多机器人智能核心控制等技术，实现异构、人—机混合多智能协同。无人机领域重点研究仿生飞行、多栖跨介质飞行、临近空间飞行、新能源高效动力与能量管理、动态场景感知与自主避让、群体作业与异构协同等关键技术。智能装备领域面向高端装备、航空航天、生物医药、新能源智能网联汽车、电子信息、数控加工等行业，聚焦通用关键零部件、智能生产线、"黑灯工厂"以及协同制造等重点方向，推动高性能敏感器件、模拟芯片、数据融合、设备互联互通、工艺流程优化与控制等底层关键技术突破，以及数字孪生、边缘计算、系统协同控制等共性技术集成创新。科学仪器与传感器领域瞄准 4D 时间分辨超快电镜技术、光子超精密制造、智能微系统等领域开展协同攻关。

面向"十四五"，北京市提出在航空航天上，从低成本可重复使用火箭和卫星互联网等方面加快技术研发，支撑"南箭北星"航空航天产业布局建设。低成本可重复使用火箭方面突破火箭垂直回收技术、200 吨级深度变推力液氧甲烷发动机技术、新型一体化电气系统综合控制技术、轻量化贮箱设计制造技术。卫星互联网方面立足卫星网络与 5G 网络融合，突破星地异构网络互联、大容量多信关站协同组网、链路覆盖增强、频谱感知干扰规避、星地资源动态实时分配等关键技术，实现卫星网络与 5G 网络、地面设备和运营服务的接入融合、承载融合、终端融合、应用融合。

面向"十四五"，北京市提出在绿色能源与节能环保上，积极落实国家 2060 年前实现碳中和战略目标，推进氢能、先进储能、智慧能源系统等领域减排降碳关键技术研发攻关。氢能领域突破可再生能源高效电解水制氢工程化技术、规模化氢能储存和输配技术、交通运载和综合供能燃料电池等关键技术和核心装备，推动氢能在 2022 年北京冬奥会、冬残奥会和京津冀燃料电池汽车示范城市群示范应用，支撑京津冀氢能全产业链布局。先进储能领域突破大容量电化学储能材料、组件及系统能量管理技术，推动吉瓦时级固态锂离子电池等规模储能装备研制和产业化。智慧能源系统领域开展能源数字化支撑技术、百兆瓦级虚拟电厂和分布式能源智能化供需调度技术、传感器件与专用芯片等方面的研发和应用，推动数字能源系统、综合能源控制、多能互补交易等技术的产业化发展，支撑低碳能源系统和综合智慧能源园区建设。

📖 【专栏 9 - 1】

上海：强化科技创新策源功能，提升城市核心竞争力

国家发改委和上海市政府联合印发《上海市建设具有全球影响力的科技创新中心"十四五"规划》（以下简称《规划》）。《规划》明确，到 2025 年，上海科技创新策源功能明显增强，努力成为科学

新发现、技术新发明、产业新方向、发展新理念的重要策源地，科技创新全面赋能高质量发展、高品质生活、高效能治理，为2030年形成具有全球影响力的科技创新中心城市的核心功能奠定坚实基础，为提升上海"五个中心"能级和城市核心竞争力提供重要支撑。

围绕总体目标，《规划》设置了"十四五"时期上海科创中心的八项主要指标：

——原始创新水平不断提高。到2025年，全社会研发经费支出相当于全市生产总值（GDP）的比例达到4.5%左右，其中基础研究经费支出占全社会研发（R&D）经费支出比例达到12%左右。技术创新能级明显提升。到2025年，全市PCT专利年度申请量达到5000件左右，每万人口高价值发明专利拥有量达到30件左右。

——产业发展动力持续增强。到2025年，全市高新技术企业数量突破2.6万家，战略性新兴产业增加值占GDP比重达到20%左右，技术合同成交额占GDP比重达到6%左右。

——体制机制改革深入推进。到2025年，外资研发中心累计达到560家左右，公民科学素质水平保持全国领先。

"十四五"期间是上海科创中心从形成基本框架体系向实现功能全面升级的关键阶段。《规划》以"强化科技创新策源功能，提升城市核心竞争力"为主线，通过"五个强化"塑造"五大优势"，为我国进入创新型国家前列提供坚实支撑。主要任务包括强化基础研究，构建原始创新先发优势；强化科技攻关，构建关键核心技术优势；强化人才服务，构建创新人才集聚优势；强化集成改革，构建创新治理制度优势；强化开放协同，构建全球创新枢纽优势。

（资料来源：根据《上海市建设具有全球影响力的科技创新中心"十四五"规划》整理）

9.2 北京、上海、广东高精尖
产业发展水平比较

需要指出的是，在全国高精尖产业发展第一梯队中，北京市高精尖的总体得分低于广东省、高于上海市。三者得分分别为 87.50、86.33 和 86.04，而排名第四的浙江省得分为 78.73，这说明广东省、北京市和上海市的高精尖发展水平与其他省市之间形成了断层带。本书重点分析广东、北京和上海三省市高精尖产业发展情况。广东、北京和上海高精尖各产业得分的柱状图如图 9-1 所示。

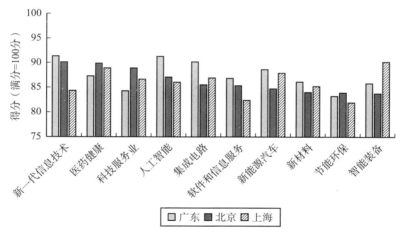

图 9-1　广东省、北京市和上海市高精尖十大产业得分柱状图

由图 9-1 可以看出，广东、北京和上海各有优势产业和相对劣势产业，但广东省的优势产业更多，在新一代信息技术、人工智能、集成电路、软件和信息服务、新能源汽车和新材料 6 个产业上均处于领先低位；北京在医药健康、科技服务业和节能环保等产业处于领先

地位；而上海的优势产业为智能装备产业。

图9-2展示了广东、北京和上海高精尖十大产业得分的雷达图。该图更加直观地展示了三省市高精尖的产业比较状况。除了柱状图所反映的信息，从图9-2还可以看出，北京没有劣势明显的产业，这表现在其雷达图在总体上较为饱满。而上海的软件和信息服务以及新一代信息技术产业短板突出，广东省的科技服务业劣势明显。相比而言，北京高精尖十大产业发展较为均衡，这为北京产业高质量发展奠定了坚实基础。

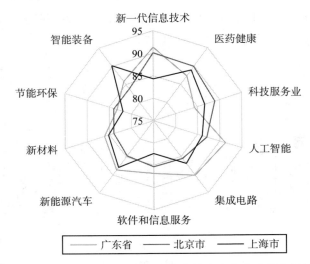

图9-2 广东省、北京市和上海市高精尖十大产业得分雷达图

9.3 本 章 小 结

本章利用构建的高精尖产业发展水平指标体系，对全国省域的高精尖产业发展水平进行评价，重点比较了北京、上海、广东的高精尖产业。北京高精尖产业发展总体上位居第一梯队，发展水平居全国第二位，原因有：首先，北京市明确"四个中心"的城市战略定位，"有所为、有所不为"，推动高精尖产业进入创新发展、提质增效新阶段；其次，北京拥有全国数量最多的高等院校及科研院所，发展高精尖产业具有先天优势；再次，北京拥有代表全国领先水平的一批高技术企业和创新水平高的高科技园区，"三城一区"在北京市高精尖产业发展的过程中起到了持续研发投入、打造高精尖产品、引领市场需求的积极作用；最后，北京总部经济特征明显，拥有世界 500 强 60 家，超过东京、纽约之和，实力强劲。此外，北京市营商环境水平全国最高，高技术企业创新活跃，创业氛围浓。更重要的还在于，北京市不断完善科技创新、产业创新政策，为北京产业高质量发展提供了重要保障。在全国高精尖产业发展第一梯队中，北京高精尖的总体得分低于广东省、高于上海市。三者得分分别为 87.50、86.33 和 86.04，而排名第四的浙江省得分为 78.73，这说明广东省、北京市和上海市的高精尖发展水平与其他省市之间形成了断层带。本章还比较分析了北京、广东、上海三省市的高精尖产业。

第 10 章　北京高精尖产业发展的
影响因素分析

当前，北京高精尖产业发展的影响因素有内在因素和外在因素两个方面。内在因素包括核心技术与研发投入、企业融资与招商引资、高素质人才；外在因素包括国家和北京市产业发展政策、发达国家出口管制及发达国家的安全审查等。

10.1　北京高精尖产业发展的内在因素

10.1.1　核心技术与研发投入

在北京高精尖产业的发展中掌握不了核心技术，就不能拥有核心技术的知识产权，生产成本就不会降低。例如，北京智能装备产业配套企业整体实力还不强，一些优势企业在系统整体技术与集成能力上有所突破，但一些核心部件的制造仍缺乏国内企业的配套支持，受制于国外企业；新材料产业的发展也是如此，当前新材料的研发、生产与应用尚未建立有效的结合机制，虽然北京新材料科研成果丰厚，但实现产业化的占比不高，且产品缺乏独创性，许多高端材料依赖进口，缺乏核心技术，市场占有率低，多数加工技术、设备来自国外，这限制了北京市新材料的进一步发展；就产品生产而言，在新能源汽

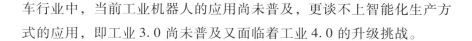

车行业中，当前工业机器人的应用尚未普及，更谈不上智能化生产方式的应用，即工业 3.0 尚未普及又面临着工业 4.0 的升级挑战。

10.1.2　企业融资与招商引资

目前北京高精尖重点产业发展虽然形成了一定的先发优势，但也要看到，产业发展的基础并不牢固，相关核心技术有待突破，配套环境尚需改善，政策体系仍需完善，因此，企业融资与招商引资显得尤为重要。例如，智能装备产业是典型的资本密集型行业，其生产设备购置、厂房建设、研发投入和生产投入均对新进入企业的资金实力提出考验，同时资金实力还会对顾客的信任、供应商的信心、销售渠道等产生较大影响，智能设备生产企业普遍面临较长的研发周期和回款周期，资金实力不足的厂商很难取得稳定的客户群，因此不具备一定规模资金支持的企业将难以进入该行业；同样，北京新材料产业的投资支持尚未形成"以点带面"的联动效应，政府多将资金投入到国企和科研机构，对民企虽然在政策上鼓励引导，但由于新材料研发周期长、风险高、耗费资金高，民营企业依然面临资金问题。

10.1.3　高素质人才

按照经济学家马歇尔的理论，除了劳动力市场共享、专业化投入和服务外，技术外溢也决定了产业聚集区的正外部性。在新兴产业聚集的区域内，新知识、新思想、新技术在这个区域内快速传播，技术人才在这个区域内相互交流，企业在这个区域内相互学习，对产业的发展起到良好的推动作用。北京高精尖产业的高端人才的储备仍显不足，一定程度上制约了发展。例如，北京智能制造专业人才培训服务体系发展滞后，高校的专业划分条块分割比较明显；再如，软件往往划归计算机学院，机械和工艺属于机电学院，控制属于电子信息工程学院，这种传统专业划分的现状为智能装备研发人才的培养带来一定困难，特别缺乏既懂装备制造又懂智能化、数字化技术应用的复合型专业人才。而比起欧美发达的科技强国，新兴产业在人才创新方面面临挑战。很多企业能够提供的各类待遇与高校人才的期待有较大差距，而且高校培养的人才可能跟市场区位分布及供需双方目标契合度有偏差。另外，高精尖产业中缺乏有经验的高端领军人才，没有形成大规模、高水平的创新团队，人才的匮乏导致产业的创新能力不足。为应对这一问题，目前北京市依托清华大学、北京大学、北京理工大学等高校，已经成为华北地区最大的研发集聚中心，吸引了大量高素质人才。

10.2　北京高精尖产业发展的外在因素

10.2.1　国家和北京市产业发展政策

在新能源汽车领域，在《中国制造2025》的宏观引领下，国家各部委相继发布推动产业发展的政策，激励汽车企业布局新能源汽车产业，体现出国家大力推动新能源汽车产业的发展决心，加上各地大规模限行措施和限购措施也对新能源汽车发展起到决定性的作用。在智能装备领域，《北京市加快科技创新发展智能装备产业的指导意见》中提出要"以智能制造装备为核心，做大产业规模，以高端能源装备为支撑，进一步优化产品结构，培育特色智能专用装备"；在人工智能领域，北京市委、市政府发布了包括《北京市加快科技创新发展智能装备产业的指导意见》在内的十大高精尖产业发展指导意见，中关村管委会发布了《中关村人工智能产业培育行动计划（2017~2020年）》，在产业环境营造、资金支持、人才服务等方面

对人工智能产业给予全方位保障；在新材料领域，北京市科委在
2017 年印发了《北京市加快科技创新发展新材料产业的指导意见》，
突破一批前沿新材料原始创新技术和关键战略材料制备技术，建设一
批国际先进的新型研发机构，引进一批全球顶尖科学家和优秀杰出创
新创业人才，实现一批重大创新成果在京转化和产业化，培育一批国
际知名新材料产品，打造一批新材料骨干龙头企业，形成一批高端新
材料产业集群，初步形成京津冀区域新材料产业联动发展新局面；在
集成电路领域，北京市政府于 2017 年颁布《北京市加快科技创新发
展集成电路产业的指导意见》，建成具有国际影响力的集成电路产业
技术创新基地，推动产业规模不断提升，产业结构不断优化，关键技
术不断突败，重点领域集成电路设计技术达到国际领先水平，先进制
造工艺对国产智能芯片支撑能力进一步提升，实现量产的国产核心装
备国际竞争力显著增强，一批骨干企业成长为行业领军企业。

10.2.2　发达国家出口管制

2018 年 6 月 15 日，美国政府首次以限制《中国制造 2025》为
名，宣布对中国 10 大类高技术产品进口加征关税，技术限制成为此
次中美贸易摩擦的核心内容。然而，除了以关税为主要工具进行的进
口限制，美国实施的高技术出口管制也是制裁中国企业的重要工具。
2018 年 8 月 13 日，美国 2018 年《出口管制改革法案》（ECRA）签
署生效，宣告此轮改革开始。此次改革对中国针对性较强，法案内容
预示着美国将在新兴技术、国防技术方面对中国加强管制，所以对于
新能源汽车产业有着较大的冲击。

虽然美国在产品层面大规模限制对华出口的可能性较小，但是在
核心零部件上收紧管制的可操作性极强。当前管制清单中的产品主要
集中于核材料、生物化学、计算机、通信、航空等领域，一旦加强管
制，十大高精尖产业中的新一代信息技术、集成电路、新材料、人工

智能、软件和信息服务以及科技服务业等产业会受到直接冲击，医药健康、智能装备、节能环保、新能源智能汽车等领域也会受到间接影响。例如，集成电路、新一代信息技术作为十大产业的基础，技术对美国高度依存。据联想集团反映，其 CPU 供应商为 INTELAMD/高通，硬盘供应商是希捷和西部数据等。这些美国公司产品具有垄断性地位，中国无同等技术和产品。如果美国扩大出口管制，对联想等企业都将造成巨大影响。清华紫光集团和京东方等北京市重点信息技术公司也做出相同表述。

而且从其他国家来看，当今世界最主要的多边出口管制机制《瓦森纳协定》，目前共有包括美国、日本、英国、俄罗斯等41个成员国（包括欧盟27个成员国），尽管其规定成员国自行决定是否发放敏感产品和技术的出口许可证，并自愿向他成员国通报有关信息，但"安排"实际上完全受美国控制。捷克政府曾批准捷克武器出口公司向中国出售"维拉"雷达系统，但在美国的压力下，取消了这一合同。美国对华出口趋势加强的管制，极易引发多边出口管制加强的连锁反应，这一情况下，北京人工智能、集成电路、新材料等产业供应链一旦被美国切断，从其他国家寻找替代产品的可行性将大幅降低。

10.2.3 发达国家的安全审查

2018 年 8 月美国政府通过《外国投资风险评估现代化法案》（FIRRMA 法案），赋予了美国外国投资委员会（CFIUS）更大的权力，提高了对外国投资者的监管力度，主要集中在一些敏感行业、技术与地域。在 FIRRMA 法案中，中国成为了 CFIUS 的"特别关注国家"。2019 年 3 月欧盟理事会正式批准了欧盟的外资安全审查制度条例（4 月 1 日起生效）。近些年来北京企业伴随着"走出去"的号召越来越多地走向了国际舞台，对外投资规模高速扩张，发达经济体的贸易保护主义不断抬头。北京未来会重点扶持十大高精尖产业发展，但是从近年来发达经济体否决中国企业投资并购的数据来看，由于CFIUS 审查而导致失败的交易大多集中在人工智能、信息技术、新能源等领域，百度、联想、京东方等信息龙头企业的投资活动早已成为CFIUS 的重点审查目标。随着北京十大高精尖产业的发展，发达经济体针对北京企业的安全审查会愈加收紧。例如，美国在 CFIUS 安全审查过程中重新界定了"关键技术"，除了传统的国防工业，FIR-RMA 将机电技术、精密仪表等新兴技术纳入了安全审查范围。此举对集成电路、智能设备、新能源汽车等产业的发展产生了影响。

10.3　本章小结

　　本章分析了北京高精尖产业发展的影响因素，包括内在因素和外在因素两个方面。内在因素包括核心技术与研发投入、企业融资与招商引资、高素质人才；内在因素包括国家和北京市产业发展政策、发达国家出口管制及发达国家的安全审查等。

第 11 章　高精尖企业技术先进性
评价模型构建

技术是推动高精尖产业发展的核心动力，是高精尖企业成长和发展的动力源泉，企业技术的水平直接决定其自身成长和发展的状态。因此，对技术进行评价，以了解技术发展趋势及动向、确定技术发展最活跃的领域，显得尤为重要。

11.1　技术先进性评价指标体系的文献研究

目前，学术界并没有明确给出技术先进性评价的概念，因此本书在参考高艳红等（2013）所提出的技术先进性概念的基础上，做进一步完善，认为当企业所采用的技术及其产品与同时期、同行业的平均技术水平相比，在降低成本、改善性能、提高品质和节能减排等方面具有突出的实质性特点和显著的进步，同时符合行业技术及其产品的发展趋势，则该技术及其产品就具有先进性。

技术先进性是通过各种评价指标来体现的。在指标体系构建过程中，由于不同行业的特点不同，评价技术先进性的指标也不尽相同，因而在评价时，本书结合高精尖企业的具体情况以及指标设计的原则，选用相应的指标作为衡量技术先进性的标准。在指标分析过程中，本书综合运用定量和定性相结合的方法，对各指标做了级别划分并赋予相应分值，为评价方法的应用提供了运算基础。

高精尖企业技术先进性评价是一项复杂工程，由于涉及的因素范围较广、数量较多，只有建立科学的指标体系，才能更加合理地反映企业的真实情况。因此，在构建高精尖企业技术先进性指标体系过程中，应根据系统论的思想与企业技术先进性的特点，将其逐级分解，构成各有侧重、相互联系，同时又能系统、综合反映企业技术先进性的评价指标体系（周晓宏，2005），以作为评价和优化企业技术先进性的依据。

为进一步分析企业的技术先进性，本书对相关文献及资料进行了梳理。由于鲜有看到单独对技术先进性进行评价的文献，更少看到针对高精尖企业技术先进性进行评价的文献，因此，本书参考了高艳红等（2013）提出的以技术性能、经济效益和社会效益为基础的技术先进性评价指标体系，归纳整理了与上述技术先进性概念相关的文献资料，同时，结合了高精尖企业的特点、现状及未来发展需要，提出本书的技术先进性评价指标体系，该指标体系着重从技术创新水平、综合利用水平和经济效益水平三个方面来对高精尖企业技术先进性进行评价。

11.1.1　技术创新水平的角度

从技术创新水平的角度，目前高技术产业已经成为创新驱动发展的主要战场，对于高精尖企业来说，技术创新是企业生存和发展的保证，可以说，企业技术创新水平的高低已经成为决定企业生存和发展的关键要素。因此，采取合理有效的技术创新战略，提高企业自身的竞争优势，获取最佳的经济和社会效益对企业来说具有重要的意义。基于这一背景，张洪（2005）从企业技术创新出发，分别从管理水平、投入水平、研发水平以及创新成果四个方面，构建了一个包含4项一级指标以及16项二级指标的企业技术创新水平评价体系；吴永林和赵佳菲（2011）以北京高技术企业总体为研究对象，构建了以技术创新投入能力、研究开发能力、消化吸收能力与技术创新产出能力四个方面为构成要素的技术创新能力评价指标体系；刘爱东（2010）根据技术创新过程中各阶段包含的关键要素，分别从创新投入能力、创新实施能力和创新实现能力三个层面，创建了共19个指标的企业技术创新能力评价指标体系。

11.1.2　综合利用水平的角度

从综合利用水平的角度，企业的可持续发展首先要确保资源可持续利用，而资源可持续利用的核心是提高资源利用效率。资源的利用效率反映出一个企业运用和整合资源的能力，资源高效配置和综合集成能有效促进企业技术进步，在一定程度上也决定着企业经济发展的水平。其中，单位GDP能耗和水耗是资源利用效率的一个重要度量方法。高艳红等（2013）将资源环境作为评价指标纳入指标体系的设计中，认为在可持续发展战略下，技术先进性对资源环境的影响主要体现在土地利用、水资源利用、稀缺资源投入以及"三废"排放等方面；为研究中国各区域单位GDP能耗的变化规律及其影响因素，董锋等（2012）分别对东部、中部、东北以及西部四大经济区域的单位GDP能耗与产业结构、技术进步和对外开放程度三大因素之间的关系进行了分析；马海良等（2012）从技术因素出发，探讨中国水资源利用效率的变化趋势，并进一步分析技术进步和技术效率对水资源利用效率产生的具体影响；钱娟和李金叶（2018）同时考虑能源消耗和CO_2排放因素，工业行业能源消耗和CO_2排放异质性以及不同技术进步路径对能源消耗和CO_2排放影响效应差异性等现实问题，从内生性视角构建了分析能源效率及其影响因素动态效应的经验模型，并以中国省际面板数据实证研究了能源价格、技术进步与能源效率之间的长期均衡关系及动态效应。

11.1.3　经济效益水平的角度

从经济效益水平的角度，随着经济全球化的发展和知识经济的到来，我国经济增长方式由资本推动型向知识推动型转变，知识在社会经济发展中的作用日益突出（曹志鹏，2013）。而对于企业来说，企业进行创新的过程就是不断地产生知识实现创新效益的过程，针对各类创新活动产生的效益主要可从经济效益与生态效益两个方面来考虑（雷倩茹等，2021）。其中，技术创新是获得最佳经济效益的途径之一，它不仅可以推动原有产业和企业的经济增长，而且还可以不断形成新的产业部门，是提高生产率和促进经济增长的驱动力（李晓宇和戴大双，2002）。基于此，本书将经济效益水平纳入高精尖企业技术先进性评价指标体系。为进一步研究技术进步的经济效益，涂正革和陈立（2019）试图基于全要素生产率和产业结构变迁的视角，来实证研究偏向性技术进步对我国经济高质量增长的影响。陈国汉（2006）采用资金利润率作为评价高技术企业经济效益的主要考核指标，认为其符合经济效益科学概念的内容，具有一定的概括性。柳卸林和张杰军（2004）通过考察我国高技术产业产出效益，认为不能简单地通过我国高技术产业增加值率这一指标来进行评价，而必须采用更有针对性、实际性和综合性的指标进行深入的分析，并指出销售利润率、人均利税和全员劳动生产率指标是更为合理的考察高技术产业产出经济效益的三个指标体系。

11.2　三维度建构高精尖企业技术性指标体系

本书通过参考权威机构发布的相关评价指标体系以及分析现有文献中影响企业技术先进性的高频率指标，同时结合我国发展现状以及高精尖企业技术先进性的特点，在遵循指标体系设计原则的基础之上，归纳凝练出包括企业技术创新水平、综合利用水平以及经济效益水平三个维度、共 16 个二级评价指标的高精尖企业技术先进性评价指标体系，见表 11 - 1。其中数据主要来源于 CSMAR 数据库、巨潮资讯网、企业年度社会责任报告、企业年度财务报告和网页资料。

表 11 - 1　　　　　　　　高精尖企业技术先进性评价指标体系

目标层	一级指标	二级指标	指标解释
高精尖企业技术先进性	技术创新水平	研发人员比重	研发人员数量占企业从业人员总数的比重
		研发投入强度	研发投入经费占企业生产总值的比重
		研发活动增长率	反映企业研发活动的增长速度
		专利授权数	每万人专利授权数量
		迭代创新能力	反映企业技术创新的速度
		人才产业匹适度	反映人才与产业的协同匹配程度
	综合利用水平	万元产值能耗	单位 GDP 的能源消耗量，反映企业能源利用水平和利用效率
		万元产值水耗	单位 GDP 的用水量，反映企业水资源利用水平和利用效率
		地均工业产值	每平方千米土地创造的 GDP，反映企业的土地利用效率
		废水排放达标率	工业废水排放达标量占其工业废水排放总量的百分比
		产品服务能力	反映企业产品技术和服务之间的平衡情况
		系统集成能力	反映企业内部相关业务信息的共享与交互情况
	经济效益水平	劳动生产率	产出（以 GDP 衡量）与投入劳动力的比值
		产值利税率	每单位产值所提供的利润税金额
		增加值比重	产品增加值占企业生产总值的比重
		收入利润率	企业实现的总利润与同期销售收入的比值

北京市高精尖企业技术先进性评价指标体系以高精尖企业技术先进性为目标，由技术创新水平、综合利用水平和经济效益水平三个方

面（一级指标）、共 16 个评价指标（二级指标）共同决定。其中，16 个二级指标包括研发人员比重、研发投入强度、研发活动增长率、专利授权数、迭代创新能力、人才产业匹适度、万元产值能耗、万元产值水耗、地均工业产值、废水排放达标率、产品服务能力、系统集成能力、劳动生产率、产值利税率、增加值比重以及收入利润率。各二级指标的定义及选取依据如下。

11.2.1　技术创新水平

技术创新是指以既有知识与技术为资源基础，开发或创造新技术、新方法的创新活动（舒贵彪，2021）。为了评价企业技术创新水平，本书从直接衡量和间接衡量两个角度构建评价指标体系。首先，从直接衡量的角度，基于技术创新的定义，从投入的资源基础以及带来的成果产出两个方面来考虑。投入的资源基础可以通过研发资金投入和研发人员投入来衡量，而研发活动增长率和专利授权数能很好地体现企业的技术研发成果，也能较好地反映企业技术创新产出水平，因此，本书采用了研发人员比重、研发投入强度、研发活动增长率以及专利授权数 4 个指标来直接衡量企业的技术创新水平。其次，从间接衡量的角度，产品的迭代创新能力可以在一定程度上反映企业技术创新的速度，而匹配度指标则反映了在一定时期内高精尖人才与产业发展的协调状况，因此，本书使用了迭代创新能力和人才产业匹适度 2 个指标来间接衡量企业的技术创新水平。

（1）研发人员比重。

研发人员比重使用高精尖企业研发人员数与总从业人员数的比重来衡量，是反映研发投入的重要指标之一。

$$研发人员比重 = \frac{高精尖企业研发人员数}{高精尖企业从业人员总数} \qquad (11-1)$$

随着现代科学技术与经济关系的日益紧密，研发创新是产业竞争力和经济活力的源泉，高精尖企业技术创新活动的顺利开展离不开企业研发，衡量研发的指标有很多，主要可分为投入和产出两类指标。其中投入指标包含资本投入和劳动力投入，而研发人员是企业进行研究开发活动的劳动力投入，主要包括参与创新活动整个过程的工程师、科学家、企业研发人员等，是企业研发创新活动中的主要参与者。研发人员比重可以直观地反映出行业的技术密集程度，也是国家认定企业是否为高新技术企业的标准之一。在科技部、财政部、国家税务总局发布的《高新技术企业认定管理办法》中明确指出企业从事研发和相关技术创新活动的科技人员占企业当年职工总数的比例不低于10%。由于高精尖产业处于高新技术产业链的顶端，更强调技术的尖端性，因而其研发人员比重的标准更高。

（2）研发投入强度。

研发投入强度使用高精尖企业研发投入经费与企业增加值的比值来衡量，是衡量研发投入的另一个重要指标。

$$研发投入强度 = \frac{高精尖产业研发投入经费}{高精尖企业增加值} \qquad (11-2)$$

研发创新对产业的竞争优势有着重要影响。首先，研发创新通过影响产业的投入产出状况以及生产要素的配置和转换效率，影响产业竞争优势，推动产业结构的调整；其次，研发创新促使产业间相互融合形成新的竞争优势；最后，研发创新还可以通过暂时的技术知识垄断来获得竞争优势。尽管研发投入强度和研发人员比重均是衡量研发投入的指标，但研发投入强度属于资本投入方面的指标，而研发人员比重是劳动力投入方面指标。资本和劳动力同等重要，是几乎所有生产函数必不可少的两种生产要素。研发活动本质上也可以看作一个生产活动，投入的是资本和劳动力，而产出的是创新成果。因此，在评价北京市高精尖企业技术先进性时，将研发投入强度指标纳入指标体系是有必要的。

（3）研发活动增长率。

研发活动增长率使用当期高精尖企业研发投入费用与上一期研发投入费用的比值减 1 来衡量，反映了企业研发活动的增长速度。

$$研发活动增长率 = \left(\frac{当期高精尖企业研发活动数量}{上一期高精尖企业研发活动数量} - 1 \right) \times 100\%$$

$$(11-3)$$

研发活动能极大地提高生产率，在现代经济中发挥着不可替代的作用。研究表明，现代经济活动中，研发活动投入回报率非常高，一般是设备投资回报率的 2~3 倍。当研发的活动成果在相关领域得到推广后，其回报率往往会超过百分之百。面对日益激烈的国际竞争，高精尖企业要在竞争中求生存、求发展，就必须积极建立自己的研发体系，形成自主开发创新能力，而研发活动的增长对于高精尖企业的发展、竞争力的提高具有十分重要的意义。因此，本书将研发活动增长率纳入高精尖企业技术先进性评价指标体系中。由于某些企业研发活动数量并未公布无法获得具体数目，因此本项目通过企业研发投入费用来间接体现企业研发活动的情况。

（4）专利授权数。

专利授权数使用报告期内每万人所拥有的创新发明专利授权数量来衡量。

$$专利授权数 = \frac{高精尖创新发明专利授权数量}{高精尖企业从业总人数} \times 10000 \qquad (11-4)$$

专利授权数反映了高精尖企业的创新产出和技术水平，体现了研发创新的最终成果，这些成果可以直接高效率地创造经济效益。如今越来越多的企业更加注重自主研发能力的提升，并且将专利申请量作为自己的核心竞争优势进行披露，专利已经成为企业核心竞争力的源泉。北京市发展高精尖产业的初衷不仅仅是要引领国内的某些产业，而且要在国际市场上与欧美等发达国家的这些产业进行竞争，从而稳固和提升我国的核心竞争力。因此，高精尖企业强调自主创新，而不是模仿创新,这就要求高精尖企业必须拥有足够的核心知识产权。而创新发明专利授权数量是目前衡量具有知识产权的创新成果的最好的指标,能够更准确地反映技术创新产出水平。因此将专利授权数纳入高精尖企业技术先进性评价指标体系中。

(5)迭代创新能力。

需求是驱动产品创新的内在动力,也是一个企业能否在激烈的市场竞争中持续健康发展的决定性因素(胡珊等,2020)。为了满足动态的市场需求,需要通过对产品不断的更新与改进,即产品迭代设计来进行产品的不断升级、换代和完善。因此,本书使用了2020年国家颁布的《智能制造能力成熟度模型(GB/T 39116 – 2020)》中设计能力要素包含的产品设计评价等级,作为本书的高精尖产品迭代创新能力评价指标。按其成熟度可划分为以下不同等级,见表11 – 2。

随着科学技术的进步,高科技产品的更新换代速度越来越快,导致产品生命周期缩短,产品价值也随之迅速衰减(孙玉玲和周晶,2007)。王永朵和鲁若愚(2004)探讨了易逝性高科技产品在更新过程中的机制与模式;田雪飞等(2007)面对高科技产品生命周期缩短的现状,探讨了高科技产品更新加速的原因,并通过分析指出,由于新产品迅速进入成长期、成熟期的同时也缩短了产品的生命周期,所以竞争情况下,高科技产品的生命周期越来越短,更新换代速度也越来越快。而在动态变化的市场环境中,迭代创新作为投入相对较少、风险相对较低的创新模式(朱晓红等,2019),成为高科技新产品开发的一种重要方式。迭代创新是指通过多次迭代方式进行快速、持续创新的一种创新模式(Dou et al.,2017)。企业通过迭代式创新不仅能够快速地更迭产品原型,而且还能满足客户现有和潜在的市场需求,形成具有高市场接受度和强产品黏性的新产品,增进新产品开发的效率(王永朵和鲁若愚,2004)。因此,迭代创新在高技术新产品开发过程中起重要作用,产品的迭代创新能力也在一定程度上反映了该企业的技术进步与创新的速度。

表 11 - 2　　　　　　　　　迭代创新能力成熟度评价指标

等级划分	一级	二级	三级	四级	五级
产品迭代创新能力	a）应基于计算机辅助开展产品设计； b）应根据用户需求，按照设计经验进行产品设计方案的策划； c）应制定产品设计过程相关规范，并有效执行	a）应基于计算机辅助开展三维产品设计； b）应通过产品数据管理系统实现产品设计数据或文档的结构化管理及数据共享，实现产品设计的流程、结构的统一管理，以及版本管理、权限管理、电子审批等； c）应实现产品不同专业或者组件之间的并行设计	a）应建立典型产品组件的标准库及典型产品设计知识库，在产品设计时进行匹配和引用； b）三维模型应集成产品设计信息，确保产品研发过程中数据源的唯一性； 示例：如尺寸、公差、工程说明、材料需求等。 c）应基于三维模型实现对外观、结构、性能等关键要素的设计仿真及迭代优化； d）应实现产品设计与工艺设计间的信息交互、并行协调	a）应基于产品组件的标准库、产品设计知识库的集成和应用，实现产品参数化、模块化设计； b）应将产品的设计信息、生产信息、检验信息、运维信息等集成于产品的数字化模型中，实现基于模型的产品数据归档和管理； c）应构建完整的产品设计仿真分析和试验验证平台，并对产品外观、结构、性能、工艺等进行仿真分析、试验验证与迭代优化； d）应通过产品设计、生产、物流、销售或服务等系统的集成，实现产品全生命周期跨业务之间的协同	a）应基于参数化、模块化设计，建立产品个性化定制平台，具备个性化定制的接口与能力； b）应基于统一的三维模型，实现产品全生命周期动态管理，满足设计、生产、物流、销售、服务等应用需求； c）应基于产品标准库和设计知识库的集成和应用，实现产品高效设计； d）应建立产品设计云平台，实现用户、供应商等多方信息交互、协调设计和产品创新

（6）人才产业匹适度。

在大力实施产业转型、转变经济增长方式的大背景下，高精尖人才队伍建设受到学术界越来越多的关注（邓今朝等，2021）。高精尖人才与产业的匹配程度不仅影响人才效能的发挥，也在一定程度上影响高精尖产业的发展。邓今朝等（2021）从产业协调的视角，分析湖北省技能人才结构与产业发展之间的匹配程度；吴婷和易明等（2019）通过梳理以往的文献后，分析指出劳动资源合理且有效地配置能够促进产业结构升级、技术创新以及全要素生产率的增长，同时认为，在引进培育人才的同时，更需要打造良好的市场、产业和制度环境，实现人才与其他生产或创新资源的有效匹配，此外也要兼顾区域间人才配置的协调。此外，产业结构的持续升级必然要求人才结构持续性优化与之协同匹配，因此，张延平和李明生（2021）为了评价我国各区域人才结构与区域产业结构的协调适配程度，基于协同学理论思想，构建了协调适配的评价指标体系，提出了协调适配的评价方法。由此可见，人才结构优化和产业结构升级的协调适配，不仅有利于打造高精尖人才队伍，而且能保障高精尖产业的健康发展。为此，本书借鉴了邓今朝等（2021）提出的匹适度指标，为使其更加适用于高精尖企业的人才和产业之间的实际情况，提出了本书的高精尖人才产业匹适度指标：

$$P = \begin{cases} \dfrac{(\sqrt{i^2} - \sqrt{j^2})}{\sqrt{i^2 + j^2}}, & ij > 0 \\[4mm] \dfrac{(\sqrt{i^2} + \sqrt{j^2})}{\sqrt{i^2 + j^2}}, & ij < 0 \end{cases} \qquad (11-5)$$

其中，i 和 j 分别为高精尖企业科技从业人员（包括研发人员和科技人员）数目增加值和高精尖产业增加值，其分别代表了人才变化速度和产业变化速度。当 P 为零时，表明高精尖人才与产业发展同方向变化且变化相同，完全匹配；该指标数值越大，则说明高精尖人才与产业发展越不协调。匹配度指标反映了高精尖人才与产业发展在量上的对应变化关系，也反映了在一定时期内高精尖人才和产业增长之间的协调状况。

11.2.2 综合利用水平

科技创新资源的综合利用水平反映出一个企业运用和整合科技创新资源的能力，合理的资源配置有助于提升企业的技术先进性。为了评价企业的综合利用水平，本书从自然资源和社会资源两个角度构建评价指标体系。首先，从自然资源的角度，能源和水资源都是不可再生的自然资源，为了确保高精尖企业的可持续发展，就必须要坚持绿色发展理念，此外，土地作为重要的自然资源，对土地资源的有效利用将有助于进一步推动高精尖产业的发展。因此，本书采用了万元产值能耗、万元产值水耗、地均工业产值以及废水排放达标率 4 个指标来衡量企业的自然资源利用水平。其次，从社会资源的角度，产品与服务创新是大部分制造企业服务化战略转型的必然选择，从传统的产品导向发展模式向产品与服务组合的服务导向发展模式的转型将有利于实现企业的可持续发展，此外，系统集成作为一种新兴的服务方式，可在纵向持续深化和横向不断整合的基础上有效实现企业内部资源的共享，因此，本书使用了产品服务能力和系统集成能力两个指标来衡量企业的社会资源利用水平。

（1）万元产值能耗。

万元产值能耗使用高精尖产业能源消耗量与高精尖企业生产总值的比值来衡量。

$$万元产值能耗 = \frac{高精尖产业能源消耗量}{高精尖企业生产总值} \tag{11-6}$$

着眼于北京市经济的长远发展，经济的发展不能以环境的破坏为代价，因此高精尖产业必须坚持绿色发展理念，进而确保高精尖企业的可持续发展。此外，在全球应对气候变化的形势日趋严峻的背景下，中国把应对气候变化作为国家重大战略纳入国民经济和社会发展的中长期规划，对于降低二氧化碳排放有了清晰的路径，即 2030 年前实现碳排放达峰、2060 年前实现碳中和。在此背景下，能源利用水平和效率成为衡量高精尖企业技术先进性的必然要求。万元产值能耗指标具有两个方面的内涵：第一，由于碳排放主要来自化石能源消耗，因此降低能耗强度对于节能减排有重要意义，低能耗强度是高精尖产业与传统产业的一种重要差别；第二，能耗强度同时也反映了能源利用效率，是全要素生产率的一个重要组成部分，而较高的能源利用效率也是高精尖产业区别于传统产业的另一个特征。

（2）万元产值水耗。

万元产值水耗使用高精尖产业水资源消耗量与高精尖企业生产总值的比值来衡量。

$$万元产值水耗 = \frac{高精尖产业水资源消耗量}{高精尖企业生产总值} \qquad (11-7)$$

创新对于发展的驱动作用不仅体现在经济发展与结构优化上，还应该体现在科技创新引发的资源能源节约和生态环境改善等经济社会可持续发展方面。而能源和水资源都是不可再生的资源，又是支撑国民经济快速增长的动力。因此，提高资源的有效利用效率，是保证可持续发展的必要条件。高精尖产业总体上属于环境友好型和资源集约型产业，对用能、用水等要素资源的依赖度较低，通过万元产值水耗能很好地反映高精尖企业水资源的利用效率，负向体现了企业的可持续发展能力。

（3）地均工业产值。

地均工业产值使用高精尖企业生产总值与高精尖企业的土地总面积的比值来衡量。

$$地均工业产值 = \frac{高精尖企业生产总值}{高精尖企业的土地总面积} \qquad (11-8)$$

对于高精尖产业而言，土地资源的有效利用和合理配置是实现产业发展的重要环节。北京市政府出台的相关土地政策，一方面，满足了高精尖产业发展对土地资源的需求，为其相关产业扩张提供了前提；另一方面，减少了低技术、高污染产业土地资源的供给，促使这些产业技术进步与创新，以进一步加强节约与资源综合利用。土地利用率是反映土地利用程度的数量指标，它主要取决于土地的自然条件、生产关系与社会制度以及经济条件与技术利用水平。为了强调技术对土地利用率的作用，本书参考了韩峰（2012）提出的土地利用效益指标，将其中的地均工业产值纳入高精尖企业技术先进性评价指标体系。

（4）废水排放达标率。

废水排放达标率使用高精尖企业工业废水排放达标量与高精尖企业工业废水排放总量的比值来衡量。

$$废水排放达标率 = \frac{高精尖企业工业废水排放达标量}{高精尖企业工业废水排放总量} \times 100\%$$

$$(11-9)$$

在可持续发展战略下，技术先进性对资源环境的影响也体现在工业废水排放方面。工业废水的减排是降低工业污染的一个重要环节，可因技术条件而改变，采用先进技术可有效减少工业废水排放量。工业废水排放达标率是指经其所有排污口排到企业外部，并稳定达到国家或地方排放标准的工业废水总量占外排工业废水总量的百分比。其中，工业废水排放达标量是指全面达到国家或地方排放标准的外排工业废水量，工业废水排放总量是指经过企业厂区所有排放口排到企业外部的工业废水量。本书参考了高艳红等（2013）以及贾泽慧和黄洁茹（2021）研究的技术进步对我国工业废水排放的影响，认为在如今提倡绿色发展的大环境下，环境污染的影响效应研究具有重要意义，为了改善环境状况，要加强创新驱动生产力发展，加快发展先进技术，减少工业废水排放，进一步实现绿色经济。因此，将废水排放达标率纳入高精尖企业技术先进性评价指标体系中。此外，由于某些企业并未公布废水排放的相关信息导致无法获得具体数据，因此本书在实例分析部分采用企业所公布的废弃物综合利用率（如京东方企业）、氮氧化物排放量降低率（如康拓红外企业）来代替该指标。

（5）产品服务能力。

随着经济增长与社会发展方式的转变，促进经济、社会、环境可持续协调发展是企业面临的外在需求（胡有林和韩庆兰，2018）。通过服务化创新实现与顾客共创价值成为制造企业获取新的竞争优势的内在动力。从提供单纯产品向产品与服务组合的服务化转型，实现顾客、企业等利益相关者共赢和社会效益、环境效益兼得，产品服务系统被认为是一种可持续的商业模式创新（Bocken et al., 2014）。刘宇熹和谢家平（2015）研究指出我国制造业企业必须利用自身在资金、技术、产业链上的优势，基于产品制造体系衍生出新的产品与服务融合的新商业模式，寻求产品技术和产品服务之间的平衡。由此可见，服务从最初被视为有形产品的附加部分已经转变为与产品互补的不可或缺部分，因此，本书使用了 2020 年国家颁布的《智能制造能力成熟度模型（GB/T 39116－2020)》中服务能力要素包含的产品服务评价等级，提出了本书的产品服务能力评价指标。按其成熟度可划分为以下不同等级，见表 11－3。

表 11－3 产品服务能力成熟度评价指标

等级划分	一级	二级	三级	四级	五级
产品服务	a）应制定产品服务规范，并有效开展现场运维及远程运维指导服务； b）应对产品故障信息进行统计，并反馈给设计、生产、销售部门	a）应具有产品故障知识库和维护方法知识库，为服务人员提供现场运维和远程运维操作指导； b）应通过信息技术手段对产品使用信息进行统计，并反馈给相关部门	a）产品应具有数据采集、存储、网络通信等功能； b）产品服务系统应具有产品运行信息管理、维修计划和执行管理、维修物料及寿命管理等功能，并实现与设计、生产、销售等系统的集成	a）产品应具有数据传输、故障预警、预测性维护等功能； b）应建立远程运维服务平台，提供远程监测、故障预警、预测性维护等服务； c）远程运维平台应对装备/产品上传的运行参数、维保、用户使用等数据进行挖掘分析，并与产品全生命周期管理系统、产品研发管理系统集成，实现产品性能优化与创新	a）产品应具有自感知、自适应、自优化等功能； b）应通过云平台，整合跨区域、跨界服务资源，构建服务生态

（6）系统集成能力。

系统集成是基于企业已实现上下游系统之间的互联互通，对企业内部的设计、工艺、生产、销售、采购、质量、仓储、物流、服务等业务及信息进行互联、互操作，实现企业内部资源的共享。基于互联互通建立企业大数据平台、工业云平台、企业知识库（设计、工艺、设备故障维修等）等企业数据库平台，分析数据建立数据模型，借助数据模型优化设计、生产、物流、仓储等流程（李清江，2020）。本书借鉴了 2020 年国家颁布的《智能制造能力成熟度模型（GB/T 39116－2020）》中技术能力要素包含的集成能力评价等级，提出了本项目的系统集成能力评价指标。按其成熟度可划分为以下不同等级，见表 11－4。

表 11－4　　　　　　　　　系统集成能力成熟度评价指标

等级划分	一级	二级	三级	四级	五级
系统集成能力	应具有系统集成的意识	a）应开展系统集成规划，包括网络、硬件、软件等内容；b）应实现关键业务活动设备、系统间的集成	a）应形成完整的系统集成架构；b）应具有设备、控制系统与软件系统间集成的技术规范、工业软件的接口规范等	应通过中间件工具、数据接口、集成平台等方式，实现跨业务活动设备、系统间的集成	应通过企业服务总线（enterprise service bus，ESB）和实时数据仓库（operational data store，ODS）等方式，实现全业务活动集成

11.2.3　经济效益水平

本书在企业技术先进性经济评价指标的设计中，主要从经济活动的投入与产出两个部分来构建评价指标体系。其中，投入部分主要考虑了劳动力投入、经营与管理的投入，分别构建了劳动生产率和产值利税率两个指标，而产出部分则采用增加值比重和收入利润率两个指标来分别反映企业降低中间消耗的经济效益以及企业的获利能力，体现了企业投入产出的效果。

（1）劳动生产率。

劳动生产率使用高精尖产业增加值与高精尖企业从业人员总数的

比值来衡量。

$$劳动生产率 = \frac{高精尖产业增加值}{高精尖企业从业人员总数} \times 100\% \qquad (11-10)$$

价值创造是左右商业活动最基本的行为之一，即企业以一定资源投入，实现尽可能高的产出。然而，并不是所有产业都具有相同的价值创造效率。事实上，整个人类社会的发展都伴随着劳动生产率的提高，通过使用新技术、淘汰旧技术，使经济结构始终朝着劳动生产率高的产业发展。劳动生产率反映了产业价值创造效率的高低，拥有较高劳动生产率的产业，通常具备产业竞争中的某些优势或至少在某段时间内拥有相对优势。从产业结构转型来看，劳动力资源通常是从规模报酬已经处于递减状态的产业向规模报酬正处于递增状态的产业转移，而高于一般水平的劳动生产率也是一个产业正处于规模报酬递增状态的一种表现形式。因此，发展高精尖经济，必然要把握劳动生产率高的产业，通过促进这部分产业的发展带动整体经济的高速发展，通过高效价值创造提升经济发展质量。

（2）产值利税率。

产值利税率使用报告期内高精尖企业实现的利润、税金总额与高精尖企业同期生产总值的比值来衡量。

$$产值利税率 = \frac{高精尖企业利税金总额}{高精尖企业生产总值} \times 100\% \qquad (11-11)$$

无论是实现经济体制的转变，还是实现增长方式的转变，其基本要求或根本目的都是为了提高经济效益，而产值利税率是表现经济效益大小的重要指标。税收反映企业对整个社会所做贡献。税收与企业的经营状况和经济效益具有直接联系。产值利税率是反映企业税收状况、经营状况的重要指标，体现了企业的全面经济效益和对国家财政所做的贡献，该指标数值越高，说明企业的经营状况越好。

（3）增加值比重。

增加值比重使用高精尖产品增加值与高精尖企业生产总值的比值

来衡量。

$$增加值比重 = \frac{高精尖产业增加值}{高精尖企业生产总值} \tag{11-12}$$

增加值是指企业在报告期内以货币形式表现的生产活动的最终成果，是企业全部生产活动的总成果扣除了在生产过程中消耗或转移的物质产品和劳务价值后的余额，是企业生产过程中新增加的价值。高精尖产业增加值比重是北京市高精尖产业发展水平最直接的表现，它反映了高精尖企业的规模，提升高精尖产品增加值是企业发展高精尖产业的一个目标。高精尖产品发展既要有"数量"，又要有"质量"，而"数量"是通过增加值比重体现的。

（4）收入利润率。

收入利润率使用高精尖企业实现的总利润与企业同期的主营业务销售收入的比值来衡量。

$$收入利润率 = \frac{高精尖企业实现的总利润}{高精尖企业同期的销售收入} \times 100\% \tag{11-13}$$

收入利润率是反映高精尖企业获利能力的重要指标。该指标直接反映高精尖企业主营业务销售收入与利润之间的关系，间接反映技术先进性对高精尖企业获利能力的影响。这项指标越高，说明高精尖企业销售收入获取利润的能力越强，采用的技术也就越先进。因此，将收入利润率纳入高精尖企业技术先进性评价指标体系中。

11.3　高精尖企业技术先进性评价模型构建

11.3.1　数据的初始处理

由于选取的评价指标类型不同，数据之间的量纲和量纲单位不一致，因此无法将其直接进行比较。为了消除不可比性，我们首先需要对指标值进行无量纲化处理，使其成为可比的实际评价值，本书采用极值法对原始数据做标准化处理，其公式如下：

$$x'_{ij} = \frac{x_{ij} - x_{\min}}{x_{\max} - x_{\min}} \qquad (11 - 14)$$

另外，基于指标的不同类型还要对数据进行不同的处理。一般而言，指标依据评价的目标取向可分为 3 类：一是效益型指标，也称正向指标，值越大效用越好；二是成本型指标，也称负向指标，值越小效用越好；三是适中型指标，也称中性指标，值越接近于某一固定值效用越好。由于在上述技术先进性评价指标体系中，"万元产值能耗""万元产值水耗"和"人才产业匹适度"这三项指标为负向指标，因此还需要对其分别进行同向化处理。同向化处理采用求补法，即使用该指标标准化后的得分与 1 的差作为同向化后的得分，其公式如下：

$$x'_{ij} = \frac{x_{ij} - x_{\min}}{x_{\max} - x_{\min}} - 1 \qquad (11 - 15)$$

本书将标准化处理后的数据再进行归一化，并将处理后的数据作为指标在该年度的得分，再以 2015 年作为基年，将 2015 年的各项得分均调至 60 分。

此外，针对具有评价等级的指标，通过参考 2020 年国家颁布的《智能制造能力成熟度模型（GB/T 39116 - 2020）》中的等级评价标准，并根据被评价企业公布的年度报告、社会责任报告以及每年的实际情况给出一个评价等级。该标准采用五等级制，自低向高分别为一级（规划级）、二级（规范级）、三级（集成级）、四级（优化级）和五级（引领级），其中较高等级的要求涵盖了低等级的要求。五个等级分别对应范围在 0 ~ 1 之间的分数，每个等级与得分的对应关系如表 11 - 5 所示。

表 11 - 5   等级与得分的对应关系

评价等级	得分
五级（引领级）	$0.8 \leqslant S < 1$
四级（优化级）	$0.6 \leqslant S < 0.8$
三级（集成级）	$0.4 \leqslant S < 0.6$
二级（规范级）	$0.2 \leqslant S < 0.4$
一级（规划级）	$0 \leqslant S < 0.2$

五个等级的含义如下：

一级（规划级）：企业应开始对实施智能制造的基础和条件进行规划，能够对核心业务活动（设计、生产、物流、销售、服务）进行流程化管理。

二级（规范级）：企业应采用自动化技术、信息技术手段对核心装备和核心业务活动等进行改造和规范，实现单一业务活动的数据共享。

三级（集成级）：企业应对装备、系统等开展集成，实现跨业务活动间的数据共享。

四级（优化级）：企业应对人员、资源、制造等进行数据挖掘，形成知识、模型等，实现对核心业务活动的精准预测和优化。

五级（引领级）：企业应基于模型持续驱动业务活动的优化和创新，实现产业链协同并衍生新的制造模式和商业模式。

11.3.2　指标权重的确定

评价模型的赋权方法可分为主观赋权法和客观赋权法两大类。主观赋权法指人们对分析对象的各个因素按照其重要程度，依照经验主观来确定权重，这类方法较成熟，但客观性较差，目前使用较多的是专家咨询法、层次分析法以及模糊综合评价法等。而客观赋权法指对实际发生的资料进行整理、计算和分析，从而得到权重，该方法相对主观赋权法而言形成较晚，如熵权法、主成分分析法、离散系数法、CRITIC 法和因子分析法等，相比于主观赋权法，客观赋权法更具有客观性，能够更好地对结果进行解释。因此，本书选择采用客观赋权法中的熵权法对数据进行处理分析，该方法通过利用信息之间的变异性来确定指标权重。

　　熵权法是一种由各项指标值所提供信息的大小来确定指标权重的客观赋权方法。熵最初是热力学中的一个状态参量，1948 年香农将熵的概念引入信息论，用熵来度量信息源发出信息的不确定性程度，由此产生了信息量化及转换模型的理论基础。

　　在信息论中，熵可视为对系统无序化程度的量度。信息量越大，不确定性就越小，熵也就越小；反之熵就越大。由于熵的特性，可通过计算熵值的大小来判断一个方案的随机性和无序程度，或利用熵值来判断某个指标的离散程度。熵权法就是利用熵的特性由各项指标反馈信息量的大小来赋予相应权重，相对主观赋值法，熵权法精度较高，客观性更强，能够解释所得到的结果，能在一定程度上排除人们的主观随意性，使过去凭经验和类比法等处理实际问题的做法转向数学化、科学化。其具体计算步骤如下：

　　（1）计算第 i 年第 j 项指标的比重 y_{ij}：

$$y_{ij} = \frac{x'_{ij}}{\sum\limits_{i=1}^{m} x'_{ij}} \qquad (11-16)$$

其中，x'_{ij} 表示第 i 年指标 j 的标准化值，m 为年数，即 6。

　　（2）计算指标信息熵 e_j：

$$e_j = -K \sum_{i=1}^{m} (y_{ij} \times \ln^{y_{ij}}) \qquad (11-17)$$

其中，K 为常数，$K = 1/\ln^m$。如果 $y_{ij} = 0$，则定义：

$$\lim_{y_{ij} \sim 0} y_{ij} \ln^{y_{ij}} = 0 \qquad (11-18)$$

　　（3）计算信息熵冗余度，即效用值 d_j：

$$d_j = 1 - e_j \qquad\qquad (11-19)$$

（4）计算指标权重 w_j：

$$w_j = \frac{d_j}{\sum\limits_{j=1}^{n} d_j} \qquad\qquad (11-20)$$

根据熵的可加性，可以利用二级指标的权重按比例来计算对应的一级指标的权重数值。此外，二级指标组内权重为各指标在组内的占比情况。

在确定了指标权重之后，通过将标准化和同向化后的数据乘对应的权重，可计算出高精尖企业技术先进性的最终数值，最后对最终结果进行分析和评价。

11.4　本 章 小 结

本章建构了包括企业技术创新水平、综合利用水平以及经济效益水平三个维度、共 16 个二级评价指标的高精尖企业技术先进性评价指标体系。16 个二级指标包括研发人员比重、研发投入强度、研发活动增长率、专利授权数、迭代创新能力、人才产业匹适度、万元产值能耗、万元产值水耗、地均工业产值、废水排放达标率、产品服务能力、系统集成能力、劳动生产率、产值利税率、增加值比重以及收入利润率。

与其他技术先进性指标相比，本书增加了反映高精尖产业特质的指标：迭代创新能力——反映企业技术创新的速度；人才产业匹适度——反映人才与产业的协同匹配程度；产品服务能力——反映企业产品技术和服务之间的平衡情况；系统集成能力——反映企业内部相关业务信息的共享与交互情况，等等，这样建构的指标更能反映高精尖产业的技术先进程度。

第 12 章　高精尖企业市场成熟度评价模型建构

为了评价高精尖企业市场发展状况对企业创新绩效的影响，本书从市场规模、市场结构和市场潜力三个维度，对高精尖企业市场成熟度进行了建模分析。

12.1　市场成熟度评价指标的文献综述

成熟度是一套管理方法论，它能够精炼地描述一个事物的发展过程，通常将其描述为几个有限的成熟级别，每个级别有明确的定义、相应的标准以及实现的必要条件，它体现了事物从一个层次到下一个层次层层递进不断发展的过程。市场成熟度是评价和衡量市场相对于完全成熟而言所处状态的标准，它反映了企业运用新技术研发出的产品在导入市场后，其市场规模、市场结构和市场潜力相对于预期成熟目标的满足程度，是度量产品从诞生到成熟的整体发展状态和发展完善程度的方法（王礼恒等，2016）。

成熟的科技市场对于促进高精尖企业科技水平的发展，进而促进经济发展有着重要的作用。首先，科技市场的存在能够促进高科技成果的快速转化，促进创新主体进行技术创新，促进先进技术在各行各业中扩散；其次，科技市场的健康发展还有利于促进科研活动市场化、科技产品商业化、高新技术集群化以及产业化。因此，把科技市场作为促进科技资源合理配置的重要手段，努力探索和完善科技市场的调节机制，充分发挥市场机制的资源配置作用，是我国建设创新型国家过程中面临的十分紧迫的战略任务。

由于市场本身的特殊性，在构建高精尖企业市场成熟度的指标体系过程中，选取的指标必须能直接或间接反映市场成熟度，同时其本身还需具有合理性和有效性。此外，市场成熟度指标体系的建立还要考虑上述指标设计应当遵循的目的性、系统性、科学性、可操作性和精简性原则。首先，指标体系的构建要根据高精尖企业的实际情况有目的地进行设计；其次，指标体系能够全面系统地反映市场的各个方面，同时指标之间要避免重复和交叉；再次，整个评价过程要建立在科学性的基础上，并且指标体系在各个企业主体间能够进行比较；最后，指标数据在现实中可获得，且数据来源真实可靠。本书在参考王礼恒等（2016）提出的产业成熟度评价方法中市场成熟度评价的基础上作进一步完善，使其更加适用于高精尖企业的实际情况。

目前，已有相关研究对市场成熟度进行了分析。吴腾宇（2013）从理想的科技市场模型出发，结合现实数据的可得性，构建了科技市场成熟度模型的基本框架。该框架的评价体系从市场和政府两个方面构建了市场主体、中介机制和政府保障三个维度，总共 18 个指标。其中，在市场方面包括市场主体和中介机制两个维度，市场主体维度主要反映了科技市场中微观主体的数量和活力，共包含参与科技生产的人员数量、专利授权比例和核心科技产品比例等 6 个指标。谢新和程晓莉（2014）对我国高技术产业市场结构与技术创新的关系进行了探讨，为了分析何种市场结构更有利于我国高技术产业进行技术创新，在技术创新方面，分别选取创新产出指标和创新投入指标来代表技术创新水平；在市场结构因素方面，采取勒纳指数代表市场竞争程度，并通过负二项分布回归模型，对我国高技术产业市场结构与技术创新的影响进行了实证分析。王礼恒等（2016）在新兴产业发展成熟规律的基础上，结合系统工程和数据决策方法，提出了产业成熟度评价模型及指标体系，从产品成熟度和市场成熟度两个方面，构建了一个包含 5 项一级指标和 12 项二级指标的产业成熟度指标体系。其中，市场成熟度从市场规模、市场结构以及市场潜力三个维度进行描述，并进一步将其具体为市场收入、从业人数、市场集中度、市场占有率、产品竞争力以及进入壁垒 6 个二级评价指标。为了把握新兴前沿技术的发展趋势，栾春娟和程昉（2016）基于专利组合分析方法，选取技术颠覆潜力和技术成熟度两项综合指标来探索技术的市场潜力测度与预测方法。其中，技术颠覆潜力指标的设计，不仅考虑了专利权人的专利组合布局，而且综合了专利技术对后来技术发展的影响，更重要的是还结合了专利的新技术特征分析等多个因素，反映了新兴技术对现有技术市场带来的革命性变革；技术成熟度指标考虑了一个技术领域专利数量的多少、该技术领域发展时间的长短、该技术领域在全球范围已经发展到的水平等多个因素，反映了技术在当前知识产权市场的普及程度。唐晓燕（2011）利用产业组织理论，使用理论分析与实证分析相结合的方法来分析中国高新技术产业市场结构与技术创新的关系。王楠等（2017）采用修正的标准差估计方法，实证分析了研发投入、市场结构对高技术企业绩效的影响，指出高技术企业的研发投入会对企业绩效起到显著的促进作用，在集中度较低的市场中竞争程度的减弱会强化研发投入对企业绩效的促进作用，然而在集中度较高的市场中市场结构的调节作用并不显著。赵莹（2019）通过搜集我国 2009～2016 年高技术产业相关数据，实证分析各省市高技术企业的对外贸易情况，市场结构对企业创新绩效的影响。叶祥松和刘敬（2018）认为政府与市场都是配置科技资源的手段，两者是互补而不是替代关系，并采用中国省级面板数据实证检验了政府支持与技术市场发展对科技创新效率的作用机制与作用效果，最后得出要发挥政府支持对提高科技创新效率的促进作用，必须大力发展技术市场。文春艳（2020）针对转轨经济过程中产品市场竞争机制、要素市场竞争机制和企业进入退出竞争机制对我国制造业企业全要素生产率的影响路径进行了研究分析。陈金丹和王晶晶（2021）实证研究了本土市场规模对产业数字化技术创新效应的影响，进一步区分数字化投入和市场需求的来源，探究产业数字化及其与市场规模交互项对技术创新的异质性影响。

12.2　三维度构建高精尖企业市场成熟度评价指标体系

　　综上所述，为了确保指标选取的科学性，本书通过参考权威机构发布的相关评价指标体系以及现有文献中影响企业市场成熟度的高频率指标，同时结合企业市场成熟度的特点，在遵循指标体系设计原则的基础之上，归纳凝练出包括市场规模、市场结构和市场潜力三个方面、共 9 个二级评价指标的高精尖企业市场成熟度评价指标体系，见表 12-1。其中数据主要来源于 CSMAR 数据库、《中国电子信息产业统计年鉴》、企业年度社会责任报告、企业年度财务报告和网页资料。

表 12-1　　　　　　高精尖企业市场成熟度评价指标体系

目标层	一级指标	二级指标	指标解释
高精尖企业市场成熟度	市场规模	总资产增长率	反映企业在市场中的发展速度
		科技从业人员比重	反映企业在市场中的主体规模
		市场需求	反映企业在市场中的潜在规模
	市场结构	市场集中度	反映企业的竞争和垄断程度
		市场占有率	反映企业在市场的竞争地位
		产业市场匹适度	反映产业与市场的匹配程度
	市场潜力	核心科技产品比重	反映产品核心竞争力
		出口总额增长率	反映企业在国际市场的发展潜力
		政府参与程度	反映政府维护市场发展的力度

北京市高精尖企业市场成熟度评价指标体系以高精尖企业市场成熟度为目标，由市场规模、市场结构和市场潜力三个方面（一级指标）、共9个评价指标（二级指标）共同决定。其中，9个二级指标包括总资产增长率、科技从业人员比重、市场需求、市场集中度、市场占有率、产业市场匹适度、核心科技产品比例、出口总额增长率以及政府参与程度。各二级指标的定义及选取依据如下。

12.2.1　市场规模

市场规模主要是研究目标产品或产业的整体规模，为了评价企业的市场规模，本书使用总资产增长率、科技从业人员比重以及市场需求三个指标来分别反映企业在市场中的资产规模、主体规模和潜在规模。

（1）总资产增长率。

总资产增长率使用高精尖企业总资产与上一期总资产的比值减1来衡量。

$$总资产增长率 = \left(\frac{当期总资产}{上一期总资产} - 1 \right) \times 100\% \qquad (12-1)$$

总资产反映了企业在市场中的资产规模，而总资产增长率则是从发展的角度来看高精尖企业在市场中的发展速度，总资产增长率越高，表明企业在一定时期内资产经营规模扩张的速度越快，体现了企业经济发展的潜在能力。

（2）科技从业人员比重。

科技从业人员比重使用高精尖企业研发人员与高精尖企业从业总人数的比值来衡量。

$$科技从业人员比重 = \frac{高精尖企业研发人员、科技人员}{高精尖企业从业总人数} \qquad (12-2)$$

人是创新活动的主体，科技创新人才是创新活动的载体，是知识的拥有者、传播者和创造者，与创新密不可分。人才是一种战略资源，它不仅能带来直接的创新成果，而且能促进创新成果的传播和推广。高精尖企业科技人才的多少不仅决定了该企业在市场中科技创新潜力的大小，而且也体现出市场主体规模的大小。因此，本书将科技从业人员比重纳入高精尖企业市场成熟度评价指标体系。

（3）市场需求。

对高精尖产品来讲，市场需求即潜在客户的需求量，潜在客户的需求量必须足够大，并且稳定才能获得投资利润，高精尖产业化才能得以实现。高精尖技术产业化的核心是高精尖技术产品符合社会需要，有广阔的市场前景。高精尖产品进入市场，有一个由小变大的过程，但只要符合社会需要，市场前景就是良好的，高精尖产品就能顺利地大量生产，逐步地占领和扩大市场，从而实现高精尖产品向商品化转化（卢文光，2008）。市场需求是战略性新兴产业培育与发展的关键性因素（熊勇清等，2015），因此，本书将市场需求作为反映市场规模的评价指标之一，它包括了出口和本土市场需求两个方面，用主营业务的市场需求增长率来衡量。

$$出口和本土市场总需求 = 高精尖产品出口销售总额$$
$$+ 高精尖产品本土销售总额 \qquad (12-3)$$

$$市场需求增长率 = \left(\frac{本年出口和本土市场总需求}{上年出口和本土市场总需求} - 1 \right) \times 100\%$$
$$(12-4)$$

12.2.2　市场结构

市场结构是指企业市场关系（交易关系、竞争关系、合作关系）的特征和形式。在市场结构指标体系设计过程中，本书主要考虑了市场集中度、市场占有率和市场产业匹适度三个指标来分别反映企业的竞争程度、垄断程度以及产业与市场发展的协调程度。

（1）市场集中度。

市场集中度使用该高精尖产业的相关市场内某一上市企业所占市场份额（如生产量、销售量以及资产总额等）来表示。

$$市场集中度 = \frac{高精尖产业中某一上市企业的销售量}{同一高精尖产业上市企业的销售总量} \quad (12-5)$$

市场结构的优化与否则直接反映了其市场发展水平的高低，而市场集中度是决定市场结构最基本、最重要的因素，集中体现了企业的竞争和垄断程度。市场集中度是指在某一特定产业中，少数大企业的生产量、销售量以及资产总额等方面对某一行业的支配程度，反映了特定产业的竞争或垄断程度。一般而言，市场集中度与技术先进性之间存在一定程度的正相关关系，尤其在市场集中度较低的产业群中，市场集中度的提高会明显提高科技进步效率。该指标数据来源于中国银河证券研究院。

（2）市场占有率。

市场占有率使用在同一个高精尖产业中，用某高精尖企业的销售额与该产业上市企业中主要竞争者（一般是相对于三个主要竞争者）的销售总额的比值来衡量。

$$市场占有率 = \frac{高精尖产业中某一企业的销售额}{同一产业上市企业中主要竞争者的销售总额}$$

$$(12-6)$$

一般情况下，市场占有率有三种衡量标准：一是整体市场占有率；二是为所服务的市场占有率；三是相对市场占有率。由于整体市场占有率和为所服务的市场占有率的计算需要庞大的数据资源，考虑到数据获取的可行性，本书的市场占有率是指相对市场占有率。相对市场占有率是指高精尖企业某产品的市场占有率与同行中主要竞争者的市场占有率的比值，不仅反映了该企业相对于同行业竞争对手的市场成长速度，同时也反映了市场上高精尖企业之间竞争程度的强弱变化。一般来说，相对市场占有率越高，企业的竞争力越强，在市场竞争中越具有相对优势，企业宜采用稳定发展的战略，以巩固现有市场占有率；反之，相对市场占有率越低，企业的竞争力越弱，在市场上越处于相对不利的地位。

（3）市场产业匹适度。

高精尖市场与产业的匹配程度在一定程度上影响着高精尖产业的健康发展。本书在参考了邓今朝等（2021）提出的人才产业匹适度指标的基础上，根据高精尖企业的实际情况对其作进一步修改，提出了本书的高精尖产业市场匹适度指标：

$$F = \begin{cases} \dfrac{(\sqrt{i^2} - \sqrt{j^2})}{\sqrt{i^2 + j^2}}, & ij > 0 \\[4mm] \dfrac{(\sqrt{i^2} + \sqrt{j^2})}{\sqrt{i^2 + j^2}}, & ij < 0 \end{cases} \qquad (12-7)$$

其中，i 和 j 分别为总资产增加值和高精尖产业增加值，其分别代表了资产规模的发展速度和产业变化速度。当 F 为零时，表明高精尖产业与市场发展同方向变化且变化相同，完全匹配；该指标数值越大，则说明高精尖产业与市场发展越不协调。匹配度指标反映了在一定时期内高精尖产业与市场发展在量上的对应变化关系和协调状况。

12.2.3　市场潜力

在构建市场潜力评价指标体系过程中，本书在参考已有文献的基础上，主要从核心竞争力、国际影响力和宏观环境三个方面来考虑，分别采用核心科技产品比重、出口总额增长率和政府参与程度三个指标来反映企业在市场上的竞争潜力、在国际市场上的发展潜力以及政府维护高精尖产业市场发展的力度与参与度。

（1）核心科技产品比重。

核心科技产品比重使用高精尖企业在报告期内专利授权中发明专

利数量占专利授权总数量的比值。

$$核心科技产品比重 = \frac{专利授权中发明专利数量}{专利授权总数量} \quad (12-8)$$

专利授权数是一个地区专利主管部门通过审查，依据专利法授权发明人和设计人对该项发明创造享有专有权的数量，包括发明、实用新型和外观设计三类，其中，发明专利最能体现一个企业自主创新能力，它既是一种无形的知识财产，又能通过工业生产和制造转化成现实财富，反映了高精尖产品在市场上的核心竞争力，是衡量高精尖企业科研产出质量和市场应用水平的综合指标。

（2）出口总额增长率。

出口总额增长率使用高精尖企业当期主营业务出口销售总额与上一期出口销售总额的比值减1来衡量。

$$出口总额增长率 = \left(\frac{当期企业出口销售总额}{上一期企业出口销售总额} - 1 \right) \times 100\%$$

$$(12-9)$$

出口额反映的是高精尖企业在出口与内销之间的权衡抉择，从数量维度上衡量了高精尖企业对出口市场的参与程度。高精尖产品出口额是一个地区的高精尖产品在国际范围影响力的重要体现，也是高精尖产业发展中至关重要的环节。出口总额增长率反映了出口额的变动情况，体现了高精尖企业的国际影响力和在国际市场上的发展潜力，该指标值越大，说明高精尖企业越具有较快的市场扩张与发展潜力。

（3）政府参与程度。

为促进科技市场不断发展必须有政府的干预。这是由于政府作为高精尖市场调控主体这个角色，指挥着高精尖产业发展的方向，同时也保障了高精尖市场的良好运行。政府机构担当了市场秩序监督者的角色，其主要职责是制定相关法律法规，严格执行相关法律法规赋予的市场监督的权利和义务，利用宏观调控手段克服市场失灵，扶持关键科技领域保持科技市场的持续健康发展（吴腾宇，2013）。

政府投入研发是指一个地区的全部研发资金中来自政府资助的额度，来自政府的研发资金比例体现了政府对于科技发展的支持。该指标从资金层面反映了政府的服务驱动作用，以及维护高精尖市场发展的力度和参与度。因此，本书将政府参与程度作为市场潜力的评价指标之一，使用北京市政府研发投入费用增长率来间接反映北京市政府对该市高精尖市场环境的影响。该指标使用北京市年度研究与试验发展（R&D）经费投入数据。

$$政府研发投入费用增长率 = \left(\frac{当期政府研发投入费用}{上一期政府研发投入费用} - 1 \right) \times 100\%$$

$$(12-10)$$

12.3　高精尖企业市场成熟度评价模型构建

数据的初始处理：在进行评价之前，本书对数据进行标准化处理以达到量纲的一致，并将标准化处理后的数据再进行归一化处理，将处理后的数据作为指标在该年度的得分。

指标权重的确定：本书在第 11 章中已分别介绍了主、客观赋权法的特点，基于客观赋权法的优势，本书在高精尖企业市场成熟度评价中选择采用客观赋权法中的熵权法对数据进行处理和分析，并根据第 10 章中所述熵权法的计算步骤来确定指标权重。此外，本书以 2015 年作为基年，将 2015 年的各项得分均调至 60 分，其余各年做相应的调整。

市场成熟度评价：在确定了指标权重之后，通过将标准化后的数据乘对应的权重，以计算出高精尖企业市场成熟度评价的最终数值，最后对结果进行分析和评价。

12.4 本章小结

　　市场成熟度是评价和衡量市场相对于完全成熟而言所处状态的标准，它反映了企业运用新技术研发出的产品在导入市场后，其市场规模、市场结构和市场潜力相对于预期成熟目标的满足程度，是度量产品从诞生到成熟的整体发展状态和发展完善程度的方法。本书提出的高精尖企业市场成熟度评价指标体系着重从市场规模、市场结构和市场潜力三个维度对高精尖企业市场成熟度进行评价，包括9个二级评价指标的高精尖企业市场成熟度评价指标体系。其中，9个二级指标指总资产增长率、科技从业人员比重、市场需求、市场集中度、市场占有率、产业市场匹适度、核心科技产品比重、出口总额增长率以及政府参与程度。与其他技术先进性指标相比，本书增加了反映高精尖产业特质的指标：科技从业人员比重——反映企业在市场中的主体规模；产业市场匹适度——反映产业与市场的匹配程度；核心科技产品比重——反映产品核心竞争力；政府参与程度——反映政府维护市场发展的力度，等等。这样建构的指标更能反映高精尖产业的市场成熟程度。

第13章　北京高精尖企业技术先进性与市场成熟度的实证分析

——以京东方为例

随着《中国制造2025》战略以及相关配套政策陆续出台，中国制造业正加快向智能制造转型升级，智能制造已经成为制造业升级发展的大趋势。作为北京市智能制造业的龙头企业，同时也是中国制造业的先进代表，京东方科技集团股份有限公司（以下简称"京东方"）在智能制造发展的进程中处于前列，并使中国显示产业实现了从无到有、从有到大、从大到强的飞跃，受到政府以及国家的高度重视。因此，本书以京东方为例，首先分析京东方的整体发展情况，然后运用技术先进性评价模型和市场成熟度评价模型分别对该企业2015～2020年的技术先进性和市场成熟度进行深入分析和评价。

13.1　京东方的企业整体发展现状分析

京东方前身是一个老军工企业——北京电子管厂，创立于1993年4月，2001年在深圳证券交易所A股上市，是一家为信息交互和人类健康提供智慧端口产品和专业服务的物联网公司，核心事业包括显示器件、智慧系统和健康服务。截至2020年12月，京东方员工总人数为76459人，2020年营业收入为1355.53亿元，在北京、合肥、成都、重庆、福州、绵阳、武汉、昆明、苏州、鄂尔多斯以及河北等地拥有多个制造基地，子公司遍布美国、德国、英国、法国、瑞士、日本、韩国、新加坡、印度、俄罗斯、巴西和阿联酋等 19 个国家和地区，服务体系覆盖欧、美、亚、非等全球主要地区。

13.1.1 行业地位分析

京东方属于智能制造企业中的电子信息行业，其发展最好最快的是显示器件领域。自 2014 年，京东方启动了有限、相关、多元的战略转型，由单一显示器件业务向显示器件（display device business）、智慧系统（smart system business）和健康服务（healthcare service business）三大板块齐头并进，即 DSH 战略，实现了软硬融合、应用整合及服务化转型，并经过多年的奋斗在行业中站稳脚跟。如表 13 – 1 所示，其在电子信息百强企业中排名逐渐上升，在 2017 年进入电子信息百强企业前十。

表 13 – 1　　　　　　　　2015 ~ 2020 年电子信息百强企业排名

	2015 年	2016 年	2017 年	2018 年	2019 年	2020 年
京东方企业排名	11	13	10	10	9	9

资料来源：根据电子信息产业网 2015 ~ 2020 年资料整理。

京东方在显示器件领域堪称行业的龙头企业，显示器件主要应用在平板电脑、笔记本、电视、显示产品和智能手机等领域。目前，全球每四个智能终端就有一块显示屏来自京东方，其超高清、柔性和微显示等解决方案已广泛应用于国内外知名品牌。全球市场调研机构 Omdia 数据显示，2020 年，京东方在智能手机液晶显示屏、平板电脑显示屏、笔记本电脑显示屏、显示器显示屏以及电视显示屏等五大

应用领域出货量均位列全球第一，其全球市场占有率如图 13 – 1
所示。

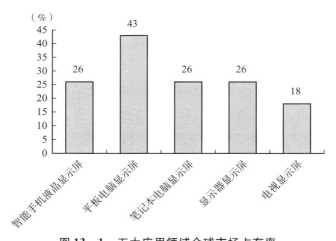

图 13 – 1　五大应用领域全球市场占有率

资料来源：专业研究咨询机构 Omdia 2020 年度数据。

13.1.2　发展战略分析

（1）物联网发展战略。

物联网时代为显示器件提供了更广阔的市场应用新空间，对京东
方来说无疑迎来了巨大的发展契机。2014 年，京东方提出了"DSH"
物联网转型战略，在显示器件事业（D）基础上，发展了智慧系统事
业（S）和健康服务事业（H）。2016 年，京东方创新性地提出了
"开放两端 芯屏气/器和"的物联网发展战略，逐步形成了以"模式
创新，平台发力"为特点的物联网生态路径。

——所谓"开放两端 芯屏气/器和"的物联网发展战略，是通过
将芯片、显示器件、软件和内容、功能硬件和谐地组合起来，形成一
个人与人、人与物、物与物相连的价值创造系统。

——所谓模式创新，京东方围绕物联网转型发展战略，基于对未

来半导体显示发展及物联网细分应用市场的思考，进一步优化变革公司组织机制、创新商业模式，将原有 7 个事业群进行整合，构建了以半导体显示为母舰，Mini LED、传感器、智慧系统、智慧医工等事业为巡洋舰层，智慧金融、工业互联网等融入物联网场景的驱逐舰层的"1＋4＋N"融合发展航母事业群，实现了业务向半导体显示产业链和物联网各场景价值链的延伸。

——所谓平台发力，一是京东方将全球领先的显示、传感和系统器件核心能力，应用到交通、家居、办公、安防、教育、通信等领域，打造出从面板到模组到整机再到服务的一体化产业平台；二是通过构建京东方智慧系统创新中心，将软硬融合技术开发平台、新型材料与装备产业转化平台、产品与服务营销推广展示平台、国际人才交流与培训平台、开放的技术与市场合作平台融为一体，同时聚焦智慧车联、智慧零售、智慧金融、智慧医工、工业互联网、智慧城市公共服务 6 大产品，与产业伙伴们共建生态、共创机会、共享价值。

作为推进物联网转型的关键抓手，智慧系统创新中心在航母事业群建设过程中发挥着重要的平台作用，是京东方联合上下游伙伴，开展软硬融合技术开发、市场品牌推广、供应链转化落地、人才引进培训、产品技术开放合作的沃土。截至 2020 年底，创新中心已在重庆、成都以及青岛等城市相继签约落地，并与超过 500 家合作伙伴在智慧金融、智慧车联、智慧园区、智慧零售、智慧城市公共服务以及工业互联网等领域开展了深度合作，为 50 多个场景类型提供了高质量的解决方案。

（2）智能制造转型升级战略。

物联网以及信息系统的快速发展，对制造业的影响十分重要，智能制造转型升级对于京东方的转型发展而言也是不可或缺的一部分，实现智能制造成为公司发展的重要战略之一。

在全面实现智能制造的重要战略之下，京东方制定了智能制造转型升级的策略，即首先通过产线自动化提升生产效率，再通过数据可视化，利用数据指导实现真正的智能化、模块化、柔性化生产。

京东方以智能制造先导线的方式切入，率先在苏州建立起行业领先的智能制造先导线（示范线），先试先行，并将以此为基础不断升级优化，积累经验，陆续推进合肥、苏州、重庆等地智能工厂的智能制造转型。

京东方建设先导线是向智能制造转型的初级阶段，下一阶段则将在此基础上实现生产数据的可视化，通过 RFID、条码传感器等技术跟踪产品物料进程，采集温度湿度、压力、扭力等数据，并将数据、产品质量与生产设备建立起对应的关系；继而基于大数据，用数据挖掘手段以及数据统计分析方法，评估产品质量与设备之间的关系，根据质量情况、订单情况以及生产现场的工艺参数和工艺设备进行自动调整，实现生产数字化（虚拟制造＋实体制造），最终实现客户、产品、制程、设备、供应商的互联互通，真正实现智能化。

在产线自动化阶段，京东方将首先上线比较成熟的模块，比如自动仓储系统、自动搬运输送系统，以及 MES 系统、ERP 系统等信息系统，充分利用自动控制技术、互联网相关软件以及 RFID、通信等技术，充分实现模块化。

在柔性化生产阶段，则会陆续上线生产排程系统、数据挖掘系统等相对高级的系统。由于涉及大数据挖掘与分析，在这一阶段主要需要相应的数据挖掘分析工具以及管理软件等技术，除此之外考虑到绿色环保趋势，还需要能源管理软件及系统等。目前，京东方正进行相关技术的储备，并根据运行效果不断对先导线进行优化，进一步实现柔性化。

13.2　京东方的企业技术先进性评价

本书首先根据高精尖企业技术先进性评价指标体系，利用客观赋权方法计算了京东方企业技术先进性指标权重（保留四位小数位），见表 13 – 2；其次以 2015 年作为基年，测算了 2015～2020 年京东方企业技术先进性的得分，见图 13 – 2；最后对结果进行分析和评价①。

表 13 – 2 　　　　　　　　　京东方企业技术先进性指标权重

目标层	一级指标	指标权重	二级指标	组内权重	综合权重
高精尖企业技术先进性	技术创新水平	0.3767	研发人员比重	0.1024	0.0386
			研发投入强度	0.1171	0.0441
			研发活动增长率	0.2507	0.0944
			专利授权数	0.1662	0.0626
			迭代创新能力	0.0085	0.0032
			人才产业匹适度	0.3550	0.1337
	综合利用水平	0.3111	万元产值能耗	0.1582	0.0492
			万元产值水耗	0.1504	0.0468
			地均工业产值	0.4284	0.1333
			废弃物综合利用率	0.2171	0.0675
			产品服务能力	0.0144	0.0045
			系统集成能力	0.0315	0.0098
	经济效益水平	0.3122	劳动生产率	0.1935	0.0604
			产值利税率	0.3066	0.0957
			增加值比重	0.3051	0.0953
			收入利润率	0.1948	0.0608

　　根据上述指标权重，测算 2015～2020 年京东方企业技术先进性的得分情况。从整体结果来看，京东方企业技术先进性情况总体呈上升趋势，2020 年相较于 2015 年有大幅度的提升，其得分从 2015 年的 60 分增长到 2020 年的 70.35 分，年平均增长率 2.07，这说明京

---

① 本章关于高精尖企业评价数据均来自京东方上市公司年报。

东方企业整体发展态势良好，见图 13 – 2。

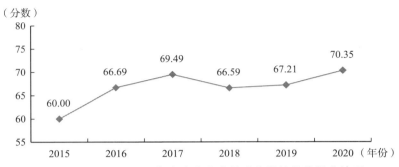

图 13 – 2　2015~2020 年京东方企业技术先进性总体得分情况

从雷达图 13 – 3 可以看出，由于 2015 年是基年，因此该年各个指标均为 60 分。而其余各年度中 3 个一级指标对总得分的贡献程度不尽相同。2016 年技术创新水平和经济效益水平的得分分别为 69.81 分和 67.14 分，对 2016 年整体分数的提升有很大作用；2017 年经济效益水平有所下降，但综合利用水平大幅提升，较 2016 年增加了 8.86 分，这也是 2017 年总体得分上升的主要原因；而 2018 年技术创新水平和综合利用水平得分分别为 64.91 分和 70.12 分，相比于 2017 年分别下降了 7.46 分和 1.18 分，使得 2018 年总体得分有所下降。总体而言，虽然 2019 年的经济效益水平有所下降但整体得分也较高，2020 年各个指标的得分都比较高，这表明京东方企业在 2015 年到 2020 年间得到了较好的发展。图 13 – 3 展示了京东方企业技术先进性的内容。

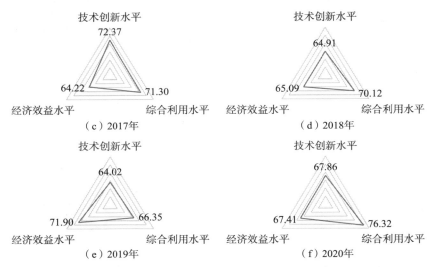

图13－3　2015～2020年京东方企业技术先进性一级指标得分情况

　　本书根据高精尖企业技术先进性指标体系，在技术先进性总体得分的基础上，采用2015～2020年的数据分别对京东方企业的技术创新水平、综合利用水平和经济效益水平3个一级指标的动态变化进行了测算，见图13－4。数据表明，京东方企业技术先进性三大基础指标总体上发展良好，技术创新水平前期上升幅度较大，后期有所下降，但最终呈现上升趋势，综合利用水平总体上有较大幅度提升，经济效益水平发展有一定的波动。

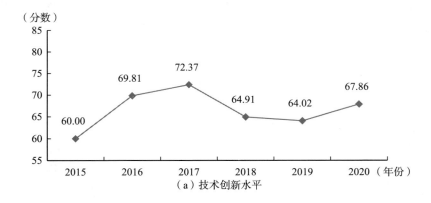

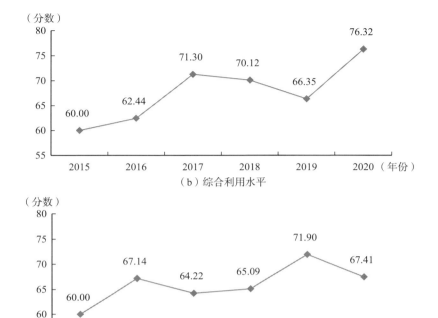

（b）综合利用水平

（c）经济效益水平

图 13 - 4　2015～2020 年京东方企业技术先进性一级指标变化情况

根据上述评价结果可知，京东方企业技术先进性总体呈上升趋势，且发展势态较好，这与实际发展情况相符。

首先，在技术创新方面：（1）京东方高度重视创新人才的培育，积极与各大院校开展校企合作、职业指导、校园赛事等项目，不仅为培育技术型、创新型人才提供了支撑，而且也为企业和社会持续输送发展动力。截至 2020 年，京东方员工总数为 76459 人，研发人员为 19694 人，研发人员占比 25.76%，本科及以上员工占比 37%。（2）京东方通过持续的技术和产品创新始终保持产品竞争力和市场地位处于业内领先水平，其专利持有量位居全球业内前列，呈稳固上升趋势。截至 2020 年底，京东方累计拥有可使用专利超 7 万件，在年度新增专利申请中，发明专利超 90%，海外专利超 35%，覆盖美国、欧洲、日本、韩国等多个国家和地区。（3）京东方始终坚持将技术创新作为企业发展的第一驱动力，围绕核心事业持续开展研发。截至 2020年，京东方企业研发投入费用 94.41 亿元，同比增长 13.77%。

其次，在综合利用方面：（1）京东方秉持绿色发展理念，确立"引领绿色发展，共创美好生活"的绿色发展愿景，致力于在生产运营的各个环节持续开展行之有效的环保行动，不断完善环境管理体系，助力国家低碳化发展目标。为提升资源能源使用效率，京东方投入了大量资金、技术开展各类节能减排项目，2020 年京东方开展了节能项目 316 项，环保设备设施改造升级项目 15 个，有效减少了水、电、天然气等各项资源的使用量，单位面积能源消耗量和淡水消耗量持续下降。（2）京东方始终以客户体验为驱动，不断创新服务方式，维护与客户良好的关系，及时响应诉求，提升客户满意度，通过严格的质量管理和优质的服务，力求为客户带来可靠可信的高品质体验。2020 年京东方客户投诉处理率 100%，客户满意度 9.36 分（10 分制）。（3）京东方严格遵循"创新引领、战略制胜，价值创造、系统运作"的价值观和管理方法论进行内部控制，建立"客户导向、驱动业务成功、基于全流程"三道风控防线的管理体系，防范系统性风险。同时，京东方还建立了以信念系统、边界系统、诊断式控制系统、交互式控制系统四个控制杠杆为基础的内控框架，四个杠杆互相协调、动态平衡、有效运营，保证了公司战略的实现。

最后，在经济效益方面：在复杂的国内外发展环境下，京东方在危机中育新机，在变局中开新局，积极应对挑战，把握发展机会，实现了营业收入持续增长，2020 年实现营业收入约 1355.53 亿元，同比增长约 16.80%，同时实现归属于上市公司股东的净利润约 50.36亿元，同比增长约 162.46%。显示器件市场地位稳步提升，整体销量同比增长 18%，智能手机液晶显示屏、平板电脑显示屏、笔记本电脑显示屏、显示器显示屏以及电视显示屏等五大主流产品销量市场占有率继续稳居全球第一。

综上所述，京东方利用所获得的资金和资源紧紧围绕国家制定的产业发展战略在全国范围内进行全系列生产线布局和创新投入，不仅打破了液晶显示行业长期以来受制于外企垄断的局面，还拉动了整个行业上下游的发展，同时依靠自身长期持续不断的自主创新，提高了产品质量和核心竞争能力，提升了国际影响力和全球竞争力，具有较强的技术创新能力。

13.3　京东方的企业市场成熟度评价

　　本书首先根据高精尖企业市场成熟度评价指标体系，运用客观赋权方法计算了各级指标权重（保留四位小数位），见表 13 - 3；其次以 2015 年作为基年，测算了 2015 ~ 2020 年京东方企业的市场成熟度得分情况，见图 13 - 5；最后结合最终结果分析和评价了京东方企业的市场成熟度。

表 13 - 3　　　　　　　　京东方企业市场成熟度指标权重

目标层	一级指标	指标权重	二级指标	组内权重	综合权重
高精尖企业市场成熟度	市场规模	0.3028	总资产增长率	0.5240	0.1586
			科技从业人员比重	0.1997	0.0605
			市场需求	0.2763	0.0837
	市场结构	0.2608	市场集中度	0.3084	0.0805
			市场占有率	0.3107	0.0810
			产业市场匹适度	0.3808	0.0993
	市场潜力	0.4364	核心科技产品比重	0.2870	0.1252
			出口总额增长率	0.3515	0.1534
			政府参与程度	0.3615	0.1577

　　根据上述指标权重，测算 2015 ~ 2020 年京东方企业市场成熟度

的得分情况。从整体结果来看，京东方企业市场成熟度情况总体呈上升趋势，2020 年相较于 2015 年有较大的提升，其得分从 2015 年的 60 分增长到 2020 年的 64.03 分，年平均增长率 0.81，整体发展态势良好，见图 13-5。

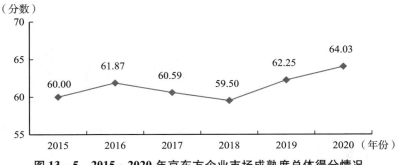

图 13-5　2015~2020 年京东方企业市场成熟度总体得分情况

从雷达图 13-6 来看，由于 2015 年是基年，因此 2015 年各个指标均为 60 分。各年度中 3 个一级指标对总得分的贡献程度不尽相同。2016 年市场规模的得分为 76.42 分，对 2016 年整体分数的上升有很大作用；而 2017 年和 2018 年市场规模分别为 57.38 分和 55.30 分，分别比上一年下降了 19.04 分和 2.08 分，这也是 2017 年和 2018 年总体得分有所下降的主要原因。总体而言，2019 年和 2020 年各个指标的得分都比较高，这表明京东方企业在 2015 年到 2020 年间得到了长足的、全面的发展。图 13-6 展示了京东方企业市场成熟度的内容。

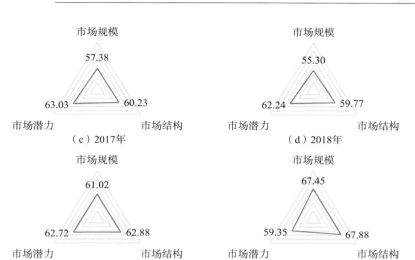

图 13 – 6　2015～2020 年京东方企业市场成熟度一级指标得分情况

本书根据高精尖企业市场成熟度指标体系，在市场成熟度总体得分的基础上，采用 2015～2020 年的数据分别对京东方企业的市场规模、市场结构和市场潜力 3 个一级指标的动态变化进行了测算，见图 13 – 7。数据表明，京东方企业市场成熟度三大基础指标总体上呈上升趋势，市场规模方面有所波动，但整体发展呈上升势态，市场结构方面取得了积极进展，市场潜力方面发展相对稳定。

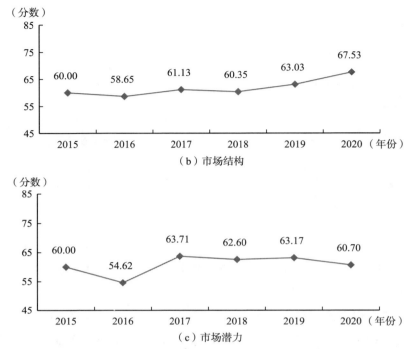

（b）市场结构

（c）市场潜力

图 13 - 7　2015～2020 年京东方企业市场成熟度一级指标变化情况

根据上述评价结果可知，京东方企业市场成熟度总体呈上升趋势，且发展势态较好，这与实际发展情况相符。

（1）在市场规模方面：京东方积极参与显示产业整合重组，2020 年成功完成产线并购，进一步扩大规模优势，实现市场、技术、区域三方卡位，行业龙头地位进一步巩固。同时，为进一步推进物联网转型发展，京东方启用了全新的发展平台——智慧系统创新中心，将其作为推动物联网转型发展的关键抓手和重要引擎。

（2）在市场结构方面：2020 年，在新冠肺炎疫情席卷全球、对全球经济造成巨大冲击的大环境下，企业坚持创新驱动，显示事业显示器件销售逆势增长，全年显示器件销量同比增长 18%，五大主流产品显示屏出货量和销售面积市场占有率稳居全球第一，创新应用产品中穿戴、ESL、电子标牌、拼接、IoT 金融应用市场占有率稳居全球第一。

（3）在市场潜力方面：京东方的专利布局能力持续提升，2020年度新增专利申请超 9000 件，柔性 OLED、传感、人工智能、大数据等创新领域新增专利申请超 4500 件，新增专利授权超 5500 件，其中海外授权超 2300 件，在国际赛事中，京东方分别在文字识别、行为识别等 5 项人工智能技术国际行业赛事中获得第一名。京东方的医疗影像、智慧视窗等业务在市场开拓、客户导入、新产品及新技术研发等方面取得突破，其中医疗影像业务在海外市场进一步取得突破，韩国市场出货同比增长超 30%，并与欧美医疗设备龙头企业及全球第一大探测器企业建立合作。此外，中国多个地方政府都为京东方提供了众多的优惠和支持，良好的政策环境以及大力度的政府补贴不仅有利于企业的经营效率和自生能力的提高，而且对企业研发投入具有长期的激励作用。

在信息时代，面板已经成了各种终端显示必不可少的组件。经过十多年的发展，中国面板产业已经崛起，并持续领先全球面板产能，目前我国已经成为全球 LCD 产能第一的国家，其中京东方已经成为全球第一大 LCD 供应商。2020 年，京东方实现了营收净利逆势快速增长、智慧系统创新事业快速推进、整合收购南京中电熊猫和成都生产线以及首次跻身 Brand Finance 2021 年全球品牌价值 500 强榜单等多个成就，这表明京东方始终保持产品技术的前瞻性和领先性，不断巩固其市场地位和国际影响力。综上所述，京东方通过创新奠定坚实的技术基础，利用科技的力量支撑自身业务领域和市场规模的不断扩大，始终保持较强的产品竞争力，市场地位处于业内领先水平且市场发展势态较好。

13.4　京东方的企业综合分析与评价

高精尖企业技术与市场要素协同创新是推动产业发展的关键，本书通过对京东方企业技术先进性与市场成熟度的分析，综合上述两者的评价结果，认为京东方依靠自身长期持续不断的自主创新，有效提高了企业核心竞争力以及国际影响力，具有坚实的技术基础以及较强的技术创新能力，为其保持在显示事业的市场领先地位提供了保障。此外，京东方经过多年的发展，产业布局优势明显，在显示事业方面具有较强的市场竞争力，为其进一步提高技术创新水平提供了支撑。

京东方是目前中国显示技术产品领域涉足最全面、综合实力最强的企业之一，虽然企业的市场发展势态较好，但仍有较大的提升空间。由于面板产业的特性在于其供需情况总是呈现周期性变化，据过往的规律显示，每隔 12～24 个月就会有一个价格的波峰和波谷出现，因此，企业存在主营业务依赖于面板行业市场的风险。为进一步稳固市场地位、扩大市场规模，近年来，京东方通过开展创新业务布局来寻找新的增长点。2020 年，京东方建立了基于显示和传感核心能力、向半导体显示产业链和物联网各场景价值链延伸的"1+4+N"航母事业群，"1"即半导体显示事业，"4"主要包含传感器及解决方案事业、Mini LED 事业、智慧系统创新事业以及智慧医工事业，是企业布局未来的主营业务，"N"则是融入物联网场景的具体业务。从上述战略布局来看，京东方的"4"就是企业的创新业务，为了进一步了解这 4 大创新业务目前的发展状况，本书对企业 2021 年的半年报进行了分析。据显示，在京东方 2021 年上半年的营业收入中，97.57% 的营业收入来自显示事业，相比于上年同期的 97.42% 有一定的提高，而智慧系统创新事业和智慧医工事业分别占 0.66% 与 0.81%，相比上年同期的占比均有所缩小，MLED 事业则仅占 0.24%，还处于起步阶段。这说明京东方仍高度依赖显示事业，其创新事业还比较薄弱，未来，京东方应在巩固显示事业市场地位的同时进一步加快其创新事业的转型发展，尽快调整企业整体布局以提升综合市场竞争力。

13.5　本　章　小　结

　　本章以京东方为例，首先分析京东方的整体发展情况，然后运用技术先进性评价模型和市场成熟度评价模型分别对该企业 2015～2020 年的技术先进性和市场成熟度进行深入分析和评价。从结果来看，京东方企业技术先进性情况总体呈上升趋势，2020 年相较于 2015 年有大幅度的提升，其得分从 2015 年的 60 分增长到 2020 年的 70.35 分，年平均增长率为 2.07，这说明京东方企业整体发展态势良好。根据高精尖企业技术先进性指标体系，在技术先进性总体得分的基础上，采用 2015～2020 年的数据分别对京东方企业的技术创新水平、综合利用水平和经济效益水平 3 个一级指标的动态变化进行了测算。评价表明，京东方企业技术先进性三大基础指标总体上发展良好，技术创新水平前期上升幅度较大后期有所下降，但最终呈现上升趋势，综合利用水平总体上有较大幅度提升，经济效益水平发展有一定的波动。京东方利用所获得的资金和资源紧紧围绕国家制定的产业发展战略在全国范围内进行全系列生产线布局和创新投入，不仅打破了液晶显示行业长期以来受制于外企垄断的局面，还拉动了整个行业上下游的发展，同时依靠自身长期持续不断的自主创新，提高了产品质量和核心竞争能力，提升了国际影响力和全球竞争力，具有较强的技术创新能力。

　　本章首先根据高精尖企业市场成熟度评价指标体系，分析和评价了京东方企业的市场成熟度。从整体结果来看，京东方企业市场成熟度情况总体呈上升趋势，2020 年相较于 2015 年有较大的提升，其得分从 2015 年的 60 分增长到 2020 年的 64.03 分，年平均增长率 0.81，整体发展态势良好。根据高精尖企业市场成熟度指标体系，在市场成熟度总体得分的基础上，采用 2015～2020 年的数据分别对京东方企业的市场规模、市场结构和市场潜力 3 个一级指标的动态变化进行了测算。结果表明，京东方企业市场成熟度三大基础指标总体上呈上升趋势，市场规模方面有所波动，但整体发展呈上升势态，市场结构方面取得了积极进展，市场潜力方面发展相对稳定。京东方通过创新奠定坚实的技术基础，利用科技的力量支撑自身业务领域和市场规模的不断扩大，始终保持较强的产品竞争力，市场地位处于业内领先水平且市场发展势态较好。

第 14 章　北京高精尖企业技术先进性与市场成熟度的实证分析

——以康拓红外为例

我国国民经济及铁路事业的不断发展，对保障铁路机车车辆运行安全的检测技术和检修体系能力提出越来越高的要求，创新检测技术手段，提高检测检修装备和设施的自动化、智能化、信息化水平是大势所趋。《中国制造2025》明确了9项战略任务和重点，其中在"工业强基"强调"核心基础零部件（元器件）"的重点地位，把"新一代信息技术产业、航空航天装备、先进轨道交通装备"等列为重点领域突破发展。康拓红外作为面向轨道交通、航空航天、核工业等的国家战略性企业，同时也是北京市高新技术企业、中关村高新技术企业以及海淀区创新企业，拥有代表国内先进水平的专利技术几十项、软件著作权和软件产品数十项，一直处于行业技术领先地位，属于北京市具有代表性的智能制造企业。因此，本书以康拓红外为例，首先分析康拓红外的整体发展现状，其次运用技术先进性评价模型和市场成熟度评价模型分别对该企业2015～2020年的技术先进性和市场成熟度进行深入分析和评价。

14.1　康拓红外的企业整体发展现状分析

北京康拓红外技术股份有限公司（以下简称"康拓红外"）隶属

于中国航天科技集团有限公司下属中国空间技术研究院，系在北京康拓红外技术有限公司的基础上以整体股权变更的方式发起设立的股份有限公司，2011 年 10 月正式创立，并于 2015 年 5 月 15 日在创业板上市，2019 年通过重大资产重组整合轩宇空间、轩宇智能等优势资源，企业实现了管理与业务初步融合，整体盈利能力得到了显著加强，2020 年康拓红外实现营业收入 11.35 亿元，实现净利润 1.55 亿元①。

14.1.1　行业地位分析

依照证监会发布的《上市公司行业分类指引》（2012 修订），康拓红外属于制造业中的计算机、通信和其他电子设备制造业。企业秉承"源于航天，服务铁路"的理念，20 多年前将应用于卫星姿态控制的红外线探测技术引入我国铁路车辆安全领域，成为国内最早进入铁路车辆安全检测领域的路外企业，目前是重要的中国铁路车辆运行安全检测装备和服务的供应商，致力于提供一流的铁路安全产品和领先的解决方案。目前，企业产品已应用于载人航天、北斗导航等多个国家重大专项，遍布全国 18 个铁路局、集团企业和亚非大陆，与中国工程物理研究院、中核集团、中铁集团等形成长期稳定的合作关系。

康拓红外紧密围绕控制技术，重点聚焦轨道交通、航天航空、核工业三大国家战略性行业领域，形成了铁路车辆运行安全检测及检修系统、智能测试仿真系统和微系统与控制部组件、核工业自动化装备三大业务板块的产业格局。企业开发研制的系列 THDS 红外线轴温探测系统等产品先后获得国家科技进步三等奖、北京市科技进步二等奖、铁道部科技进步一等奖、原航空航天部科技进步一等奖、中国铁

---

① 来自康拓红外上市公司年报官方数据。

道学会科学技术奖二等奖（5T 系统）等奖项。

2019 年，康拓红外通过重大资产重组整合了轩宇空间、轩宇智能等优势资源。经过多年的发展，轩宇空间已在智能测试仿真系统、微系统及控制部组件等领域取得了良好的成绩，拥有多项核心技术，形成了各级自主知识产权的产品。目前，轩宇空间整体业务在行业内位居前列，技术居于国内领先水平，具备良好的行业知名度和社会影响力。而轩宇智能主要从事核工业机器人等智能装备的研发、设计和生产，产品为应用于特殊环境可远程操作的工业控制系统及自动化装备，在核工业领域具有一定的市场知名度和行业地位。近年来，轩宇智能通过寻求合作、自主研发、市场开拓等方式致力于发展特殊作业机器人业务，在核工业领域积累了较为丰富的工程经验，目前已成为中国环境保护产业协会核安全与辐射安全分会成员单位、中国核学会核化工分会成员单位。

14.1.2   发展战略分析

在国家大力推动产业转型升级的背景下，康拓红外充分发挥在核心技术、服务质量、品牌影响、客户积累等方面的优势，坚定实施内生式增长与外延式发展并重的战略，持续加大创新投入，打造差异化的竞争优势，巩固优化产品结构。同时，康拓红外通过融合子公司轩宇空间、轩宇智能的技术优势和行业优势，加大产业链资源整合力度，为智能装备领域的客户持续不断提供具有行业领先性的产品和服务，实现公司收入和利润的稳定、持续、快速增长。

在未来发展战略中：（1）面向中国铁路降本提质增效、高质量持续健康发展的发展趋势，康拓红外将大力发展智能感知、智能处理技术，深入研究多元红外探测、图像自动识别等核心技术，建立轨道交通运行安全智能检测检修产业技术创新平台。开创发展轨道交通运行安全智能检测检修产品体系，技术水平达到国内领先、国际先进水平，引领轨道交通机车车辆智能检测检修装备的发展方向，以"专精特新"的智能装备产品发展智能检测检修产品体系市场，提高产品与业务效益。（2）面向航天领域和防务系统等智能装备领域市场，康拓红外将围绕目标模型仿真、三维视景仿真、大数据挖掘等重点方向开展智能测控与仿真技术研发；全面拓展宇航系统和军用装备所需的全系列微系统产品，重点开发更高性能和更高集成度的 SiP 和 SoC 等微系统产品，优化和提高智能装备的微小型化、智能化、标准化、模块化和网络化的水平，实现智能装备微系统的国产化替代。在立足航天领域传统业务的基础上，积极拓展商业航天和防务装备市场，持续为客户提供高附加值产品。（3）面向特种环境智能装备领域，康拓红外将通过核心技术研发和大型系统集成项目实施，不断提升特种环境机器人装备解决方案的提供能力，并通过系统集成牵引重点应用产品和核心部组件的研制，逐步形成特种机器人自主可控的产品体系与服务能力，成为自动化和机器人系统集成商、重点应用产品及核心部组件提供商。

14.2　康拓红外的企业技术先进性评价

本书首先根据高精尖企业技术先进性评价指标体系，利用客观赋权方法计算了康拓红外企业技术先进性指标权重（保留四位小数位），见表 14 - 1，然后以 2015 年作为基年，测算了 2015～2020 年康拓红外企业技术先进性的得分，最后对结果进行分析和评价①。

根据上述指标权重，测算 2015～2020 年康拓红外企业技术先进性的得分情况。从整体结果来看，康拓红外企业技术先进性情况总体呈上升趋势，2020 年相较于 2015 年有较大程度的提升，其得分从

---

① 本章关于高精尖企业评价数据均来自康拓红外上市公司年报。

2015 年的 60 分增长到 2020 年的 68.41 分，年平均增长率 1.68%，这说明康拓红外企业整体发展较好，见图 14 - 1。

表 14 - 1　　　　　　　康拓红外企业技术先进性指标权重

目标层	一级指标	指标权重	二级指标	组内权重	综合权重
高精尖企业技术先进性	技术创新水平	0.4176	研发人员比重	0.1490	0.0622
			研发投入强度	0.2755	0.1150
			研发活动增长率	0.1281	0.0535
			专利授权数	0.1438	0.0600
			迭代创新能力	0.2169	0.0906
			人才产业匹适度	0.0868	0.0362
	综合利用水平	0.2231	万元产值能耗	0.2727	0.0608
			氧氮化物排放量降低程度	0.2689	0.0600
			产品服务能力	0.0500	0.0112
			系统集成能力	0.4084	0.0911
	经济效益水平	0.3593	劳动生产率	0.1894	0.0681
			产值利税率	0.2530	0.0909
			增加值比重	0.2691	0.0967
			收入利润率	0.2885	0.1037

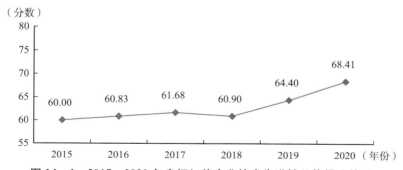

图 14 - 1　2015～2020 年康拓红外企业技术先进性总体得分情况

从雷达图 14 - 2 来看，由于 2015 年是基年，因此该年各个指标均为 60 分。而其余各年度中 3 个一级指标对总得分的贡献程度不尽相同。2016 年综合利用水平的得分为 63.94 分，对 2016 年整体分数的提升有很大作用；2017 年综合利用水平有一定提升，较 2016 年增加了 2.85 分，这也是 2017 年总体得分上升的主要原因；而 2018 年经济效益水平和综合利用水平得分分别为 54.06 分和 64.47 分，相比于 2017 年分别下降了 6.18 分和 2.05 分，使得 2018 年总体得分有所下降。总体而言，2019 年和 2020 年各个指标的得分都相对较高，这表明康拓红外企业在 2015～2020 年得到了较好的发展。图 14 - 2 展示了康拓红外企业技术先进性的内容。

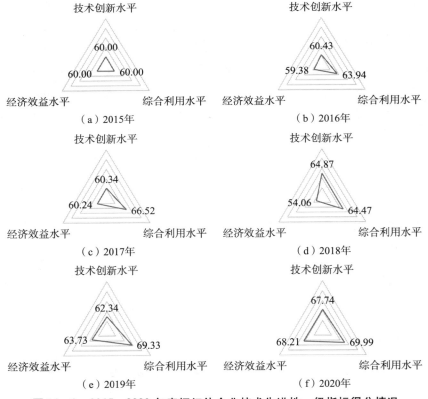

图 14 - 2 2015～2020 年康拓红外企业技术先进性一级指标得分情况

　　本书根据高精尖企业技术先进性指标体系，在技术先进性总体得分的基础上，采用 2015～2020 年的数据分别对康拓红外企业的技术创新水平、综合利用水平和经济效益水平 3 个一级指标的动态变化进行了测算，见图 14－3。数据表明，康拓红外企业技术先进性三大基础指标总体上发展良好，技术创新水平发展有大幅提升，综合利用水平稳固上升，经济效益水平有所波动但总体呈上升趋势。

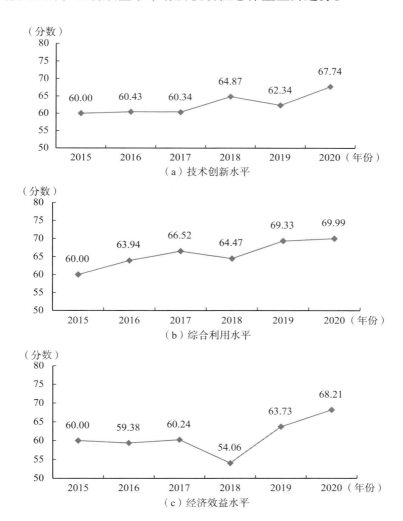

图 14－3　2015～2020 年康拓红外企业技术先进性一级指标变化情况

根据上述评价结果可知，康拓红外企业技术先进性总体呈上升趋势，且具有较好的发展势态，这与实际发展情况相符。

首先，在技术创新方面：（1）康拓红外持续优化人才队伍发展环境，不断完善人才培养机制，拓宽高端专业人才引进渠道。截至2020年，康拓红外拥有研发人员167人，在岗职工中硕士研究生以上学历240人。经过业务重组后，新的康拓红外初步形成了一支具有航天特色的高素质专业化、市场化人才队伍。（2）康拓红外以市场为导向，持续健全研发创新体系，结合各业务领域发展实际情况和行业技术特点，全力推动技术创新，持续打造产业发展新优势。2020年企业累计投入研发经费6648.92万元，新增专利申请42项，新增专利授权25项，其中发明专利7项，新增软件著作权9项。

其次，在综合利用方面：（1）康拓红外响应国家环保政策，通过技术创新，致力于绿色环保、节能减排、节约资源的产品目标，坚持不懈地为社会和行业的可持续发展做出积极贡献。此外，2020年企业积极响应疫情防控的号召，全力以赴做好疫情防控工作，积极参与精准扶贫和社会公益事业，助力乡村振兴，为全面打赢脱贫攻坚战贡献一分力量。（2）为了给客户提供安全可靠的产品和优质的服务，康拓红外通过持续技术创新来满足用户需求，通过改善产品质量和服务，提高顾客满意度和忠诚度。

最后，在经济效益方面：（1）2019年康拓红外通过重大资产重组整合轩宇空间、轩宇智能等优势资源，企业的整体盈利能力得到了显著加强，2020年实现营业收入11.35亿元，较上年同期增长22.36%，实现净利润1.55亿元，较上年同期增长7.99%。（2）康拓红外研制的铁路车辆红外线轴温探测系统（THDS系统）系列产品现已在全路18个铁路局集团公司、地方铁路合资公司得到普遍应用，目前已投入运用设备3000余套，产品广泛应用于数十条铁路线路，覆盖数万千米运营线路。

综上所述，康拓红外依托已有产业技术优势与产品基础，在落实国家战略部署的同时，加快发展智能装备产业，具有较强的技术创新能力。在智能测试仿真系统和微系统与控制部组件行业，子公司轩宇空间凭借多年在产品领域的深耕，一直走在我国航天复杂系统测控仿真领域技术前沿，其整体业务在行业内位居前列，技术居于国内领先水平。此外，在核工业自动化装备行业，子公司轩宇智能具备围绕特殊行业需求和应用场景、快速形成定制方案、为客户提供系统解决方案和核心产品的能力，在市场竞争中具备一定的先发优势。

14.3 康拓红外的企业市场成熟度评价

本书首先根据高精尖企业市场成熟度评价指标体系，根据已有的数据运用客观赋权方法计算了各级指标权重（保留四位小数位），见表 14 - 2，然后以 2015 年作为基年，测算了 2015 ~ 2020 年康拓红外企业的市场成熟度得分情况，见图 14 - 4，最后结合最终结果分析和评价了康拓红外企业的市场成熟度。

表 14 - 2   **康拓红外企业市场成熟度指标权重**

目标层	一级指标	指标权重	二级指标	组内权重	综合权重
高精尖企业市场成熟度	市场规模	0.3443	总资产增长率	0.4875	0.1678
			科技从业人员比重	0.2976	0.1025
			市场需求	0.2149	0.0740
	市场结构	0.3914	市场占有率	0.4937	0.1932
			产业市场匹适度	0.5063	0.1982
	市场潜力	0.2643	核心科技产品比重	0.4079	0.1078
			政府参与程度	0.5921	0.1565

根据上述指标权重，测算 2015 ~ 2020 年康拓红外企业市场成熟

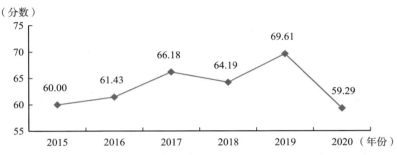
度的得分情况。从整体结果来看，康拓红外企业市场成熟度发展情况
有一定的波动幅度，前期总体呈上升趋势，其得分从 2015 年的 60 分增
长到 2019 年的 69.61 分，而 2020 年相较于前几年有较大的差距，其整体
发展呈现一定波幅，市场成熟度还有较大的提升空间，见图 14-4。

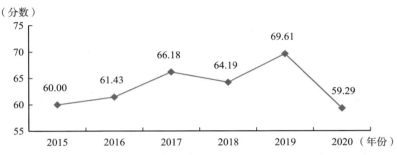

（分数）

图 14-4   2015～2020 年康拓红外企业市场成熟度总体得分情况

从雷达图 14-5 来看，由于 2015 年是基年，因此该年各个指标均
为 60 分。而其余各年度中 3 个一级指标对总得分的贡献程度不尽相
同。2016 年虽然市场规模有所下降，但市场潜力和市场结构都有大幅
度提升，对其整体分数的上升有很大作用；2017 年市场规模有一定提
升，较 2016 年增加了 13.42 分，这也是 2017 年总体得分上升的主要原
因；2018 年虽然市场潜力有大幅提升，但市场规模和市场结构得分相
较于前一年分别下降了 14.92 分和 3.51 分，这也使得 2018 年总体得分
有所下降；2019 年各指标的得分都相对较高；但 2020 年相较于前一年
个指标均有下降，这表明康拓红外企业在 2015～2020 年发展良好，但
仍有加大的提升空间。图 14-5 展示了康拓红外企业市场成熟度的
内容。

本书根据高精尖企业市场成熟度指标体系，在市场成熟度总体得
分的基础上，采用 2015～2020 年的数据分别对康拓红外企业的市场规
模、市场结构和市场潜力 3 个一级指标的动态变化进行了测算，见图
14-6。数据表明，康拓红外企业市场成熟度三大基础指标总体上有较

大波幅，市场规模和市场潜力方面均呈现较大的波动幅度，而市场结构方面有先平稳上升而后有所下降的发展态势。

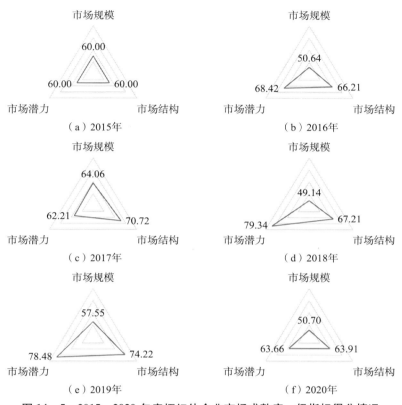

图 14 - 5　2015～2020 年康拓红外企业市场成熟度一级指标得分情况

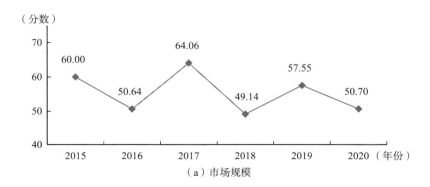

219

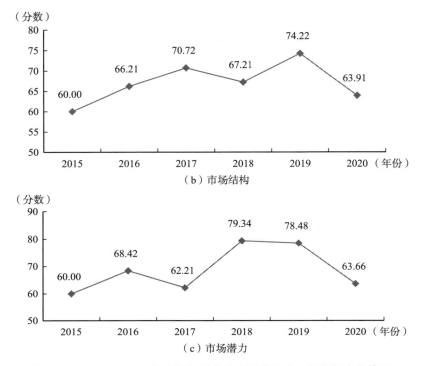

（b）市场结构

（c）市场潜力

图 14 – 6 2015～2020 年康拓红外企业市场成熟度一级指标变化情况

根据上述评价结果可知，康拓红外企业市场成熟度总体有一定波幅，这与实际发展情况相符。

（1）在市场规模方面：康拓红外企业主营业务是向铁路用户提供铁路车辆运行安全检测领域和机车车辆检修自动化领域相关设备的研发、生产、销售、安装和服务，因此存在主营业务依赖于铁路行业市场的风险。以 2020 年为例，受疫情影响，部分高速铁路建设项目出现停工或延期现象，因此对企业的业务产生了较大的不利影响，企业该年的经营现金流相较上年同期有所降低。此外，随着铁路行业逐步形成以铁路运输企业为主体、多元资本共同参与的更加市场化的竞争格局，行业竞争进一步加剧，企业面临的市场竞争也逐步加剧，进一步出现企业主要产品可能受到竞争对手增加而导致销售价格下降、毛利率降低的风险。

（2）在市场结构方面：康拓红外企业主营业务属于综合性高科技产业，对技术创新的要求较高，研发速度若无法跟上市场需求的更新速度，不能根据市场要求及时掌握并运用相应的新技术，则可能减弱竞争优势，存在失去客户的风险，从而对企业的市场竞争力和持续发展产生不利影响。这就要求企业持续不断地进行技术创新，多渠道加大研发投入力度，加强产品技术可扩展性和可延伸性，大幅提升核心技术研发能力，保持在市场竞争中的技术优势。

（3）在市场潜力方面：康拓红外属于技术密集型、创新型企业，核心技术和新技术研发对企业尤为重要，核心技术人员对公司的产品开发、技术突破、工艺优化等环节更是起着关键的作用。因此在发展过程中康拓红外还要加强人才培养，进一步打造专业研发队伍。

综上所述，康拓红外在市场竞争中具备一定的先发优势，但随着铁路行业逐步形成以铁路运输企业为主体、多元资本共同参与的更加市场化的竞争格局，市场竞争必然更加激烈。因此，企业要面向市场、适应市场，制定和实施科学的发展战略和技术创新战略等，并根据市场变化适时加以调整，以进一步加强巩固其市场地位。

14.4　康拓红外的企业综合分析与评价

本书通过对康拓红外企业技术先进性与市场成熟度的分析，综合上述两者的评价结果，认为康拓红外具有较好的产业技术优势、坚实的产品基础以及较强的技术创新能力，在本书所研究的时间范围内，企业技术先进性总体呈上升趋势且具有较好的发展态势，为促进其市场稳定发展打下了坚实基础，也为企业可持续发展提供了技术保障。而企业在市场成熟度的发展上总体呈现一定波动。

因此，在未来的发展过程中，康拓红外应继续做大做强其现有的主营业务，同时依托现有的经验和积累的技术，拓展和丰富产品结构并挖掘更广阔的客户资源，形成新的增长点。此外，康拓红外还应持续不断地进行技术创新，多渠道加大研发投入力度，加强产品技术可扩展性和可延伸性，大幅提升核心技术研发能力，保持在市场竞争中的技术优势，不断巩固企业的市场地位，进而为推动企业技术进步和创新发展营造良好的市场环境。

14.5　本章小结

　　本章以康拓红外为例，首先分析康拓红外的整体发展现状，其次运用技术先进性评价模型和市场成熟度评价模型分别对该企业 2015 ~ 2020 年的技术先进性和市场成熟度进行深入分析和评价。根据高精尖企业技术先进性评价指标体系，利用客观赋权方法计算了康拓红外企业技术先进性指标权重，以 2015 年作为基年，测算了 2015 ~ 2020 年康拓红外企业技术先进性的得分，最后对结果进行分析和评价。从整体结果来看，康拓红外企业技术先进性情况总体呈上升趋势，2020 年相较于 2015 年有较大程度的提升，其得分从 2015 年的 60 分增长到 2020 年的 68.41 分，年平均增长率 1.68%，这说明康拓红外企业整体发展较好。根据高精尖企业技术先进性指标体系，在技术先进性总体得分的基础上，采用 2015 ~ 2020 年的数据分别对康拓红外企业的技术创新水平、综合利用水平和经济效益水平 3 个一级指标的动态变化进行了测算。结果表明，康拓红外企业市场成熟度三大基础指标总体上发展良好，技术创新水平发展有大幅提升，综合利用水平稳固上升，经济效益水平有所波动但总体呈上升趋势。康拓红外依托已有产业技术优势与产品基础，在落实国家战略部署的同时，加快发展智能装备产业，具有较强的技术创新能力。在智能测试仿真系统和微系统与控制部组件行业，子公司轩宇空间凭借多年在产品领域的深耕，一直走在我国航天复杂系统测控仿真领域技术前沿，其整体业务在行业内位居前列，技术居于国内领先水平。

　　本章首先根据高精尖企业市场成熟度评价指标体系，根据已有的数据运用客观赋权方法计算了各级指标权重（保留四位小数位），其次以 2015 年作为基年，测算了 2015～2020 年康拓红外企业的市场成熟度得分情况，最后结合最终结果分析和评价了康拓红外企业的市场成熟度。从整体结果来看，康拓红外企业市场成熟度发展情况有一定的波动幅度，总体呈上升趋势，其得分从 2015 年的 60 分增长到 2019 年的 69.61 分。根据高精尖企业市场成熟度指标体系，在市场成熟度总体得分的基础上，采用 2015～2020 年的数据分别对康拓红外企业的市场规模、市场结构和市场潜力 3 个一级指标的动态变化进行了测算。结果表明：康拓红外企业市场成熟度三大基础指标总体上有较大波幅。康拓红外在市场竞争中具备一定的先发优势，但随着铁路行业逐步形成以铁路运输企业为主体、多元资本共同参与的更加市场化的竞争格局，市场竞争必然更加激烈。因此，企业要面向市场、适应市场，制定和实施科学的发展战略和技术创新战略等，并根据市场变化适时加以调整，以进一步加强巩固其市场地位。

第15章 提高高精尖产业发展
"四率"的政策建议

本书从高精尖产业发展的驱动因素方面，提出提高全要素生产率、提高劳动生产率、提高资源生产率、提高环境效率的建议。

15.1 提高全要素生产率的建议

在经济学中，生产率包括单要素生产率和全要素生产率。这两种生产率都是从投入与产出的比值角度来衡量生产效率的。单要素生产率是指某一种生产要素的投入与产出之比，如劳动生产率等。单要素生产率只能反映在该种生产要素视角下的生产效率，单要素生产率的增长率表示的只是生产中对该种要素的利用效率，而并不能全面而真实地反映整体生产效率的提高。因为生产中要使用多种生产要素，且在节约某种生产要素的同时，并不排除对其他生产要素更大程度的低效使用，这是单要素生产率在衡量生产效率上的重大缺陷。例如，当用更多的资本来替代劳动力时，如果投入转化为产出的效率不变，劳动生产率会由于劳动力使用量的减少而提高，而资本的产出率则会降低。此外，如果存在生产效率水平提高，而由单要素生产率反映的效率水平实际上是一种混合效果。其中既包含效率的变化，又包含投入比例的变化。由此可见，单要素生产率无法代表生产单位效率的总体变化。因此在探讨整体的效率水平时，必须兼顾到所有的投入，以要素相对价格占总成本的比重或要素产出弹性为权数对各项要素生产率进行加权平均，可得到一个综合的效率评价指标——全要素生产率。

决定全要素生产率变动的因素可划归为技术进步和组织管理两大类。组织管理则由技术水平发挥程度、要素配置和规模经济性三个方面表现。

高精尖产业增长的基本前提和基础就是要推动制造业前沿技术不断进步。然而，目前高精尖产业发展进程中还存在着一些亟待解决的问题，如自主创新能力不足、研发经费投入强度不够、科研人员投入的相对规模小、科研成果转化率低、科研体制不合理等。为此，要继续提高全要素生产率，推动前沿技术不断进步。

提高高精尖产业的全要素生产率，从三个方面着力：

一是评估先进制造业、软件和信息服务业及科技服务业的竞争力，把脉高精尖产业在全球价值链中的地位，制定编制高精尖产业"卡脖子"攻关清单，全面提高高精尖产业的自主创新能力。

二是增强产业基础能力，建立集成电路产业大数据公共服务平台、智能装备产业大数据公共服务平台及智能网联汽车产业大数据公共服务平台，全面强化重点产业基础能力。

三是增强企业创新能力，高技术企业持续加大研发经费投入强度，提高新产品的产出，进一步提升关键核心领域专利质量。

15.2　提高劳动生产率的建议

劳动生产率（labor productivity）的概念通常表述为劳动力在一定时期内创造的劳动成果总量与相应的劳动消耗总量的比值。此外，还有两种常用的表述方式：一是单位时间内劳动要素生产的产品和服务价值总和；二是单位时间内劳动力将自然资本转化为人力资本的数量。劳动生产率与全要素生产率和资本生产率一样，是衡量一个国家、地区、产业竞争力和发展潜力的重要指标，不同的是，劳动生产率的侧重点在于反映劳动要素的效率。

劳动生产率分为实物劳动生产率、价值劳动生产率、比较劳动生产率。实物劳动生产率以单位时间内单位劳动的产出度量劳动生产率，是使用最广泛的度量劳动生产率的方法。1926 年，美国劳工统计局（BLS）较早地使用劳均产出作为劳动生产率的度量指标，此后，该指标成为国际上比较分析劳动生产率的一个重要标准，并且在学术界得到广泛应用。价值劳动生产率则是在实物劳动生产率的基础上考虑了劳动投入的成本，以单位时间内单位劳动力产出与劳动投入之比度量。比较劳动生产率主要用于比较同一地区不同部门或不同产业之间劳动生产率差异。促进城市产业集聚，积极发挥产业集聚对劳动生产率的提升作用。

对于高精尖产业而言，提高劳动生产率从三个方面着力：一是高精尖产业应当进一步提高集聚程度，以促进劳动生产率水平的提升；二是重视人力资本投资，围绕新一代信息技术产业、医药健康等重点领域加大紧缺专业人才培养力度，加强对劳动者的教育培训；三是设计多元化人才激励机制，建立首席专家特聘制度，提高技术人员报酬，充分激发和调动研发人员的创造性。

15.3 提高资源生产率的建议

资源生产率是衡量经济活动使用自然资源的效率。它可以简单地定义每单位自然资源的投入所带来的产出。从环境问题来看，在资源生产率理论的视野中，地球对各种各样的污染物和废弃物有限的吸收净化能力也是一种自然资源。资源生产率是在稀缺性对象发生变化后的一种生产效率。

资源生产率是衡量可持续发展的一个重要方面。提高资源生产率可以在价值链的一端减缓资源消耗，另一端减少环境污染；可以用有意义的职业作为提高就业率的基础，使社会更加公正和提供更多就业；可以降低商业和社会成本，不再因为生态系统和社会系统的破坏而付出代价，从而能为致力于提高资源生产率的企业带来利润。废弃的资源会污染空气、水体或土地。废物不过是放错地方的资源，因而提高资源生产率可以减少污染。资源生产率在解决诸如酸雨、气候变化、森林砍伐、土壤肥力丧失和街道拥挤等大问题时都能发挥很大作用。

提高资源生产率可以把经济发展、环境保护、社会发展统一起来，实现从三维分裂的发展走向三维整合的发展。在解决环境问题方面，提高资源生产率可以在价值链的一端减缓资源消耗，另一端减少环境污染，从而减少由环境对经济社会发展所带来的约束；在促进经济发展方面，它要求实现从数量性的物质增长到质量性的服务增长的变革；在推进社会发展方面，它要求实现就业减少性的社会到就业增加性的社会变革。

提高高精尖产业的资源生产率需要从三个方面着力：一是着力推动企业兼并重组，发展一批具有较强竞争力的大企业大集团，提高资源配置效率。二是提高土地节约使用，合理布局和调整优化重大工业项目建设，降低中间消耗。三是促进信息技术生产运营全过程的深度应用，通过 "智能 +" 推动先进制造业企业向全要素、全流程、多领域智能协同运营转型。

15.4　提高环境效率的建议

环境效率的研究最早可以追溯到 20 世纪 70 年代，如麦金塔尔和桑顿（McIntyre & Thornton，1974）研究了苏联与美国之间空气污染的环境效率差异，进而又讨论了经济系统的环境效率趋同问题。一般认为，环境效率概念是由"生态效率"（eco-efficiency）引申而来的，1990 年沙尔特格尔（Schaltegger）和斯特恩（Sturn）提出了"生态效率"的概念，将其定义为"经济增加值与环境影响的比值"，1992年世界可持续发展工商理事会（WBCSD）将其定义为"满足人类需求的产品和服务的经济价值与环境负荷的比值"，指出企业应该将环境和经济发展相结合。环境效率与生态效率这两个概念有着共同特征，都是同时关注经济效益和环境效益两个方面，虽然在许多研究中被等同视之，但是环境效率的定义并未统一。本书对环境效率的理解是以技术效率为基础，从投入产出角度，减少资源要素投入和污染排放，增加产出水平，将生产活动中导致的环境污染作为非期望产出，纳入生产效率的考察视野。环境生产率是利用 Malmquist 生产率指数等生产率测度方法，测算环境生产率指数，从动态角度利用考察环境效率变化情况。

提高环境效率有助于从投入端、中间过程、输出端三个有机的过程构建高精尖产业发展模式，对生产"废弃物"重新回收开发再利用，使生产由"资源—产品—废弃物"的传统经济方式向"资源—产品—再生资源—产品"的循环经济方式转变，减少面源污染。

提高高精尖产业的环境效率，从三个方面着力：一是探索碳中和实现路径，创建一批碳中和示范企业，鼓励引导北京经济开发区优先利用可再生能源。二是积极推广先进制造技术和清洁生产方式，提高产品全寿命周期的节能水平。三是利用数字技术进行全过程智慧管控，加快北京制造业绿色低碳化发展。

15.5　本章小结

本章从高精尖产业发展的驱动因素方面，提出提高全要素生产率、提高劳动生产率、提高资源生产率、提高环境效率的 12 条建议。在提高全要素生产率方面，从三个方面着力：一是评估先进制造业、软件和信息服务业及科技服务业的竞争力，把脉高精尖产业在全球价值链中的地位，制定编制高精尖产业"卡脖子"攻关清单，全面提高高精尖产业的自主创新能力；二是增强产业基础能力，建立集成电路产业大数据公共服务平台、智能装备产业大数据公共服务平台及智能网联汽车产业大数据公共服务平台，全面强化重点产业基础能力；三是增强企业创新能力，高技术企业持续加大研发经费投入强度，提高新产品的产出，进一步提升关键核心领域专利质量。在提高劳动生产率方面，从三个方面着力：一是高精尖产业应当进一步提高集聚程度，以促进劳动生产率水平的提升；二是重视人力资本投资，围绕新一代信息技术产业、医药健康等重点领域加大紧缺专业人才培养力度，加强对劳动者的教育培训；三是设计多元化人才激励机制，建立首席专家特聘制度，提高技术人员报酬，充分激发和调动研发人员的创造性。在提高资源生产率方面，从三个方面着力：一是着力推动企业兼并重组，发展一批具有较强竞争力的大企业大集团，提高资源配置效率；二是提高土地节约使用，合理布局和调整优化重大工业项目建设，降低中间消耗；三是促进信息技术生产运营全过程的深度应用，通过"智能＋"推动先进制造业企业向全要素、全流程、多领域智能协同运营转型。在提高环境效率方面，从三个方面着力：一是探索碳中和实现路径，创建一批碳中和示范企业，鼓励引导科技园区优先利用可再生能源；二是积极推广先进制造技术和清洁生产方式，提高产品全寿命周期的节能水平；三是利用数字技术进行全过程智慧管控，加快制造业绿色低碳化发展。

第16章 高精尖产业发展的"三循环"支撑体系及"一纵六横"实现机制

面向高质量发展的高精尖产业支撑体系可以概括为"三循环"支撑体系,即"人才激励"上升循环、"产业融合"上升循环和"协同发展"上升循环。高精尖产业发展的实现机制可以概括为"一纵六横",其中"一纵"为城市群协同发展机制;六横"即创新链产业链联动机制、资源优化配置机制、项目"揭榜挂帅"机制、科技金融支持机制、人才激励机制、有机生态机制。

16.1 高精尖产业发展的"三循环"支撑体系

高精尖产业支撑体系可以概括为"三循环"支撑体系,即"人才激励"上升循环、"产业融合"上升循环和"协同发展"上升循环,见图 16 – 1。

16.1.1 "人才激励"上升循环

当前,中国正在面临"人口年龄结构红利"逐步消失的情况,而高精尖产业的发展对人力资本提出了新的要求,因此相关的人力支撑体系也要从传统的"人口红利"支撑到"人口质量红利",即"人才红利"上升循环转向。

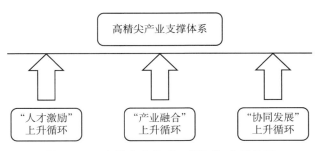

图 16 - 1　高精尖产业"三循环"支撑体系

欧洲工商管理学院（INSEAD）与其合作伙伴共同发布的"全球人才竞争力指数"（GTCI），通过衡量一个国家在人才培养、吸引、留存等方面的表现，对全球 125 个国家和城市进行测评和排名，从而评估全球各国的人才竞争力。指标体系采用投入产出模型，由"人才赋能""人才吸引""人才培养""人才保留"4 个投入型指标，"职业和技术技能""全球知识技能"2 个产出型指标组成。通过对比分析可见，中国在"人才培养"和"全球知识技能"方面表现突出，均进入全球前 30 位；但在"人才吸引"和"保留全球优秀人才"方面相对较弱；在部分关键领域人才的培养、赋能人才持续创新方面仍有较大提升空间。

面临这样的大环境，我们一方面需要提高核心人才自主培养能力；另一方面则要强化"十四五"时期的"区域发展规划"，对接区域发展和产业创新升级需求，形成人才"自主培养/引进—安居—培训—激励（编制、股权、薪酬、绩效、荣誉、制度）—继任规划和领导力开发"全方位"人才激励"上升循环保障体系（见图 16 - 2），将产业发展规划与人才发展规划相结合，将人才发展规划与城市规划、社会发展规划相结合，形成环环相扣、无缝对接的人才治理体系。通过相应的机制从内部保障人才上升渠道通畅，以通畅的人才上升机制来吸引和留住人才，并充分释放其创造力。

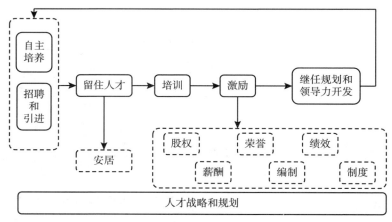

图 16 - 2　人才激励上升循环体系

16.1.2　"产业链全局观"上升循环

从加入世贸组织到现在，中国经过多年的努力，已深度融入全球价值链分工，是全球电子、机械等产品的重要供应国。以与产业链上下游国家联系的密切程度来衡量价值链参与度，根据 OECD 数据，中国价值链参与度为 35% 左右，远高于 OECD 国家平均水平（26% 左右），尤其是在计算机电子、电气机械等高度全球化分工领域。

但是，中国在全球价值链的位置偏低，部分领域国内利润留存较低。电子信息、生物医药等领域核心原料、设备、技术依然受制于人。可见我们虽然融入全球价值链分工，但是从产业链全链条来看，还需要继续推行产业链升级机制，提升中国在全球价值链中的地位。

中国的大市场为产业链升级打下坚实基础。大市场支持的大规模生产，将所有能标准化生产的产品成本降到极具竞争力的程度；大市场支持"大、长、全"的产业链，而并非小规模、单一环节、单一产业。在国内外"双循环"发展格局之下，中国需系统性地重视产业链的安全性、稳健性的问题，各地也应细化梳理区域内全产业链配置情况，放眼更大区域谋划全产业链协同发展。

那么，转向"产业链全局观"上升循环，应做好全周期、全链条、全要素、全主体的升级保障。

第一，构建"源头技术创新—科技创新服务—市场渠道对接—金融资本服务"的全产业链服务体系，实现科技成果面向市场的尽快转化，提升基础材料、基础零部件、基础工艺和基础技术的产业发展水平。

第二，关注产业链中的薄弱环节，释放整体效能。产业结构转型升级要置于"产业链全局观"下进行谋划，解决产业链中的瓶颈和制约，对产业链中的薄弱环节，统筹资源发展，集中力量攻关，从而提高整个产业链的运作效能。

第三，梳理高精尖企业、高技术产业的竞争优势，抓住关键环节，重新组织产业链。识别和发现高精尖企业、高技术产业在产业链的核心价值环节，即高利润区，并将企业资源集中于此环节，发育核心能力，构建集中的竞争优势，然后借助这种关键环节的竞争优势获得对其他环节协同的主动性和资源整合的杠杆效益，这样使得高精尖企业、高技术产业可以成为产业链的主导，获得其他环节的利润或价值的转移，构建起基于产业链协同的竞争优势，着力优化产业配套半径，建立关键产业、龙头企业配套备选清单，形成龙头企业、"链主企业"带动全产业链创新的发展格局。

第四，整合企业内部价值链，促进融合创新，构建共生生态。高精尖企业、高技术产业企业应不断优化内部价值链，获得专业化优势和核心竞争力，实现"产业选择—产业集聚—产业融合—产业共生"的高级发展。

16.1.3 "协同发展"上升循环

所谓协同发展，就是指协调两个或者两个以上的不同资源或者个体，相互协作完成某一目标，达到共同发展的双赢效果。

为了构建更加完善的要素市场化配置体制机制，实现不同资源的协同配合，2019年11月26日，中央全面深化改革委员会第十一次会议审议通过了《关于构建更加完善的要素市场化配置体制机制的意见》，提出要形成生产要素从低质低效领域向优质高效领域流动的机制，提高要素质量和配置效率，引导各类要素协同向先进生产力集聚。因此需要给各类经济主体平等的待遇、产业进入的公平，打破国内市场各种阻碍要素流通的显性和隐形障碍，破除区域之间、所有制之间、城乡之间、部门之间的协作藩篱。

对于高精尖园区来讲，要着力探索产业协同发展、人才协同优化、公共服务协同升级等，以体制机制创新作为基础保障，实现人才链、创新链、产业链、资金链在更大范围的互补衔接、协同协作，促进形成一批高水平的产业集群，支撑首都高质量发展。

协同创新，打造核心竞争优势。协同战略寻求共生共赢的发展模式，强调通过合作和知识共享寻求发展机遇。协同各方主要是一种协作关系，即使可能在某些方面存在竞争，也属于协同型竞争。协同战略并不是说消除竞争，相反，它要求企业更要加强自身的竞争能力。企业要实现协同发展，必须有自己的核心竞争能力，否则会被排斥在协作阵营之外。因此，推进园区协同创新的效率，打造自身的核心竞争优势。

因时制宜，适应协同动态调整。企业协同战略不是一成不变的，而应该根据外部环境、自身条件以及企业目标的综合平衡而时刻与动态变化相适应。在实施"协同发展"上升循环中要时刻根据外部大环境的变化而进行调整，做到因时制宜。

统筹全局，实现全面协同协作。协同战略应该包括整个企业系统的协同，既包括企业与竞争者的协同，又包括企业与合作者的协同，还包括企业与环境的协同，同时包括企业内部资源的协同，更包括与产业的协同。因此应该立足产业链全局，统筹各种要素资源、市场，实现全产业链的协同协作。

16.2　高精尖产业发展的"一纵六横"机制

高精尖产业发展的实现机制可以概括为"一纵六横"，其中"一纵"为城市群协同发展机制；"六横"即创新链产业链联动机制、资源优化配置机制、项目"揭榜挂帅"机制、科技金融支持机制、人才激励机制、有机生态机制。

16.2.1　城市群协同发展机制

北京、上海、广东的"十四五"时期产业发展规划都强调城市群协调发展。按照系统创新理论，"高精尖"产业是辐射带动强的产业集群，具有高水平创新驱动的属性，对经济具有极强的拉动作用，不仅能实现中心城市的经济高质量发展，而且能带动周边地区的产业联动转型。就京津冀地区而言，京津冀协同产业是国家发展战略，是国家现代化经济体系建设的重大区域发展战略，产业对接协作是这一战略的核心内容，产业升级是三地的共同任务。在疏解非首都核心功能的过程中，天津和河北一直是北京产业转移的主要承接者。然而，两地仅仅简单承接北京转移的一般产业是远远不够的，迫切需要发展高精尖产业带动区域科技创新与成果转化，促进区域产业联动，形成经济协同发展、错位发展、融合发展的京津冀地区经济新格局。以北京为例，在"十四五"规划中对环京地区产业协同发展规划布局了三个圈层，在空间区位上合理匹配，形成互补错位、合理高效的产业格局，通过京津冀地区产业协同，助力北京"高精尖"经济结构有序推动疏解首都非核心功能，优化产业结构。北京立足京津冀整体谋划高精尖产业发展，发挥北京"一核"辐射带动作用和先进制造、数字资源优势，以氢能、智能网联汽车、工业互联网等产业为突破口，推动创新链产业链供应链联动，加速科技赋能津冀传统产业，协同推进数字化、智能化、绿色化改造升级。采取"产业基金＋智能制造"方式，鼓励北京企业通过"母子工厂"等模式在津冀布局一批带动力强的项目，吸引上下游企业聚集，共同完善区域产业生态，构建分工明确、创新联动的产业协同发展格局。

16.2.2 创新链产业链联动机制

在高精尖产业培育发展中，创新链与产业链有着密切的关系，具体可以概括为以下三点：

首先，创新链和产业链是融合发展的。一方面，创新链嵌入产业链之中，产业链的各个环节，如研发、制造、销售都要引入知识和技术创新。产业创新是一个依附于产业链的价值增值活动，创新链是产业链上各个环节的价值增值基础。产业链的每一个环节或节点上都可能成为创新的爆发点，衍生出一条创新链，从而带动整个产业链中各个环节的共同创新。另一方面，创新链促进产业链的形成和扩展。创新链串联的创新活动，如果融入产业链的主干链，不但直接提升了产业链的价值链，而且横向扩展了产业链。

其次，创新链和产业链是互相依存的。创新成果是区域内新兴产业崛起和传统产业转型升级的技术支持，创新供给与技术需求的对接是促进创新链与产业链对接的基础条件。

最后，创新链和产业链的质量互相影响。创新链的质量影响产业链。区域创新链的构建，需要链条中的各个环节协调发展。基础研究是发现自然界的新事物、新属性和新规律的环节，是应用和开发研究的源泉、发明与创新的基础。如果区域创新链基础研究薄弱，直接导致产业发展缺少原创性关键技术和核心产品，产业链出现短板，价值链处于低端。反过来，如果产业链长期处于低端状态，那么低端产业链上的企业基本上不具备自主知识产权，更多的是从事劳动密集型的生产，也不会提升创新链的质量，甚至于没有创新。由此可见，只有实现了创新链和产业链的联动发展，才能更改好地推动技术进步。

产业链创新链联动的要点有三：

一是创新活动的开展要面向市场、面向需求、面向产业开展。当前，国家把科技创新放在创新驱动发展的核心位置，大量激励成果转化、创新创业的改革举措密集出台，激发了全社会的创新活力。放眼全球，新一轮科技革命和产业变革正加速演进，技术成果直接转化为生产力和经济效益的周期缩短。从国内看，我国产业升级需求迫切，对技术创新成果应用的需求同样变得迫切起来。国际科技发展的态势和我国经济社会发展的现实背景，为促进科技成果转化、创造更好的技术市场生态环境，提供了重大机遇。但也应看到，我国科技与经济联系不够紧密的深层次问题仍有待进一步破解。随着科技成果"三权"的下放，以及股权激励、作价入股等措施实施，科技成果"有没有权转""有没有意愿转"已经不再是拦路虎。"有没有成果转"以及"是否转得顺"，成为新的改革课题，科技成果转化改革步入深水区。要直面这一问题，直面技术与市场协同创新的现实堵点，以市场、需求、产业作为创新活动开展的立足点，疏通技术和市场协同创新网络中的现实堵点，真正做到科技创新面向市场、面向需求、面向产业。

二是加快科技成果市场化、商业化转化。习近平总书记指出，"中国要强盛、要复兴，就一定要大力发展科学技术，努力成为世界主要科学中心和创新高地。"① 唯有一个高效的科技成果转化生态，

① 努力成为世界主要科学中心和创新高地［J］. 求是，2021（6）.

方可提供高质量科技供给，打通从科技强到产业强、经济强、国家强的通道，支撑现代化经济体系建设。因此，要促进科技成果转化形成良性循环，无论是围绕某一核心技术成果开发产品，还是将技术用于改进、提升产品或服务的特定性能，都需要让市场在企业技术研发方向、路线选择、要素价格、各类创新资源配置中发挥出决定性作用。

三是强度自主可控，以增强产业链关键环节自主创新能力为目标，推进"重点产业集群化、生产范式智能化、高端制造服务化、发展方式绿色化、产品服务品质化"五化发展，构建掌握核心环节、占据高端地位的产业链。

📖【专栏 16－1】

深 圳：打 造 全 过 程 创 新 生 态 链

2020 年 10 月 14 日，习近平总书记在深圳经济特区建立 40 周年庆祝大会上强调，要坚定不移实施创新驱动发展战略，培育新动能，提升新势能，建设具有全球影响力的科技和产业创新高地。

以深圳为主阵地建设综合性国家科学中心，支持深圳建设 5G、人工智能、网络空间科学与技术、生命信息与生物医药实验室等重大创新载体……一项项创新举措在中共中央、国务院印发的《关于支持深圳建设中国特色社会主义先行示范区的意见》中明确，该意见印发两年来为深圳打造创新高地指明了方向。

"十四五"开局之年，深圳坚持在实施创新驱动发展战略上走在前列、勇当尖兵，提出实施创新发展"五大行动"，深化完善"基础研究＋技术攻关＋成果产业化＋科技金融＋人才支撑"全过程创新生态链，加快建设具有全球影响力的科技和产业创新高地。

——实施基础研究夯基行动，提升创新引领力。深圳坚持将基础研究和应用基础研究作为科技创新的先导，持续加大投入，打造原始创新策源地。"十三五"时期市级科研资金投入基础研究和应用基础研究的比重从 12% 提高到 30% 以上。如今，深圳已通过特区立法明确政府投入基础研究和应用基础研究的资金不低于市级科技研发资金的 30%。完善基础研究长期持续稳定的投入机制，深圳的目标是未来 5 年研发投入强度跻身世界一流，不断提升源头创新能力，掌握竞争和发展的主动权。

——实施关键核心技术攻关行动，提升创新硬实力。在 2021 年的市政府工作报告中，深圳提出开展 50 个以上关键核心技术攻关项目。为推动技术攻关，深圳着力创新组织模式，支持头部企业和战略科研平台组建创新联合体，推动大中小企业融通创新；建立"需求方出题、科技界答题"新机制，"一技一策"解决创新升级问题……

——实施成果产业化加速行动，提升创新驱动力。深圳强化产学研深度融合的创新优势，加速科技成果向现实生产力转化。作为新型科研机构，中国科学院深圳先进技术研究院已构建起以科研为主的集科研、教育、产业、资本为一体的微型协同创新生态系统。着力探索"楼上楼下"创新创业综合体。"楼上"的科研人员致力原始创新，"楼下"的创业人员负责对原始创新实施工程技术开发和中试转化。

——加快实施创新驱动发展战略，深圳经济发展的新动能、新势能持续增强。2021 年 1～7 月，深圳市新登记商事主体突破 29.9 万户，同比增长 6.1%。其中，数字经济、高端装备制造、新一代信息技术等战略性新兴产业新登记企业主体近 3.5 万户，同比增长74.7%，深圳国家级高新技术企业总量超过 1.86 万家。

（资料来源：深圳加快建设科技和产业创新高地　深化完善全过程创新生态链［N］. 人民日报，2121－8－18）

16.2.3　资源优化配置机制

资源优化配置是指在市场经济条件下，不是由人的主观意志而是由市场根据平等性、竞争性、法制性和开放性的一般规律，由市场机制通过自动调节对资源实现的配置，即市场通过实行自由竞争和"理性经济人"的自由选择，由价值规律来自动调节供给和需求双方的资源分布，用"看不见的手"进行优胜劣汰，从而自动地实现对全社会资源的优化配置。

企业生产活动中涉及较多的资源要素，无论是从宏观还是微观层面来看，企业都是一个"资源配置器"。企业需要实现人力资源、空间资源、财务资源、创新资源等多种资源的优化配置。

高精尖产业的发展是立足于新技术展开的，是技术竞争最为激烈的领域。在高精尖产业中寻求发展，其实就是在众多的技术发展机会或"种子"中，识别并培养出少数的关键技术，同时使研发机构围绕这些技术的市场开发、技术改进等流程趋于固定化，以更高的效率形成占位优势，最终在市场上占有稳定的竞争地位。但是这一过程需要耗费大量的人力、物力、财力，只有将这些资源配置到最优位置才能充分发挥其作用。

高精尖产业发展的实现机制离不开资源优化配置机制。因此在发展高精尖产业中必须采取资源优化配置机制，促进生产要素能自由高效地从低质低效领域向优质高效领域流动，提高要素质量和配置效率，引导各类要素协同向先进生产力集聚，使得分散的资源得到最佳配置，为高精尖技术的市场化提供支撑力。

一是尊重市场在资源优化配置中的决定性作用。资源的优化配置主要靠的是市场途径，由于市场经济具有平等性、竞争性、法制性和开发性的特点和优点，它能够自发地实现对商品生产者和经营者的优胜劣汰的选择，促使商品生产者和经营者实现内部的优化配置，调节社会资源向优化配置的企业集中，进而实现整个社会资源的优化配置。因此，市场经济是实现资源优化配置的一种有效形式。

二是疏通技术和市场协同创新网络中的现实堵点。促进形成科技成果转化良性循环，必须让市场在创新资源配置中起决定性作用。无论是围绕某一核心技术成果开发产品，还是将技术用于改进、提升产品或服务的特定性能，都不是单一的技术问题，而是一个涉及需求、定价、开发、设计、推广等多要素的复杂系统。这不是简单地对接洽谈就能实现的，而必须立足市场这个主场域，发挥市场对技术研发方向、路线选择、要素价格、各类创新要素配置的导向作用。唯有通过市场的手段，让技术得以作为一种市场要素自由流通，才能降低交易成本，让技术创新端和产品供给端紧密配合，对产业发展形成有力支撑。

三是在动态情势下实现人力资源的最优配置。人力资源应是第一重要资源，因为企业的物质、资金、信息、产品等，无不受到人力资源的安排，企业功效的施展，要通过人的作用。企业常常是在动态情势下进行运作的，从外部条件来说，企业要根据动态世界做出反应，从内部来说，企业也要不断根据战略目标的实行进行内部调剂。这种动态的调剂，必定会带来优化人力资源方案的调整。高精尖企业要根据外部环境的变化，适时调整人力资源计划。

📖 【专栏 16 - 2】

广州：推动资源向五大核心产业集中

过去两年，广州国资国企改革推动国有经济竞争力、创新力、控制力、影响力和抗风险能力不断增强，从多个方面不断创新构建广州国资发展新格局。3 家国企入围世界 500 强。

《广州市国企改革三年行动实施方案（2020～2022 年）》提出 8 方面 43 项 102 条清单，市属国企共制定改革任务 645 项、改革举措 989 项。值得注意的是，2021 年广州国企新增广州建筑和广药两家世界 500 强，加上广汽共 3 家世界 500 强，现有中国 500 强企业 8 家。

在上市公司为主的混改工作方面，"十三五"时期以来 500 多个混改项目引进非公投资 1.6 万多个、超 900 亿元，其中 2020 年来 140 多个混改项目引入非公投资超 200 亿元；二级及以下企业近六成为混合所有制企业。同时，广州也率先提出 2022 年每家公益类企业至少控股 1 家上市公司，已完成一半；交投和越秀交通率先成功发行 REITs。

在调整存量结构方面，"十三五"时期以来广州累计推进 14 组 29 家一级企业重组，其中最近两年完成了 6 组 8 家。推进港口、工业、商业、食品等板块的专业化整合。在优化增量投向方面，推动资产、人才等生产要素的流动增值和发展高端服务业产业，广州新组建了广州人才集团、广州交易集团两家集团；打造 5 大现代产业园区；培育发展智能装备、人工智能、生物医药等新兴产业；联合优秀民营企业新成立了轨道交通产投集团。

通过资产重组、结构调整特别是专业化整合，让熟悉的人干熟悉的事情，专业的人干专业的事情，专业化整合效果不断显现。

如今，广州国企不断推动资源向汽车、金融、生物医药与健康、装备制造、电子信息 5 大核心产业集中，目前 5 大核心产业资产总额、营业收入、利润总额已分别占市属国企的 50%、41% 和 46%。其中，越秀集团、广州工控、广州地铁等快速成为行业的领头雁。

（资料来源：推动资源向 5 大核心产业集中［N］. 南方日报，2021 - 12 - 24）

16.2.4 项目"揭榜挂帅"机制

高精尖产业发展中"揭榜挂帅"机制是推动技术攻关的利器。"揭榜挂帅"就是建立一套选贤任能、让能者脱颖而出的体制机制，实现"能者上"。这种"英雄不论出处"的科技体制机制，正在成为驱动关键技术攻关、科技成果加快转化的关键一招。

"揭榜挂帅"于 2020 年、2021 年连续两次被写入政府工作报告，掀起了相关研究的高潮。其实，"揭榜挂帅"的实践探索早就开始了。2016 年 4 月 19 日，习近平总书记在出席网络安全和信息化工作座谈会时提出，把需要的关键核心技术项目张出榜来，"可以探索搞揭榜挂帅"[①]。2017 年，武汉东湖高新区为推进"资智回汉"计划，寻找技术攻关项目团队，曾在全国首创"光谷科技悬赏奖"，面向全球进行招标。2018 年，深圳为有效解决企业在自身研发过程中遇到的各种技术困难和技术需求，主办了国际性"深圳科技悬赏赛"，以此发现并吸引尖端技术和产业技术人才，助力建设深圳全球科技产业创新中心。2018 年同年，工信部发布《新一代人工智能产业创新重点任务揭榜工作方案》，旨在通过"揭榜挂帅"方式从众多人工智能创新活跃的主体中，遴选一批创新能力强、掌握关键核心技术的单位，当时前来揭榜的高校、科研院所和民营企业等达上千家。

📖【专栏 16 - 3】

"揭榜挂帅"：放大财政资金杠杆作用

在"揭榜挂帅"实践中，这一行为更加表现出一致性。利用有限的财政资金，通过杠杆作用撬动更多的市场投资，支持科技创新活动，攻克关键技术"卡脖子"难题，是"揭榜挂帅"机制实践中越来越多地方政府不约而同的选择。广州市顺德区 2020 年对 13 个核心技术攻关项目予以立项支持，资助 4900 万元，撬动企业自筹经费投入近 2.2 亿元，企业自筹经费与政府配套经费比均超过 3∶1。截至 2021 年 3 月，山西省已支持了 3 批 40 项"揭榜挂帅"重点项目，省财政引导资金 2 亿元，带动企业投资 7 亿元。

（资料来源：张堂云．"揭榜挂帅"制度的价值内涵、实现路径与推广策略［J］．中国招标，2021（4））

---

① 习近平总书记在网络安全和信息化工作座谈会上的讲话［EB/OL］．新华社，2016 - 4 - 25.

高精尖产业重点领域，鼓励揭榜企业开展技术攻关"赛马"，加快新技术新产品研制突破进程。支持创新主体主动承担揭榜攻关任务，对揭榜攻关成功的技术和产品，同等条件下优先支持和推广。

"揭榜"标的应侧重全局性、战略性、前沿性重大科技需求，"揭榜"标的应侧重即期的、应急的、现实性重大科技需求。"揭榜"标的来源于现实客观需要，并经过专家论证和创投机构认可。

16.2.5　科技金融支持机制

科技成果转化是发挥科技支撑引领经济发展从而提高我国自主创新能力的内在要求，然而资金瓶颈①严重阻碍了科技成果的转化（刘朝晖，2011）。科技金融作为科技成果转化的助推器，在企业实现科技成果转化中发挥重要的促进和保障功能，重点是形成三个机制：

——形成资本机制，科技成果转化需要大量的资金投入，通过发展金融机构的业务类型、健全金融体系运行机制以及完善宏观调控作用机制，金融体系可以不断提高储蓄投资的转化效率，为科技成果转化提供资金支持。金融中介以商业性金融的利益竞争机制和政策性金融的矫正补缺与倡导机制为运行机制，促进资源的优化配置和资本形成。科技企业从金融资本市场中获取资金来源还包括产业投资基金、股权投资基金以及各种风险投资机构等。结合金融中介和金融市场可以满足不同所有制、不同规模、不同生命周期科技企业的成果转化资金需求。

——分散风险机制，金融对科技成果转化的促进作用还体现在风险分散与转移、科技投资的流动性提供与价格发现。其中，金融体系能揭示科技投资的价值，并通过为科技成果转化提供初级、二级、三级和四级等不同等级的交易场所，促进了科技投资的流动和进入退

---

① 据《2009 年全国科技成果统计年度报告》，制约应用类科技成果未应用或停用的首要因素是资金问题，占比约 50.21%。

出，同时也分散和降低了金融体系对科技成果转化企业的投资风险。

——揭示信息机制，投资者在评估科技成果转化主体或项目时需要搜集和处理大量与之相关的信息，信息匮乏使得资本难以投向最有价值的科技成果转化项目。金融市场依靠一定的法律制度，通过提供有组织的直接交易平台，由市场参与者通过市场交易行为自行产生各种信息并反映在公开的市场价格中。另外，金融中介的规模优势和专业化优势，使得金融中介很容易获取科技开发主体或项目的信息，有利于弥补信息匮乏的缺陷。

高精尖产业的发展需要完善的科技金融支持机制作为保障，金融科技的形成资本机制、分散风险机制和揭示信息机制都在很大程度上促进了企业实现科技成果的转化，因此完善的金融科技支持机制是发展高精尖产业的重要机制。

16.2.6　人才激励机制

高精尖技术是集成性的创新技术，其共识机制和激励机制等非常重要，人才激励机制处于核心地位。

激励是一种内生动力机制，是通过规则、制度、文化实现对组织成员的技术创新方向引导、动机激发与行为强化，持续调动人的主动性、积极性和创造性。激励的核心理念是依法治理，强调维护制度的法权地位，通过制度设计和文化建立打开所有人的梦想空间，为所有人提供追求梦想的保障。其本质要求是以人为本，注重实现事业繁荣与主体发展的统一，增强主体对制度的认同感、融合度和支撑力。

有的高技术企业在员工的技术激励问题上下了很多功夫，但往往起不到预期的效果。其中的一个原因便是企业的管理制度并未规范化，激励机制失去其实施的根基。很多时候，企业建立了一个科学的激励机制，但企业的领导们有的不愿意兑现承诺或者该种机制并未在企业内得到重视，无论是管理者还是员工都不按照激励机制操作，企业也无法实现有效的激励。因此，企业还须将企业制度化，保障技术激励机制有效地运行。这样一来可以提升技术激励制度的效果，二来还可以减少不规范操作所带来的成本增加。

要根据国家发布的相关配套规章文件和指导原则要求，制定企业管理程序文件和操作规程，明确企业的奖惩制度，将人才上升的内部循环、人才激励措施等以制度、以责任制度来规范院属企业科技创新活动；优化高精尖产业发展急需的领军人才、创新型科技人才和"大国工匠"引进政策。探索从课堂教育向专业化、定制化、细分化的职业教育延伸，尽可能满足产业智能化、融合化、国际化发展形成的大量复合型人才需求。

16.2.7　有机生态机制

高精尖企业是有机的系统，有明确的目标，是一个生态的有机体。理论和实践都表明，最优的社会生态经济效益，是包括企业在内的整个社会的生态经济效益的最优化。企业实现可持续发展，关键在于建立有机生态的企业机制。

要建立有机生态的企业外向机制。在现代市场经济中，由于生态经济基本矛盾的作用，在企业生产经营管理过程中，会出现外部影响，这种影响可能是外部经济性，也可能是外部不经济性。企业有机生态化管理，必须使企业既具有追求内部经济性的动力和能力，又具有追求外部经性的动力和能力，从而有效地克服生态成本的外在化，实现外部不经济性内部化。第一，企业生态经济行为合理化。企业生态经济行为必须尽可能兼顾企业利益和社会利益，至少不损害社会、生态的健康发展，必须符合社会利益和履行企业对社会应尽的责任和义务。第二，实行企业生态环境补偿制度。建立生态环境保护标准和超标处罚的政策，规范企业的生态经济行为，调节其投资结构，加强企业的生态环境法制教育，增强生产经营者的生态环境法制观念。

建立有机生态的企业内部机制。第一，健全企业有机生态化管理组织。成立企业有机生态化委员会，实行集体决策，决定和解决企业有机生态化建设、管理等重大问题。在院属企业内部分级有机生态化管理，层层抓有机生态化建设，建立企业各级专职有机生态化职能部门。第二，强化企业有机生态化管理制度。实行企业有机生态化目标责任制，作为考核企业生产经营管理状况的重要内容，与企业管理者的经济利益直接挂钩，设立生态化奖励基金。同时建立和完善企业生态环境考核制。第三，完善企业有机生态化管理机制。由单纯经济管理发展到有机生态化管理，将有机生态化管理和生产经营管理紧密结合起来，关键在于建立完善的企业有机生态化管理机制，形成推动力，把有机生态化管理渗透到企业生产经营管理的各个环节，不仅纳入企业的综合管理，而且纳入企业各项专业管理，真正实现生产经营管理和生态化管理的有机统一。

16.3　本章小结

本章提出，面向高质量发展的高精尖产业支撑体系可以概括为"三循环"支撑体系，即"人才激励"上升循环、"产业融合"上升循环和"协同发展"上升循环。在"产业链全局观"上升循环中，本书提出四个要务：第一，构建以"源头技术创新—科技创新服务—市场渠道对接—金融资本服务"的全产业链服务体系；第二，关注产业链中的薄弱环节，释放整体效能；第三，梳理高精尖企业、高技术产业的竞争优势；第四，整合企业内部价值链，促进融合创新，构建共生生态。高精尖产业发展的实现机制可以概括为"一纵六横"，其中"一纵"为城市群协同发展机制；六横"即创新链产业链联动机制、资源优化配置机制、项目"揭榜挂帅"机制、科技金融支持机制、人才激励机制、有机生态机制。

第 17 章　纵论高精尖产业的发展大势

洞见未来，高精尖产业需要把握宏观、中观、微观的产业发展大势。本书提出高精尖产业发展的五大宏观力量、五大中观力量、五大微观力量。五大宏观力量是指高质量发展、国家战略科技力量、双碳目标、就业优先战略及健康中国战略；五大中观力量是指产业互动、产业升级、空间重构、应用场景牵引、产业生态；五大微观力量是指技术引领、数字化驱动、应用场景牵引、人才与企业的匹配、服务化创新及迭代进化。

17.1　高精尖产业发展的五大宏观力量

17.1.1　高质量发展

高质量发展作为中国新发展战略将有力推进。实现高质量发展是实现第二个百年奋斗目标的根本路径。党的十九届六中全会通过的《中共中央关于党的百年奋斗重大成就和历史经验的决议》强调，必须实现创新成为第一动力、协调成为内生特点、绿色成为普遍形态、开放成为必由之路、共享成为根本目的的高质量发展，推动经济发展质量变革、效率变革、动力变革。实现高质量发展是我国经济社会发展历史、实践和理论的统一，是开启全面建设社会主义现代化国家新征程、实现第二个百年奋斗目标的根本路径。

推动高质量发展必须夯实微观基础。按照党的十九届五中全会提出的"把握扩大内需这个战略基点，深化供给侧结构性改革"的要求，当前特别要在壮大发展实体经济上聚焦聚力，坚持把发展经济的着力点放在实体经济高质量发展上，强化企业创新的主体地位，大力提升企业技术自主创新能力，以更大力度尽快突破关键核心技术，着力解决"卡脖子"问题，促进产业链和创新链双向融合，增强我国产业链供应链自主可控能力，做实做强做优先进制造业和现代服务业，将产品和服务的品牌形象塑起来、立起来、强起来，增强我国经济创新力和市场竞争力，努力为全面建设社会主义现代化国家开好局、起好步，加快实现更高质量、更有效率、更加公平、更可持续、更为安全的发展。

📖【专栏 17-1】

北京高质量发展的实现路径

北京作为我国的首都，具有全国政治中心、文化中心、国际交往中心、科技创新中心的城市战略定位，在推进城市经济高质量发展的进程中，积极探索从"合理利用资源适应经济发展到疏解城市功能促进高质量发展"的转型发展之路，已经取得十分显著的发展成效。

一是紧跟减量发展步伐，城市建设质量得以大幅度提升，向实现高质量发展目标更进一步。北京具有雄厚的优质资源，外加首都的区位优势，通过疏解城市功能，加大产业结构优化调整力度，整治淘汰了一大批低生产效能的企业，存量资源得以十分有效的释放，为创新提供更为广阔的发展空间；与此同时，北京积极转变以往"摊大饼"等低效益的土地利用模式，积极投身于城市建设用地优化与城市空间管理过程中，实现土地利用高质量发展，使得城市建设的质量和效益节节攀升。

二是在以实现产业结构优化的基础之上促进城市经济发展质量提升，致力于城市经济高质量发展目标的实现。在调整产业结构的进程中，北京摒弃了传统的粗放型工业体系，探索性构建出新一代信息技术、节能环保、人工智能、软件和信息服务以及科技服务业等高精尖经济结构，着重发展主导产业，积极推进战略性新兴产业发展进程，培育与孵化新的经济增长点，不断补充与完善现代化服务业体系，在资源得以充分配置的基础之上，形成优质供给和有效供给，进而加快城市经济高质量发展的实现进程。

三是以促进创新驱动发展方式为城市发展提供动力，进而实现城市经济的高质量发展。北京由以依赖资源消耗为核心的单一发展模式转向以创新驱动为主的增长模式，为教育、人才和科技优势全面释放搭建空间，通过政策、资金工具的科学及合理利用，积极搭建服务平台，在创新驱动中提升新旧动能转换率，提高城市发展质量。

四是在区域协调发展的同时提升区域发展质量。北京顺应国家三大发展战略之一的京津冀协同发展战略，不断积极推进北京城市的副中心与雄安新区"两翼"建设，不断提高城市以单中心空间结构为特征向多中心空间结构为特征的转变速度，不但缓解了北京市单中心空间结构所引致的城市低效率运行的问题，而且通过建设的新区域地带成功引导城市有序增长，为城市发展提供新的动力源和增长极，积极促进城市治理平衡的多中心网络化空间格局的形成。

以上四点的路径安排，积极推动北京向高质量发展阶段迈进，为首都实现经济高质量发展奠定了坚实基础。

（资料来源：方力，贾品荣. 首都高质量发展研究［M］. 经济管理出版社，2021）

17.1.2 国家战略科技力量

国家战略科技力量将扎实落地。自 2016 年全国科技创新大会以来，我国出台的科技政策文件中多次强调强化国家战略科技力量，这与我国当前科技创新和经济发展面临的国内外环境密切相关。我国科研力量比较分散，在许多关键领域缺乏国家战略科技力量。

由于过去企业研发机构中协同创新不够，与重点实验室和科研机构对接不足，没有形成协同攻关的组织模式和能力，无法有效满足国家战略需求。

在国家战略科技力量推动下，瞄准人工智能、量子信息、集成电路、生命健康、脑科学、空天科技、深地深海等前沿领域，促进产业升级，补齐产业链短板，加大重大产品和关键核心技术攻坚力度。以上举措将给高精尖产业带来新的增长点。

强化战略科技力量从三个方面着力：

一是着力推动科技政策扎实落地，将科技政策贯穿于"卡脖子"技术突破和产品应用等层面，切实提高高精尖产业的研发投入效率，发挥引领带动作用。

二是着力推动科技创新与国家重大需求的更好衔接，通过资源链、创新链、产业链的耦合，实现产业关键核心技术的更好突破。

三是着力培育一批高精尖领军企业，发挥企业出题者作用，产学研合作推进重点项目协同和研发活动一体化，针对高端制造、信息产业中的薄弱环节开展联合攻关，通过资金链、人才链、政策链的系统支持，成为国家战略科技力量的重要组成部分。

📖【专栏 17 - 2】

跟 随 创 新 迈 向 自 主 创 新 的 路 径

从创新理论分析，需要由过去的跟随创新，迈向自主创新。跟随理论在几乎所有的发展经济学教材都可以看到，其理论依据是发展中国家的科技水平落后于发达国家，在技术进步上不可能与发达国家并跑，只能跟在其后，进行模仿和引进，基本模式是国外创新技术在中国进行扩散，但创新的源头还在国外，采用的新技术在国外已经是成熟的技术核心，关键技术不在中国。这样，模仿和引进虽然能够缩短科技和产业之间的国际差距，但是不能改变后进的地位。

当前，中国需要进行创新模式的转换，由跟随创新逐步迈向自主创新。这里有三个重要基础：第一个基础是中国作为第二大经济体，自身具备并跑，甚至领跑的能力。2019 年，我国研发经费投入 2.2 万亿元，总量位居世界第二位；2019 年我国科技进步贡献率已达 59.5%，具备由跟随创新逐步迈向自主创新的条件。第二个基础是中国积极布局科技领域制高点，瞄准人工智能、量子信息、集成电路、生命健康、脑科学、生物育种、空天科技、深地深海等前沿领域，实施一批具有前瞻性、战略性的国家重大科技项目。中国科学院集中力量研究光刻机技术，将美国的"卡脖子"清单转为科研攻坚任务清单，为国产芯片"铺平道路"。第三个基础是大国经济可以集中办大事，特别是中国可以利用举国科技体制，有能力在某些领域重点突破。健全社会主义市场经济条件下新型举国体制，打好关键核心技术攻坚战。这样一来，中国科技进步的路径就有条件由过去的跟随创新转向自主创新。

当前，由跟随创新迈向自主创新，需要把握四大战略要点。

一是加大基础研究比重。2019 年，我国基础研究经费 1209 亿元，比 2018 年增长了 10.9%，基础研究占全社会研发投入比重历史上首次达到 6%。科技部制定了《加强"从 0 到 1"基础研究工作方案》，对基础研究进行了系统安排，从优化原始创新环境、强化国家科技计划项目的原创导向、加强基础研究人才培养、创新科学研究方法和手段、提升企业的自主创新能力五个方面进行了部署。但基础研究在科技投入中的比重需要持续提高。

二是着力培育新兴科技。当前，全球经济发展已由以物质生产、物质服务为主导转向以知识创新、技术变革为主导转变，要素禀赋也由初级要素禀赋升级到了以人才、技术为主的高级要素禀赋。高级要素禀赋是自主创新的关键。而新兴科技正是由于引入了这种高级要素禀赋而产生的。知识创新能够加速大数据、云计算、人工智能等技术在各个领域的不断渗透，从而完成对不同领域信息的实时采集、存储和处理，对知识进行再次开发和挖掘，进一步提升知识创新的效率；5G 网络、物联网等新兴技术则可以加速各种信息的及时有效传输，实现知识和信息在各主体之间的充分流动与连接，克服内部资源有限和同质性的限制，建立起知识共享的途径和渠道，并进而通过不断扩展平台辐射的时空边界产生倍增的学习效应，从而不断催生出新的产业、新的业态；新兴科技能加速以知识为主体的资本对传统资本的替代，并重新组织资本和劳动的关系，改善现有生产要素的质量。由此可见，新兴科技有助于转变中国经济由自然资源、资本、劳动要素驱动的经济发展方式，转变为知识与技术驱动的经济发展方式，从而由跟随创新转向自主创新。因此，应围绕 5G、半导体、新能源、车联网、区块链等领域，支持新型研发机构、高等学校、科研机构、科技领军企业开展战略协作和联合攻关，着力培育新兴科技。

三是推动产业链上中下游融通创新。现代科学技术发展和工业化大生产的显著特点是科学技术的交叉与融合，任何企业都很难独立地完成技术创新、零部件制造和生产的全过程，因此需要依托社会化分工、协同与合作。根据产业链的特点，从设计、材料、设备、工艺、关键零部件、总成等各个环节，在全国范围内布局创新链，选择不同环节中具有优势的企业和科研院所，按照总体目标的要求，分别承担其中某一环节的研发、攻关和配套任务，最后由具有综合技术实力的龙头企业集成。

四是大力发展硬科技。2018 年我国发表的自然科学论文数达 30 万篇，超过美国的 28 万篇、德国的 6.7 万篇和日本的 6.5 万篇，但在高端制造业的关键技术领域，与美国、德国和日本仍存在较大差距，核心问题是硬科技创新不足。硬科技是指能够提高物质产品生产效率的科学技术，是能够改进物质产品生产的材料、设备、工艺、零部件、元器件和终端产品性能的技术。硬科技是推进工业、农业、交通运输业、建筑业、环境治理和保护、信息产业、武器装备制造业现代化的高新技术，是能够提高我国国际产业分工地位和国际贸易竞争力的技术。但一些中小企业偏好于商业模式创新，不重视生产技术和产品的创新，在国际分工中处于价值链的低端。要高举自主创新大旗，大力发展硬科技，着力打造硬科技的创新示范区，培育更多的中小企业成为技术创新的发源地。

（资料来源：本书作者根据资料整理）

17.1.3 "双碳"目标

"双碳"目标将有力推进实现。中央经济工作会议指出，"实现碳达峰碳中和是推动高质量发展的内在要求"[①]。2020 年 9 月，中国在联合国大会上承诺争取 2030 年前实现碳达峰，2060 年前实现碳中和。在"双碳"目标下，绿色转型产生规模庞大的绿色经济。

本书认为，"双碳"目标的实现，对高精尖产业发展的影响有五：

一是战略转型减排。注意把握碳中和所催生出的众多新兴产业，调整业务组合，探寻新的增长。

二是结构减排。传统高能耗产业的节能减排加速推进，可再生能源和清洁能源运用提速，开发和应用高效清洁的生产模式和技术设备提速。

三是建筑减排。建筑能耗约占全社会总能耗的 9%，是"双碳"目标实现的重点。提高建筑能源效率、推进建筑材料的绿色升级必是今后的重点。

四是技术减排。碳捕获、碳封存、氢能和生物合成燃料等新兴减

---

① 中央经济工作会议在北京举行［N］. 光明日报，2021 – 12 – 11.

碳技术将得到进一步应用。

五是管理减排。推动互联网、大数据、人工智能、第五代移动通信等新兴技术与绿色低碳产业深度融合。在"双碳"目标实现过程中，数字化将扮演重要角色。

17.1.4　就业优先战略

就业优先战略将深入实施。就业是社会稳定的压舱石，也是经济发展的晴雨表。2021 年 8 月，国务院印发《"十四五"就业促进规划》，提出要以实现更加充分更高质量就业为主要目标，深入实施就业优先战略。

随着创新驱动发展战略的深入实施，以"互联网＋"、智能制造为代表的新经济将蓬勃发展，掀起了一轮创业创新的热潮，不仅成为拉动经济增长越来越重要的动力，而且可以创造大量新职业新岗位。截至 2021 年 11 月 1 日，全国市场主体总量超 1.5 亿户，近 10 年净增 1 亿户。亿万市场主体的磅礴力量推动了我国经济总量、国家财力和社会财富稳定增长。特别值得指出的是，互联网经济迅猛发展，正在渗入各行各业。2020 年我国网络零售交易额占社会消费品零售总额的 30.4%，相较于 2019 年增加 4.67%。2020 年北京新经济占 GDP 的比重达到 40.9%①。

应积极支持新经济企业的发展，新经济企业中小企业数量较多，在高质量发展的要求下，需要从专、精、特、新四方面入手，通过聚焦专长，做精某个细分领域和细分市场，突出产品和服务特色，加强创新，凸显竞争优势，成长为"小巨人"，与大企业相得益彰，共同推动经济高质量发展。同时，新经济企业应适应高精尖企业的就业和用工特点，加快完善相关配套制度，能够让更多劳动者分享新经济的红利。

---

① 资料来源：国家统计局。

17.1.5 健康中国战略

未来十年健康中国将加速推进。党的十八大以来，国家以"健康中国"战略决策推进全面建成小康社会的实践进程。2020年6月1日施行《中华人民共和国基本医疗卫生与健康促进法》，为保障公民享有基本医疗卫生服务，提高公民健康水平，推进健康中国建设提供了坚强法律保障。2020年，国家"十四五"规划提出"全面推进健康中国建设"的重大任务，为当前和今后一个时期医疗卫生事业发展指明了方向。

推进健康中国建设，健康产业将迎来重大发展机遇。2020年北京医药健康产业增长达到2200亿元[①]。2022年北京冬奥会、冬残奥会筹办有序推进，推动健康中国加速。北京市印发《北京市加快医药健康协同创新行动计划（2021~2023年）》，持续推动创新药发展和加快医疗器械产业技术创新，促进医药健康产业融合发展，积极承接北京及全球科技创新成果，实现医药健康产业高质量发展。

在健康中国战略推进中，有三个重点：

一要加强自主研发能力，给予企业更多的发展空间。政府要制定适宜的政策，根据企业实际需要加以扶持，最大限度地激发企业的研发创新能力。在这个过程中，政府要与企业代表及时沟通，了解企业遇到的实际困难，参考企业需要的解决办法，制定出最适合的政策。这需要政府建立良好的沟通机制，其中，要重点考虑如何提高政府相关部门与企业沟通的积极性。

二要重点突破"卡脖子"技术，依靠新型举国体制，协助企业，合理攻克医药健康产业发展的技术难题。

三要充分发挥市场机制作用。充分调动社会力量提供健康产品和

---

① 医药健康产业助推北京创新发展［N］. 中国科学报，2021－10－31.

服务，既有利于满足群众高质量多样化的健康需求，也有利于培育国民经济新的增长点，助力推动构建新发展格局。

📖【专栏 17－3】

健康北京：从卫生健康系统向社会整体联动转变

《"十四五"时期健康北京建设规划》（以下简称《规划》）正式发布。《规划》打破部门壁垒，将医疗卫生、体育健身、生态环境等领域统筹融合，在五年规划编制中是首次。同时，突出将健康融入所有政策，即从单纯卫生健康系统向社会整体联动转变，合力推进健康北京建设。规划还提出了 33 个具体指标，其中增设了儿童青少年总体近视率、每千人口拥有 3 岁以下婴幼儿托位数等指标。在具体内容上，聚焦"更完善的体系""更健康的生活"等 4 个板块提出 11 项重点任务。

《规划》注重"三新两高两首一突出"：准确把握新发展阶段，完整、准确、全面贯彻新发展理念，主动融入新发展格局；推进高质量发展，创造高品质生活；坚持首都特色、首善标准；突出公平正义。一是创新编制理念。《规划》打破部门壁垒，将医疗卫生、体育健身、生态环境等领域统筹融合，在五年规划编制中是首次。二是坚持健康公平。《规划》提出推动卫生健康服务从以治病为中心向以健康为中心转变，充分发挥对维护社会公平正义、促进共同富裕的支撑保障作用。三是突出疏解与功能优化并重。《规划》提出推进优质医疗资源均衡布局，推进健康服务向全方位全生命周期转变。增加重点人群健康服务供给，提升公共卫生和基层卫生服务能力。四是突出将健康融入所有政策。《规划》提出推进从单纯卫生健康系统向社会整体联动转变，逐步建立健康影响评价评估制度，充分发挥基层组织、社会组织以及行业协会等作用，合力推进健康北京建设。五是立足首都城市战略定位。《规划》从提升为中央党政军领导机关服务能力，保障国家政务活动安全；弘扬发展健康文化；提升国际医疗服务能力，发挥优质体育赛事引领带动作用；支持综合国家实验室、研究型医院建设，促进医药健康产业高质量发展等方面加强对"四个中心"功能建设的支撑保障。六是提升治理体系和治理能力现代化水平。《规划》提出要坚持不懈抓好常态化疫情防控，增强公共卫生事件应对能力，深化医药卫生体制改革创新，打造多层次高质量人才队伍，推进京津冀健康事业协同发展。

《规划》提出，到2025年，健康服务体系与首都城市战略定位、人民健康需求更加匹配，强大的现代化公共卫生体系和优质高效的医疗服务体系基本建立，中医药优势和作用进一步发挥。首都体育事业发展水平加快提升，形成政府主导有力、社会广泛参与、市场迸发活力、公共服务丰富的体育发展新格局。高品质健康服务更加公平可及，健康科技创新更富活力，健康环境更加优美宜居，健康生活方式全面养成，健康文化深入人心，市民健康素养达到新水平。

同时，《规划》还提出了33项指标，除了人均预期寿命等经典健康指标外，还增加了儿童青少年总体近视率、每千人口拥有3岁以下婴幼儿托位数、建成区公园绿地500米服务半径覆盖率等回应民生关切、体现人民群众对高品质生活追求的指标。

《规划》聚焦"更完善的体系""更健康的生活""更优质的服务""更坚实的保障"，提出4个板块11项重点任务。

第一板块，健全完善卫生健康服务体系。《规划》提出构建强大的现代化公共卫生体系，改革完善疾病预防控制体系，构建新型传染病防治体系，健全公共卫生应急管理体系，到2025年，每万常住人口疾控力量配比达到1.75人。建设优质高效的医疗服务体系，加大服务模式创新力度、深化医药卫生体制机制改革。

第二板块，促进形成健康的生活方式。《规划》提出营造安全宜居的健康环境，到2025年，实现国家卫生区全覆盖，建成区公园绿地500米服务半径覆盖率达到90%。培育健康人群，促进健康行为养成，中小学生每天参加校内体育锻炼时长达到 1 小时以上。构建高水平全民健身公共服务体系，推进冰雪运动，广泛开展全民健身赛事活动。营造健康文化，促进健康领域人文社科发展，鼓励健康主题文艺创作，做好健康文化宣传引导，弘扬中华体育精神。

第三板块，提升健康服务质量和品质。《规划》提出加强健康服务与人口社会服务融合发展，优化妇幼、儿童、老年人等重点人群健康服务，到 2025 年，按照不少于 4.5 托位/千人的标准配置婴幼儿照护服务设施，老年友善医疗机构占比超过 80%。推动医药健康创新，开展关键核心技术攻关，解决一批"卡脖子"问题。推动体育赛事新发展，推动高科技体育领域新应用。推动京津冀健康事业协同发展，在区域卫生健康发展、养老服务、疫情联防联控等方面加强协作。

第四板块，夯实健康支撑和保障。《规划》提出建设多层次、高质量的人才队伍，强化投入机制，完善医疗保障政策，建立智慧医疗健康信息支撑体系。推进健康治理体系和治理能力现代化，加强组织领导，健全多元主体参与的治理格局，完善健康法治体系，让全体市民都有机会参与健康北京建设。

（资料来源：根据《"十四五"时期健康北京建设规划》整理）

17.2　高精尖产业发展的五大中观力量

17.2.1　产业互动

产业互动是高精尖产业发展的重要方向和趋势。产业互动是指一定区域内、产业之间通过政府或市场的调节，形成相互间的共同发展。产业互动不仅包括三次产业之间的互动，而且包括三次产业各自内部的互动，还包括区域产业、城乡产业之间的互动，从宏观层面看，产业互动推动产业结构从不协调到协同、从低度协调到高层次的协调发展，为产业结构互动升级准备条件。从微观层面看，产业互动加强同一区域相同产业之间的联系，加强不同区域之间不同产业的联系，加强同一区域相同产业之间的联系。正因为此，高精尖产业发展要更加重视三次产业的互动发展，充分发挥政府和市场的混合调节作用，防止双方引起的失灵现象。目前，虽然我国在三次产业之间和三次产业内部、区域三次产业之间和区域三次产业内部互动取得了一定进步，在第一产业和第二产业大力扶持下所占的 GDP 比重逐渐降低，效率提高，第三产业发展势头十分强劲，但工业素质不高，高端服务业发展不足，三次产业互动度较发达国家低，要积极推动三次产业互动，推动高精尖产业新的发展。

推动产业互动，从四个方面着力：

一是推动数字经济与制造业、数字经济与服务业的互动。促使数字技术与一、二、三产业深度融合，推动产业数字化。实施制造业数字化改造行动计划，推进重点企业智能化转型，加快制造业互联网建设，发展制造业电子商务、制造业大数据等新业态。

二是推动低碳绿色产业与制造业的互动。加快低碳工业园区建设，通过深入实施智能制造、绿色制造等重大工程，推动制造业高端化、智能化、绿色化发展，助力碳达峰、碳中和目标实现。

三是推动产业内部的融合创新。围绕产业链、价值链、创新链进行融合，推进形成产业内部的发展合力。

四是推动城乡产业之间的互动。在过去很长一段时期，农业的功能主要表现在经济和社会领域。随着消费结构升级，人们在对一般农副产品需求的基础上，对高品质的农副产品产生了更大需求，对文化、休闲、旅游等更高层次的消费需求也在快速增长。在高质量发展背景下，需要对过去工业化、城镇化主导下的农业农村功能进行重新审视和定位。除了农副产品和劳动力的供应功能，农业农村的传统文

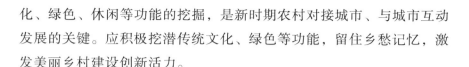

化、绿色、休闲等功能的挖掘，是新时期农村对接城市、与城市互动发展的关键。应积极挖潜传统文化、绿色等功能，留住乡愁记忆，激发美丽乡村建设创新活力。

【专栏 17 – 4】

上海：以"咖啡"为媒，链接各项产业

咖啡文化是一种时髦、精致、优雅的体现，受到越来越多人的喜爱。城市咖啡馆以其潮流、时尚、现代化的风格，已经成为城市街头一道精致的风景线。

上海持续引入高端咖啡品牌。2019 年 2 月，加拿大著名咖啡品牌提姆霍顿（Tim Hortons）进入中国，在人民广场开设第一家门店。2019 年 7 月，意大利最大的咖啡企业之一意利（illy）首家概念店落户上海田子坊。2020 年，拉瓦萨咖啡在上海开出亚洲首店，如今已拥有 4 家门店。通过"首店经济"引发大众尤其是咖啡爱好者的打卡热潮，从而带动流量和经济文化发展。2021 年 1 月，上海咖啡馆的业态结构中，精品咖啡馆或者独立咖啡馆占到 55.88%。除独立经营和连锁经营咖啡馆的形式，上海的咖啡馆市场还形成了跨业态发展，比如便利店 + 咖啡，书店 + 咖啡，酒店 + 咖啡，办公企业 + 咖啡，健身馆 + 咖啡等，最为熟知的便利店 + 咖啡，有全家的湃客咖啡、罗森的 L – café、7 – ELEVEn 的 7 – COFFEE，多元化的业态发展给上海咖啡市场的发展提供了持续的活力。

2021 年 3 月 29 日，"因为咖啡，所以上海"上海咖啡文化周拉开大幕，并举行第一届上海国际咖啡产业论坛及六场重磅国际性咖啡赛事和规模最大的咖啡节体验活动。为供应商、企业和消费者搭建了良好的平台，为上海咖啡文化的发展注入了力量，也推动上海咖啡产业的高质量发展。

上海的咖啡馆除了自身开展丰富的文化活动之外，文化的发展互

融共通、联动齐进，促进多元文化的交融发展之外，还带动了产业的发展，如制作咖啡的原材料植物奶、动物奶以及咖啡的载体咖啡杯等，通过咖啡文化的发展来带动多元产业的融合发展。

上海创新咖啡文化的传播，细分功能区和消费者市场，打造特色的人文咖啡文化。如细分功能区，分为城市街头咖啡馆、嵌入书店、社区、图书馆、博物馆等公共空间的迷你咖啡馆。细分消费者市场，咖啡不仅仅是紧跟潮流的年轻人的时尚，也有专为认知障碍老人设立的记忆咖啡馆，此外还有以残障员工为主角的"公益咖啡馆"，以及网红"熊爪"咖啡馆。独具匠心的设计，由聋哑人制作咖啡，借助"毛茸茸熊爪"和"可爱树洞"和"摸头杀"的形式，折射出咖啡文化温情、治愈的一面。对于上海而言，咖啡文化不单单是城市建设中的经济指标、文化符号，更体现出人文关怀和温情元素，呈现出一种更为包容、智慧的城市精神——让消费者在一杯小小的咖啡中，收获温暖。

（资料来源：万佳嫣．以"咖啡"为媒，赋能宁波城市发展［J］.宁波经济，2021（9））

17.2.2 产业升级

产业升级一方面代表产业结构的优化，另一方面代表产业自身的深化。前者意味着产业结构中各产业的地位和关系向更高级方向协调演进；后者意味着产业内部生产要素的优化组合及产品质量的提高。

对于高精尖产业而言，产业升级的趋势有五：

趋势之一：产业间升级。在产业层级中，从低附加值产业向高附加值产业移动，巩固提升关键环节的核心竞争力，纳入关键环节领军企业供应链体系，加快全产业链优化升级。

趋势之二：要素间升级。在生产要素层级中，从"禀赋资产"

或"自然资产"向"创造资产"的移动，不断加强技术创新，引进高精尖人才，集聚一批能够主持关键技术攻关、引领产业发展的领军人才队伍，围绕产业发展需求引入一批高水平的创新人才团队，培养一批基本功过硬、精益求精的工匠队伍。

趋势之三：需求升级。在消费层级中，从必需品向便利品、质量高的产品的转移，提升质量与标准化体系，全面提升产品服务品质。

趋势之四：功能升级。在价值链层级中，从销售和分配向组装、测试、零件制造、产品开发和系统整合的移动，推动先进制造业企业向全要素、全流程、多领域智能协同运营转型，构建基于智能制造的竞争新优势。

趋势之五：链接上的升级。在前后链接的层级中，从有形的商品类生产投入向无形的、知识密集的支持性服务移动，促进服务型制造发展。生产企业通过工业互联网共享生产订单的方式设立虚拟联合工厂，满足企业共性制造需求；制造业企业延伸拓展产业链高价值服务环节，发展个性化定制、产品全生命周期管理等新模式，提升制造效率，做"制造的制造"。

17.2.3　空间重构

空间在高精尖产业发展中肩负着提供资源基础和场所支撑的作用，空间重构的实质是行为主体通过采取政策、经济、工程等手段，以干预资源配置为重点，优化生产和生态空间的过程。然而，我国在发展高精尖产业中，还没有形成集聚化、联动化、差异化、生态化的高精尖产业协同发展格局，需要通过空间优化实现区域和产业协调发展。着力点有四：

一是集聚化，推进高精尖产业向科技园区集聚发展，构建合理的高精尖产业空间格局体系和结构网络，优化集约高效的生产空间。

二是联动化，统筹城市群与产业发展，关注点应从单一城市向实现城市群多要素转变，统筹城市群产业布局与空间优化。

三是差异化，探索推进差异化的空间重构模式，根据城市不同地域的自然生态条件、地域生产模式、产业发展方向等，因地制宜地采取相应的重构路径和模式，一定要与区域自然本底条件和社会经济发展阶段相适应。

四是生态化，基于实现可持续发展的目标定位，摒弃对单纯经济利益的追逐，基于实现资源可持续利用的目标定位，将产业培育、空间优化与生态价值保护有机结合。

📖【专栏 17 - 5】

杭州数字经济发展重视空间重构

数字经济已成为杭州经济增长和产业转型的核心引擎，并带动了空间载体、社会治理等领域的全面升级。

数字产业发展经验

——分类施策，形成多层次协同产业集群。在企业招引中，杭州分类施策，如对领军企业实施"鲲鹏计划"，加大对国内外数字经济龙头企业的招引力度，全力扶持企业做优做强；对高成长性企业实施"瞪羚计划"，着力培育一批细分领域的"单项冠军"和"隐形冠军"；对科技型初创企业深化实施"雏鹰计划"等。通过分类施策，杭州仅 2019 年就新增数字经济领域单项冠军 1 家以上，新增隐形冠军、单打冠军企业 82 家，"雄鹰行动"新培育企业 68 家。

——营造全要素创新生态系统。杭州市积极推进"名校名院名所"建设，与北京航空航天大学合作共建北航杭州创新研究院，启动华为全球培训中心、"滨江联合创新中心"5G 实验室等，鼓励企业建设高能级研发平台。仅 2018 年杭州就新增了各级企业技术中心、研发中心 99 家，院士专家工作站 7 家。

——聚焦龙头企业引领带动。在商贸领域，目前杭州已集聚了全国超 1/3 的电商平台，实现全国 85% 的网络零售、70% 的网络跨境贸易和 60% 的 B2B 交易。在金融领域，由中国互联网金融协会和世界银行共建的全球数字金融中心 2019 年落户杭州，助力其数字金融改革创新；同时，杭州还有蚂蚁金服等以服务小微经营者和大众消费者为主的金融机构。

——提供丰富多元的应用场景。杭州市政府除与阿里巴巴签订战略协议，在数字技术创新、数字赋能产业、数字金融服务、数字城市建设等方面深化合作外，杭州还有数据与航天相结合的云栖小镇、试点智慧医疗的东部软件园创新大厦、低空物流无人机配送服务的余杭未来研创园和西溪无人驾驶测试场等。

空间载体规划建设经验

——构建功能错位发展格局，推动多载体协同联动发展。杭州数字经济空间载体形式多样，既有国家级高新区、海外高层次人才创新创业基地，也有特色小镇、小微园区及开放式创业街区等。目前，杭州已形成以国家自主创新示范区为核心，以城西科创大走廊和城东智造大走廊为两翼，以萧山、钱塘新区、桐庐等地的特色小镇及众创空间为支撑节点的数字经济空间格局。

——营造多元创新交往空间，预留规划建设发展弹性。杭州是一个注重营造多元创新交往空间的城市，如城西科创大走廊规划提出构建创新人群"5 分钟交往圈"；梦想小镇以创业咖啡吧、路演中心、论坛沙龙和 YOU＋公寓等形式搭建创业者社交平台；智慧网谷小镇建设有"小镇客厅"、大运河文化时尚发布中心和运河中央公园等。

数字化治理经验

——构建顶层制度体系框架，出台激励与保障政策机制。为促进数字经济发展，杭州近年来相继出台了《杭州市全面推进"三化融合"打造全国数字经济第一城行动计划（2018—2022 年）》《加快国际级软件名城创建助推数字经济发展的若干政策》《杭州市全球引才"521"计划》等政策文件。杭州 2017 年成立了全国第一家集中审理涉网案件的互联网法院，2019 年互联网法院首次对外发布了互联网发展的"司法指数"。

——搭建城市大脑核心架构。杭州把"城市大脑"作为数字化治理的重要抓手。目前，"城市大脑"已基本形成中枢系统 + 部门（区县市）平台 + 数字驾驶舱（数据协同服务平台）+ 应用场景的核心架构；通过在井盖、桥梁等公共设施上安装传感器等措施，杭州已基本实现 24 小时无休的数字城管监控。

（资料来源：翟翎．"数字杭州"发展的先进经验及对深圳市龙华区的启示 ［J］．住宅与房地产，2021（10））

17.2.4　产业生态

产业生态不断优化。产业生态是 20 世纪 90 年代可持续发展战略在全球普遍兴起而产生的，无论是从宏观层面的国家产业发展政策还是中观层面的区域产业园规划，或是微观层面的企业生产技术投资实践，都体现了产业生态的思想。同时，产业生态也贯穿于三次产业中，如生态工业、生态旅游业等，产业生态是促进人、自然、社会和谐共生的一种产业发展模式，它贯穿于减量化、再利用、高效化、再循环的行为准则，是提高资源利用率、实现低污染、低消耗、高效化的产业发展模式。

产业生态的趋势有四：

趋势之一：围绕产业链培育产业生态，构建要素共生、互生的产业生态系统，推行"链长制"，畅通产业循环，打造具有国际竞争力的产业生态圈。

趋势之二：推动产业技术基础公共服务平台建设，夯实产业基础能力，进一步整合创新资源，为创新创业主体赋能。

趋势之三：推广供应链协同、创新能力共享、数据协同开放和产业生态融通的发展模式。

趋势之四：构建基于新原理、新技术的新业态新模式，为高精尖产业发展持续培育后备梯队。

17.2.5　应用场景牵引

目前中国的数字化水平、数字化技术并没有落后于其他国家，而更需要关注的是去抓住那些真正有需求的场景，将企业、政府、用户真正结合到一起，在未来形成完善的解决方案。

在高精尖企业发展中，不少企业管理者认为可以仅仅基于技术维度，或者做单点规划。高精尖企业高质量发展必须从业务场景出发。对于体现实际业务价值的应用场景，建议通过价值和可行性评估分析投入产出；对于战略性、支撑性场景，则直接从战略维度考量是否实施。高精尖企业的管理者必须基于未来的产品、服务及业务模式做系统的场景梳理，思考这些场景是否会给企业带来新的竞争力，或者会创造新的业务价值。在这个基础上，企业方可对技术和方案成熟度，以及资金与资源投入的可行性进行有效评估。

📖【专栏 17 - 6】

南京：建设应用场景赋能新兴产业成长

2021 年的南京市委"一号文"提出，强化市域治理应用场景创新，全年发布 1000 个应用场景。2021 年 1 月 20 日，南京又专门出台《关于加快应用场景开发建设 2021 年行动方案》。2021 年上半年，南京市累计发布应用场景超 600 个，总投资近 400 亿元，已完成投资超 70 亿元；对外开放合作方向超 2000 个，累计洽谈合作单位超 5000 个，其中达成合作超 4200 个，签约合作金额超 40 亿元。开发建设应用场景，已经成为南京激发创新活力，赋能企业成长，推动产业集聚的重要手段。

新一轮城市竞争，数字高地的优势必须得到充分释放。很多新兴技术，因为没有足够的应用场景，只能一直飘在空中。让新技术新产品落地生根，政府要推一把、送一程。从 2020 年 8 月首次发布 17 个应用场景，到 2021 年初提出 1000 个的大目标，再到追加开发 200 个疫情防控专项场景，力度层层加码的背后，是南京创造新需求，激发新活力，打造底层技术和应用协同"试验场"的决心。

南京的应用场景主要服务于产业强链补链工作。应用场景的最终落脚点，也必须是产业。南京的思路是以应用场景为牵引，通过管理创新、制度创新推动产业创新，拉长补强产业链，打造更多具有核心竞争力的产业集群。

（资料来源：南京布局千个应用场景　推动创新名城建设 [N].南京日报，2021 - 4 - 1）

17.3　高精尖产业发展的五大微观力量

17.3.1　技术引领

技术是推动高精尖产业发展的核心驱动力。高精尖企业的技术能力依次经历经验学习、探索研究、自主研发和技术引领四个阶段。企业在经验学习阶段进行成熟技术的引进、吸收和模仿，以此来积累原始技术资源要素并完成简单的制造与生产；当技术资源积累到一定程度后，企业开始利用经济全球化的机遇进行国际化投资与探索研究，寻求更多的逆向技术溢出；随着技术能力不断接近行业内的领先企业、探索研究阶段的逆向技术溢出边际效用递减，企业只有对核心部件和关键技术进行自主设计与研发创新，才能跨越"技术赶超陷阱"，实现对领先企业的技术赶超；持续的研发投入与完善的人才培养体系助力企业突破核心技术壁垒，进而取得行业内的技术领先地位。

探索研究阶段的企业在技术能力成长过程中开始表现出一定程度的粘滞性，技术创新是其突破路径锁定与技术依赖的重要举措。该阶段中企业可以继续沿着模仿生产和投资引进的技术能力成长轨迹延续低成本的后发优势，也可通过二次创新将引进吸收的成熟技术要素转化为自身的优势资源积累。自主研发阶段是企业实现技术赶超的关键，持续的技术创新是其弥补后发劣势进而突破技术壁垒与追赶陷阱的必要选择，反之，一味地引进学习将导致企业技术能力跌落甚至囿于低级阶段。这一阶段中的企业在经历前两阶段的高速发展后积累了大量的知识资源与研发资本，为自主研发准备了足够的物质基础，正确把握这些优势资源能够助力企业实现技术赶超。

📖【专栏 17－7】

技术创新：京东方发展的原动力

京东方拥有强劲的人才队伍。公司目前拥有研发人员 19617 名，专业技术人员 22830 名，管理人员 1730 名，为公司业务创新、技术创新提供了源源不断的推动力，具体如表 17－1 所示。

表 17－1　　　　　　京东方人员结构分布

专业构成类别	生产人员	销售人员	技术人员	财务人员	行政人员	管理人员	其他
人数（人）	37254	1956	22830	653	305	1730	289
占比（%）	57.30	3.01	35.11	1.00	0.47	2.66	0.44
教育程度类别	博士及博士后		硕士	本科	大专	中专	其他
人数（人）	385		8725	16635	17569	9079	12624
占比（%）	0.59		13.42	25.59	27.02	13.96	19.42

资料来源：京东方 2019 年年度报告。

优质的人才资源使京东方逐渐发展成为中国最大的液晶面板生产基地。2019 年全年京东方新增了 9600 多件专利申请，其中 3600 多件海外专利，4000 多件关于柔性 AMOLED、传感、人工智能和大数据等关键领域的专利申请；新增了 5000 多件授权专利，其中 2000 多件海外授权专利；在大数据、人工智能、传感器和医工融合等转型技术研发方面取得进展。截至 2019 年底，京东方累计 55000 多件自主专利申请和 27000 多件授权专利。京东方积极拓展人工智能领域的研究，并加速发展，在中国企业人工智能技术发明专利排行榜中位列第六，在图像超分、手势识别和目标检测算法相关领域的国际顶级赛事中多次夺冠。此外，为抢占数字文化领域国际标准话语权和制高点，京东方自主研制的数字艺术显示系统 ITU 国际标准获批，以及 2 项超高清远程医疗国际标准取得了 ITU 立项。

（资料来源：方力、贾品荣、胡曾曾．北京高质量发展报告（2021）［M］．北京：社科文献出版社，2021）

17.3.2　数字化驱动

数字化驱动已成为高精尖企业一项核心战略，企业如何使用数字技术，释放数据驱动效应实现业务模式和流程创新，增强客户体验、创新商业模式成为亟待解决的问题。星巴克采用了多种机器学习算法，通过智能手机应用程序提供实时的个性化推荐；同时，星巴克量化消费者的忠实度，并据此发放奖励。到 2019 年，星巴克实现了 7% 的同店销量增长，其中 1/3 的销售来自数字化驱动。"星巴克"还拿出 40% 的销售额用于建设自身的 CRM 系统，继续在"千人千面"的个性化道路上前进。

数字化驱动的趋势有四：

趋势之一：数字化转型加速。数字经济成为发展新引擎，高精尖产业应积极培育数字化能力，以科技创新为支点，融入产品、营销、服务、风控各个环节，数字经济赋能企业高质量发展。

趋势之二：人工智能成为数字经济核心抓手。现有知识基础上引入了以人工智能、区块链等数字技术为核心的商业智能分析体系，推动数字化搜寻定位、数字化场景规划和数字化触点升级，能够帮助企业深化基于大数据的机会和威胁的智能预测，成为数字经济核心抓手。

趋势之三：数字技术创新加快。融合通信、工业互联网、车联网等技术创新加快，打通数据高效传输链条；大数据、人工智能、云网边端融合计算等核心技术不断突破；区块链、隐私计算、大数据交易、网络身份可信认证、安全态势感知等技术得到突破；数字孪生、数字内容生成、数字信用、智能化交互等技术成为新亮点。

趋势之四：产业数字化成为战略基座。产业数字化成为产业高质量发展的首选项或重点发展方向。加速推进智能制造、医药健康和绿色智慧能源等产业高发展；持续推进智能制造产业发展，突破人机交互、群体控制等关键技术，以及设备互联互通、工业智能等核心技术；推动人工智能与医药健康的融合发展；推动先进信息技术与能源的深度融合发展。

📖【专栏 17 - 8】

旷视科技：算力赋能传统企业转型升级

在供应链物联网领域具备丰富落地经验的北京旷视科技，正在通过一系列解决方案和产品，为更多企业数字化转型助力。北京旷视科技的供应链物联网解决方案以 AI 技术赋能操作系统、机器人与自动化装备，帮助企业实现仓库、工厂的数字化、智能化升级，提高供应链效率。其中，作为供应链物联网核心产品，智慧物流解决方案和智慧工业解决方案可帮助物流公司和制造商有效部署、协调和管理机器人及自动化装备，以支持复杂的物流和生产任务。

旷视科技的智慧物流解决方案以智慧物流操作系统"河图"为核心，打造了包括自动存储、柔性拣选、自动输送、自动分拣和 AI 视觉识别等多种通用解决方案，助力物流公司、制造商等企业完成复杂的货品搬运、高密度存储、分拣和运输任务，可节省成本，提高物流环节的运行效率以及作业人员的舒适性和安全性。

以某全球 500 强中领先的鞋服类企业为例，为提升其货品分拣配送效率，该客户决定在全球兴建几十处大型智慧物流配送中心，并选择在中国落地其首个试点项目。其中，旷视科技协助该客户完成占地近 40000 平方米的首个物流配送中心的建设，提供了包含 700 余台移动机器人（AGV/AMR）在内的 10 类近 4000 台（套）智慧物流装备，并由智慧物流系统河图实现统一协同调度。项目建成后，物流中心拣选出库效率每天可达 40 万件，支持 200 多家门店业务。而旷视科技的智慧工业解决方案则是将公司的计算机视觉等 AI 能力赋能生产线产品质量检测、电网安全巡检等工业场景，帮助企业提高工作效率、降低生产成本，并有效应对招工难的问题，满足企业安全稳定生产的需求。

针对国内知名休闲食品企业旗下产品种类丰富，产品体积和密度各异，在包装、运输和仓储层面存在成本较高等困境，旷视科技在储运场景中为客户提供了由 25 台潜伏式 AGV 和河图系统组成的解决方案，提升工厂效率。

旷视科技认为随着业务需求日趋复杂，柔性、离散的物流子系统不断涌现，各种类型的机器人、自动化装备大量应用于物流行业，传统物流技术已无法有效应对这些挑战。而人工智能技术可通过不断学习来修正策略，搭配足够的算法及算力支持，能够更加高效地管理和协同各种类型的设备，建立与业务紧密结合的物流系统。

（资料来源：我国工业互联网迎来快速成长期　旷视科技以 AI 赋能供应链 ［N］. 北京商报，2021 - 3 - 17）

17.3.3　人才与企业的匹配

在大力实施产业转型、转变经济增长方式的大背景下，高精尖人才队伍建设受到学术界越来越多的关注。高精尖人才与企业的匹配程度不仅影响人才效能的发挥，也在一定程度上影响高精尖产业的发展。从产业协调的视角，劳动资源合理且有效的配置能够促进产业结构升级、技术创新以及全要素生产率的增长。在引进培育人才的同时，更需要打造良好的市场、产业和制度环境，实现人才与其他生产或创新资源的有效匹配，此外也要兼顾人才配置的协调。随着企业的持续技术发展，这必然要求人才结构持续性优化与之协同匹配，人才结构优化和企业技术发展的协调适配，不仅有利于打造高精尖人才队伍，而且能保障高精尖企业的健康发展。

17.3.4　迭代进化

高精尖企业需要持续的迭代和进化。对于高精尖企业而言，关键在于用开发产品的理念，打造"组织正向双循环"，即持续、迭代、进化地对组织进行管理，发展先进的自进化组织。

竞争情况下，高科技产品的生命周期越来越短，更新换代速度也越来越快。而在动态变化的市场环境中，迭代创新作为投入相对较少、风险相对较低的创新模式，成为高科技新产品开发的一种重要方式。迭代创新是指通过多次迭代方式进行快速、持续创新的一种创新模式。企业通过迭代式创新不仅能够快速地更迭产品原型，而且能满足客户现有和潜在的市场需求，形成具有高市场接受度和强产品黏性的新产品，提高新产品开发的效率。因此，迭代创新在高技术新产品开发过程中起重要作用，产品的迭代创新能力也在一定程度上反映了该企业的技术进步与创新的速度。

17.3.5 服务化创新

随着经济增长与社会发展方式的转变，促进经济、社会、环境可持续协调发展是企业面临的外在需求。通过服务化创新实现与顾客共创价值成为高精尖企业获取新的竞争优势的内在动力。从提供单纯产品向产品与服务组合的服务化转型，实现顾客、企业等利益相关者共赢和社会效益、环境效益兼得，产品服务系统被认为是一种可持续的商业模式创新。我国高精尖企业应利用自身在资金、技术、产业链上的优势，基于产品制造体系衍生出新的产品与服务融合的新商业模式，寻求产品技术和产品服务之间的平衡。由此可见，服务从最初被视为有形产品的附加部分已经转变为与产品互补的不可或缺部分。

17.4 本 章 小 结

本章提出高精尖产业发展的五大宏观力量、五大中观力量、五大微观力量。五大宏观力量是指高质量发展、国家战略科技力量、双碳目标、就业优先战略及健康中国战略；五大中观力量是指产业互动、产业升级、空间重构、应用场景牵引、产业生态；五大微观力量是指技术引领、数字化驱动、应用场景牵引、人才与企业的匹配、服务化创新及迭代进化。

本章提出，数字化驱动的趋势有四：趋势之一：数字化转型加速。趋势之二：人工智能成为数字经济核心抓手。趋势之三：数字技术创新加快。融合通信、工业互联网、车联网等技术创新加快，打通数据高效传输链条；大数据、人工智能、云网边端融合计算等核心技术不断突破；区块链、隐私计算、大数据交易、网络身份可信认证、安全态势感知等技术得到突破；数字孪生、数字内容生成、数字信用、智能化交互等技术成为新亮点。趋势之四：产业数字化成为战略基座。产业数字化成为产业高质量发展的首选项或重点发展方向。

推动产业互动的趋势有四：一是推动数字经济与制造业、数字经济与服务业的互动；二是推动低碳绿色产业与制造业的互动；三是推动产业内部的融合创新；四是推动城乡产业之间的互动。农业农村的传统文化、绿色、休闲等功能的挖掘，是新时期农村对接城市、与城市互动发展的关键。应积极挖潜传统文化、绿色等功能，留住乡愁记忆，激发美丽乡村建设创新活力。

第18章　全书研究结论

结论之一：论述创新驱动是高精尖产业发展的定义性特征

本书采用北京市统计局、北京市经济和信息化委员会《关于印发北京"高精尖"产业活动类别（试行）的通知》给出的"高精尖"产业定义——以技术密集型产业为引领，以效率效益领先型产业为重要支撑的产业集合。本书认为，高精尖的定义要在一个坐标体系里思考。"高"最重要的指标是研发强度；"精"是具有自主知识产权的原始创新；"尖"是能够引领技术发展方向国际技术前沿。高精尖产业的本质是一种创新驱动的产业。创新驱动是高精尖产业发展的定义性特征。要义之一：高精尖产业发展的四个驱动因素都与创新密切相关。构建高精尖产业体系，从经济学角度说，就是需要突破和超越现在产业中的生产可能性边界，依靠创新驱动发展，全面提升全要素生产率、劳动生产率、资源生产率、环境效率，从而带动高精尖产业发展，最终促进经济高质量发展。要义之二：创新可以塑造高精尖发展新优势。要义之三：高精尖产业的自主创新能力要求更高。

结论之二：提出高精尖产业的四大核心特征

本书认为，高精尖产业的核心特征有四：特征之一：全要素生产率高。全要素生产率是高精尖产业发展的核心。除去所有土地资源、劳动力等有形要素以外的纯技术进步对生产率的增长的贡献高，直接反映科技创新驱动水平。较高的全要素生产率有利于释放增长潜能，提升要素配置效率，培育经济增长的新动力。特征之二：劳动生产率高。劳动生产率是高精尖产业发展的源泉。劳动生产率即国内生产总值与全国从业人员的比率。它要求一定时期内一定劳动力投入形成的产出数量和价值要高。从业人员人均 GDP 增速高，说明劳动效率高，反映出劳动者素质提高、管理和科技等水平提升，我国产业链由中低端逐步向中高端发展，也有利于国内生产总值这一"大蛋糕"做大及其质量的提高。特征之三：资源生产率高。资源生产率是高精尖产业发展的重要条件。也就是说单位投入的自然资源、能源和土地各类资源要素的产出附加值高。资源生产率是用于核算一个国家或地区单位自然资源投入或单位污染排放的经济产出的一种理论工具。提高资源生产率，是通过充分利用和提高人力资源素质减少自然资源消耗，最大限度减轻对生态的破坏和环境的污染，扩大劳动就业，实现经济持续协调健康发展的发展方式。高精尖产业是新兴产业，与高能耗产业相比，自然资源消耗少，是知识密集、技术密集的产业，应当具备较高的资源生产率。特征之四：环境效率高。环境效率是高精尖产业发展的内在要求。单位环境负荷的经济价值要高。环境效率是指在既定技术水平条件下，普通投入（资本、劳动力、水资源）和产出保持不变，可以实现的最小化有害投入（有害投入指排放的污水）与当前的有害投入之间的比率。环境效率高表示现有技术条件下污染物可减少的程度比较低。高精尖产业要成为绿色低碳发展的标杆，要充分考虑资源投入与效益产出、污染排放的相互关系，推进清洁生产，加大回收利用。

结论之三：指出高精尖产业发展的三大战略目标

北京、上海、广东等地着力发展"高精尖"产业的战略性有三：

首先，高精尖产业体系是实现创新发展的产业体系。发展高精尖产业有利于解决制造业的自主创新问题。通过发展高精尖产业，增强先进制造业的核心竞争力，增强高精尖产业持续发展的动能，真正掌握自主发展权，塑造北京、上海、广东等参与全球产业合作和竞争新优势。其次，高精尖产业体系是实现融合发展的产业体系。高精尖产业加速发展的深刻背景是新一代产业革命的兴起与加速。一般认为，当前全球正处于第三次产业革命末期与新一代产业革命的孕育期。第四次产业革命继承了第三次产业革命中的信息技术，并在此基础上衍生了以物联网、云计算、大数据、3D打印技术为代表的数字技术创新。数字技术与其他技术领域的融合创新往往需要打破行业的边界，实现跨界与协同，产业的边界因此更加模糊。数字技术创新通过数字网络和智能算法将对未来的生产流程、生产模式、管理方式产生颠覆性影响。新一代信息技术与制造业的深度融合、软件和信息服务业与制造业的深度融合，产生协同效益。制造业通过应用新一代信息技术、与信息服务融合互动，加速实现转型升级。最后，高精尖产业体系是实现协调发展的产业体系。北京、上海、广东的"十四五"产业发展规划都强调城市群协调发展。按照系统创新理论，高精尖产业是辐射带动强的产业集群，具有高水平创新驱动的属性，对经济具有极强的拉动作用，不仅能实现中心城市的经济高质量发展，而且能带动周边地区的产业联动转型。就京津冀地区而言，京津冀协同产业是国家发展战略，是国家现代化经济体系建设的重大区域发展战略，产业对接协作是这一战略的核心内容，产业升级是三地的共同任务。在疏解非首都核心功能的过程中，天津和河北一直是北京产业转移的主要承接者。然而，两地仅仅简单承接北京转移的一般产业是远远不够的，迫切需要发展高精尖产业带动区域科技创新与成果转化，促进区域产业联动，形成经济协同发展、错位发展、融合发展的京津冀地区经济新格局。

结论之四：考察高精尖产业与相关产业的区别与联系

高精尖产业强调"高""精""尖"，而高技术产业基本上侧重"高"。高精尖产业的纳入标准要比战略性新兴产业更加严格。在战略性新兴产业中，新一代信息技术产业所包含的行业小类（见国家统计局《战略性新兴产业分类（2018）》，其中的行业小类以《国民经济行业分类（2017）》为基础）有 83 个；而在高精尖产业中，新一代信息技术产业所包含的行业小类（见《北京市十大高精尖产业登记指导目录（2018）》，其中的行业小类也以《国民经济行业分类（2017）》为基础）只有 21 个。也就是说，高精尖产业的纳入标准要比战略性新兴产业更加严格，大多数纳入战略性新兴产业的行业小类都不属于高精尖产业。战略性新兴产业与高精尖产业都不是短期性行为，而是着眼于未来的长期性规划；都是政府重点布局、对于区域发展由战略意义的重要产业。而高精尖产业是科技支撑的产业集合，对现实经济社会的支撑作用强；未来产业是科技引领的产业，主要是基于颠覆性技术的突破和产业化。

结论之五：探讨研发创新对高精尖经济结构的影响

本书提出一种新的产业规模核算框架，重新测算了北京市高精尖产业的增加值。利用《北京市十大高精尖产业登记指导目录（2018年版）》中对高精尖产业的界定和细分，采用自底向上的思想，将高精尖产业的所有行业小类的增加值逐级向上加总得到高精尖产业的增加值，在此基础上，建构研发创新对高精尖经济结构影响模型。研发创新是通过研发活动产生创新成果的过程，其内涵既包括研发创新投入，又包括产出（用专利数量衡量）。本书研究发现：研发投入和专利数量均能促进北京市高精尖产业结构的转变，专利数量的促进效应更加明显。

结论之六：建立高精尖产业发展水平评价指标体系

高精尖经济结构包含了"高""精""尖"三方面的内涵，但是这三个方面并非边界分明，而是相互关联的。作为一个系统，本书在评价北京高精尖产业发展水平时不将"高精尖"拆分开，而是将它作为一个整体进行评价。高精尖产业发展水平由7个核心指标组成，包括增加值比重、能耗强度、行业利润率、劳动生产率、研发人员比重、研发投入强度、专利授权数。其中，增加值比重指标表征高精尖产业的规模；能耗强度指标表征高精尖产业的资源利用水平；行业利润率指标表征高精尖产业的盈利能力；劳动生产率指标表征高精尖产业的价值创造效率；研发人员比重、研发投入强度指标表征高精尖产业的创新投入；专利授权数指标表征高精尖产业的研发创新成效。在评价方法上中，本书将层次分析法和模糊综合评价方法相结合，首先利用层次分析法确定各评价指标的权重，然后运用模糊综合评价法进行综合评价，克服一种评价方法的缺陷。

结论之七：评价分析北京高精尖产业发展状况

评价显示，北京十大高精尖产业均处于较高水平，高精尖产业发展呈现六个特征。特征之一：创新驱动北京经济结构不断升级，高精尖产业发展水平较高。作为全国率先提出高精尖产业发展构想的城市，北京依靠科技创新引领，着力发展技术创新能力强、辐射带动能力强的产业，加快培育掌握核心竞争力和重要知识产权的高技术企业，主动布局国家重大战略项目和前沿技术，创新驱动高精尖经济结构不断升级，北京产业结构沿着合理化、高级化的路径持续迈进。2020年北京高精尖产业发展水平综合评分86.33，发展水平较高。特征之二：全球数字经济标杆城市建设加速推进，数字经济创新成为北京高质量发展引擎。以人工智能、先进通信网络、超高清视频和新型显示、产业互联网、网络安全和信创、北斗、虚拟现实为代表的新一代信息技术成为北京高质量发展的引擎。2020 年北京数字经济总量1.44 万亿元，占 GDP 比重超过 40%。2020 年北京新一代信息技术产业发展水平综合得分 90.10，在十大高精尖产业排名第一。特征之三：医药健康产业创新能力持续增强，跑出发展加速度。北京医药健康产业发力创新药、新器械、新健康服务三大方向，在新型疫苗、下一代抗体药物、细胞和基因治疗、国产高端医疗设备方面构筑领先优势，竞争力居前。到 2019 年，北京已拥有亿元品种 100 余个，医药健康领域源头创新品种全国最多；2019 年，北京启动建设 5 个示范性研究型病房，创新医疗器械申请和获批数量均居全国第一。2020年北京医药健康产业发展水平综合得分 89.87，在十大高精尖产业排名第二。特征之四：科技服务业营造产业创新生态，创新环境不断优化。北京是全国首个服务业扩大开放综合试点城市，以科技创新、服务业开放和数字经济为特征建设自由贸易示范区，为北京科技服务业注入了强大动力。2019 年北京科技服务业机构总量达到 73.7 万个。截至 2020 年，科技部确定我国共有 498 家"众创空间"，北京"众创空间"从业人员占全国的 13%，达到 24.7 万人，分别是广东、上海的 1.6 倍和 4.3 倍。2019 年科技服务业人均利润在北京第三产业中排名第二。2020 年北京科技服务业发展水平综合得分 89.91，在十大高精尖产业排名第三。特征之五：软件和信息服务业与先进制造业融合加快，产生协同效益。北京软件和信息服务业与先进制造业融合互动加快，提质增效迈出坚实步伐。2020 年规模以上软件和信息服务业人均营业收入较 2015 年增长 99.1%。在融合发展中，北京软件和信息服务业得到更快发展。到 2019 年软件和信息技术服务业增加值占 GDP 比重已达 13.5%。2020 年软件和信息服务产业发展水平综合得分 85.35。特征之六：大力发展硬科技，创新驱动北京产业高质量发展。"硬科技"是指能够提高物质产品生产效率的科学技术,是能够改进物质产品生产的材料、设备、工艺、零部件、元器件和终端产品性能的技术。"硬科技"是推进工业、环境治理和保护、信息产业、装备制造业现代化的高新技术,有利于提高我国国际产业分工地位和国际贸易竞争力。北京充分挖潜高校院所众多、科研人才聚集等资源禀赋优势,让更多的科技成果惠及产业创新发展,逐步形成产业创新驱动发展体系,拉动集成电路、新能源汽车、新材料、智能装备、节能环保等高精尖产业跨越式发展。《北京市"十四五"时期高精尖产业发展规划》提出,构建集设计、制造、装备和材料于一体的集成电路产业创新高地,建设世界级的智能网联汽车科技创新策源地和产业孵化基地,以装备的智能化、高端化带动北京制造业整体转型升级,以氢能全链条创新为突破,推进新能源技术装备产业化,打造绿色智慧能源产业集群。这些发展规划为北京高精尖产业发展带来了战略性机遇。2020年集成电路、新能源汽车、新材料、节能环保、智能装备产业发展水平,分别得分87.08、84.73、84、83.93、83.78。综上所述,北京十大高精尖产业发展总体处于较高水平。

结论之八:系统建构高精尖企业技术先进性评价模型

本书提出从三个维度构建高精尖企业技术先进性评价指标体系,包括企业技术创新水平、综合利用水平以及经济效益水平三个维度、16个二级评价指标。16个二级指标包括研发人员比重、研发投入强度、研发活动增长率、专利授权数、迭代创新能力、人才产业匹配度、万元产值能耗、万元产值水耗、地均工业产值、废水排放达标率、产品服务能力、系统集成能力、劳动生产率、产值利税率、增加值比重以及收入利润率。

结论之九：系统建构高精尖企业市场成熟度评价模型

本书提出高精尖企业的市场成熟度评价指标体系，从市场规模、市场结构和市场潜力三个维度建构，共 9 个评价指标（二级指标）共同决定。其中，9 个二级指标包括总资产增长率、科技从业人员比重、市场需求、市场集中度、市场占有率、产业市场匹适度、核心科技产品比例、出口总额增长率以及政府参与程度。

结论之十：评价北京市高精尖企业典型——京东方的技术先进性和市场成熟度

京东方的技术先进性情况总体呈上升趋势，2020 年相较于 2015 年有大幅度的提升，其得分从 2015 年的 60 分增长到 2020 年的 70.35 分，年平均增长率 2.07%，这说明京东方企业整体发展态势良好；京东方的市场成熟度情况总体呈上升趋势，2020 年相较于 2015 年有较大的提升，其得分从 2015 年的 60 分增长到 2020 年的 64.03 分，年平均增长率 0.81%，整体发展态势良好。综合上述两者的评价结果，京东方依靠自身长期持续不断的自主创新，有效提高了企业核心竞争力以及国际影响力，具有坚实的技术基础以及较强的技术创新能力，为其保持在显示事业的市场领先地位提供了保障，京东方经过多年的发展，产业布局优势明显，在显示事业方面具有较强的市场竞争力，为其进一步提高技术创新水平提供了有力支撑。

结论之十一：给出提高高精尖产业"四率"的建议

本书从高精尖产业发展的驱动因素方面，提出提高全要素生产率、提高劳动生产率、提高资源生产率、提高环境效率的 12 条建议。

在提高全要素生产率的方面，从三个方面着力。一是评估先进制造业、软件和信息服务业及科技服务业的竞争力，把脉高精尖产业在全球价值链中的地位，制定编制高精尖产业"卡脖子"攻关清单，全面提高高精尖产业的自主创新能力；二是增强产业基础能力，建立集成电路产业大数据公共服务平台、智能装备产业大数据公共服务平台及智能网联汽车产业大数据公共服务平台，全面强化重点产业基础能力；三是增强企业创新能力，高技术企业持续加大研发经费投入强度，提高新产品的产出，进一步提升关键核心领域专利质量。在提高劳动生产率方面，从三个方面着力。一是高精尖产业应当进一步提高集聚程度，以促进劳动生产率水平的提升；二是重视人力资本投资，围绕新一代信息技术产业、医药健康等重点领域加大紧缺专业人才培养力度，加强对劳动者的教育培训；三是设计多元化人才激励机制，建立首席专家特聘制度，提高技术人员报酬，充分激发和调动研发人员的创造性。在提高资源生产率方面，从三个方面着力。一是着力推动企业兼并重组，发展一批具有较强竞争力的大企业大集团，提高资源配置效率，二是提高土地节约使用，合理布局和调整优化重大工业项目建设，降低中间消耗。三是促进信息技术生产运营全过程的深度应用，通过"智能＋"推动先进制造业企业向全要素、全流程、多领域智能协同运营转型。在提高环境效率方面，从三个方面着力。一是探索碳中和实现路径，创建一批碳中和示范企业，鼓励引导科技园区优先利用可再生能源；二是积极推广先进制造技术和清洁生产方式，提高产品全寿命周期的节能水平；三是利用数字技术进行全过程智慧管控，加快制造业绿色低碳化发展。

结论之十二：提出高精尖产业发展的"三循环"支撑体系及"一纵六横"实现机制

本书提出，面向高质量发展的高精尖产业支撑体系可以概括为

"三循环"支撑体系——"人才激励"上升循环，"产业融合"上升循环，"协同发展"上升循环；高精尖产业发展的实现机制可以概括为"一纵六横"——"一纵"为城市群协同发展机制，"六横"即创新链产业链联动机制、资源优化配置机制、项目"揭榜挂帅"机制、科技金融支持机制、人才激励机制及有机生态机制。

结论之十三：纵论高精尖产业的发展大势——五大宏观力量、五大中观力量、五大微观力量

本书提出高精尖产业发展的五大宏观力量、五大中观力量、五大微观力量。五大宏观力量是指高质量发展、国家战略科技力量、双碳目标、就业优先战略及健康中国战略；五大中观力量是指产业互动、产业升级、空间重构、应用场景牵引、产业生态；五大微观力量是指技术引领、数字化驱动、应用场景牵引、人才与企业的匹配、服务化创新及迭代进化。

附录 北京市"十四五"时期高精尖产业发展规划

序　言

"十四五"时期是我国开启全面建设社会主义现代化国家新征程、向第二个百年奋斗目标进军的第一个五年，也是北京落实首都城市战略定位、建设国际科技创新中心、构建高精尖经济结构、推动京津冀产业协同发展的关键时期。在全球创新版图重构以及我国加快构建双循环新发展格局的时代背景下，北京高精尖产业要坚持以首都发展为统领，巩固产业调整转型的良好势头，准确把握新发展阶段，深入贯彻新发展理念，主动融入新发展格局，全力推进高质量发展，切实肩负起国家赋予的使命和责任。

本规划根据《中共北京市委关于制定北京市国民经济和社会发展第十四个五年规划和二〇三五年远景目标的建议》《北京市国民经济和社会发展第十四个五年规划和二〇三五年远景目标纲要》制定，提出的高精尖产业主要涉及先进制造业、软件和信息服务业、科技服务业，是对"十三五"时期十大高精尖产业内涵的拓展和提升，实施期限为 2021 年至 2025 年，远景展望到 2035 年。

一、发展基础与形势要求

（一）发展基础

党的十八大尤其是 2014 年习近平总书记视察北京并发表重要讲

话以来，全市统筹疏解非首都功能、构建高精尖经济结构、推动京津冀产业协同发展，高精尖产业进入创新发展、提质增效新阶段，为"十四五"时期构建现代产业体系奠定了坚实基础。

产业发展能级实现新跃升。2020 年全市高精尖产业实现增加值9885.8 亿元，占地区生产总值比重达到 27.4%，较 2018 年提高 2.3个百分点；培育形成新一代信息技术（含软件和信息服务业）、科技服务业两个万亿级产业集群以及智能装备、医药健康、节能环保、人工智能四个千亿级产业集群。

产业创新能力明显提高。2020 年高精尖产业研发经费投入占收入比重 7.3%。创建 3 个国家级制造业创新中心、92 个企业技术中心和 8 个工业设计中心，布局人工智能、量子、脑科学等一批新型研发机构。拥有独角兽企业 93 家，数量居世界城市首位。涌现出柔性显示屏、国内首款通用 CPU（中央处理器）、新冠灭活疫苗、5G＋8K（第五代移动通信技术＋8K 超高清分辨率）超高清制作传输设备、新型靶向抗癌新药、手术机器人、高精密减速器等具有全球影响力的创新成果。

产业项目落地取得丰硕成果。落地投产新能源整车产线，建成全球首个网联云控式高级别自动驾驶示范区。建设国内规模最大的 12英寸集成电路生产线、8 英寸集成电路国产装备应用示范线。国家级专精特新"小巨人"、制造业单项冠军、智能制造示范项目和系统解决方案供应商数量全国领先，涌现出福田康明斯"灯塔工厂"、小米"黑灯工厂"等行业标杆。率先启动建设国家网络安全产业园，聚集全国半数以上网络安全和信创企业。落地工业互联网标识解析国家顶级节点、国家工业互联网大数据中心和安全态势感知平台等一批重大基础设施平台。

产业提质增效迈出坚实步伐。2016 年至 2020 年全市累计退出一般制造业企业 2154 家。2020 年规模以上工业人均产值、规模以上制造业地均产值较 2015 年分别增长 59%、19.2%；规模以上软件和信息服务业人均营业收入较 2015 年增长 99.1% 。

京津冀产业协同开创全新局面。京津冀三地协同推进规划共编、项目共享、企业互动、园区共建，"2＋4＋N"产业合作格局初步形成；城市副中心产业"腾笼换鸟"全面推进，积极对接雄安新区规划建设；汽车、医药、装备、大数据和云计算等领域的产业合作和项目落地取得重大突破。

（二）形势要求

"十四五"乃至更长时期，北京高精尖产业仍将处于大有可为的战略机遇期。从全球看，世界正经历百年未有之大变局，国际环境日趋复杂，经济和科技竞争更趋白热化，信息、生物、新材料、新能源等领域的技术突破与交叉融合，将对产业转型升级和变换发展赛道产生深刻影响；从国内看，我国经济已进入高质量发展新阶段，着力构建新发展格局，加快发展现代产业体系，将为北京高精尖产业创新发展注入新活力。经过前期的创新积累和产业孵育，北京高精尖产业发展进入了创新自主化的攻坚期、产业集群化的发力期和数字智能化的进发期。

同时，北京高精尖产业综合实力与首都高质量发展的要求仍然存在差距：先进制造业核心竞争力不强，对本市国际科技创新中心和现代产业体系建设支撑不够；从科技研发到落地转化的创新闭环尚未完全打通，高精尖产业持续发展动能不足；产业数据赋能与智慧提升的潜能尚待挖掘，新产业新业态倍增发展势能释放不够；产业链、供应链"卡脖子"问题依然存在，产业链活力和韧性有待提升。

坚持世界眼光、高点定位，北京必须保持发展高精尖产业的战略定力，深入落实京津冀协同发展战略，坚定不移疏解非首都功能，加快科技创新构建高精尖经济结构，探索实践具有首都特色的产业转型升级之路，塑造参与全球产业合作和竞争新优势。

二、总体要求

（一）指导思想

以习近平新时代中国特色社会主义思想为指导，全面贯彻党的十九大和十九届二中、三中、四中、五中全会精神，深入贯彻习近平总书记对北京重要讲话精神，以首都发展为统领，以推动高质量发展为主题，以北京城市总体规划为遵循，以改革创新为动力，以加快数字产业化、产业数字化为主线，推动产业"换核、强芯、赋智、融合"，加快产业基础再造提升、产业链条优化升级、智能绿色全面覆盖、制造服务深度融合、区域发展开放联动"五个突破"，推进动力转换、效率提升、结构优化"三大变革"，实现高精尖产业质量、能量、体量"三量提升"，打造一批具有全球竞争力的万亿级产业集群和领军企业，巩固壮大实体经济根基，支撑构建具有首都特色、高端创新引领的现代产业体系，全面服务首都率先构建新发展格局，纵深推动京津冀协同发展，加快推动国际科技创新中心建设，为我国提升创新链产业链供应链现代化水平、增强自主可控能力，更好建设制造强国、质量强国、网络强国和数字中国做出北京贡献。

（二）基本原则

坚持新发展理念不动摇。促进产业链与创新链协同提高科技创新转化效能，促进制造业与服务业协调融合提高新业态活力，促进绿色低碳循环发展提高清洁生产水平，促进区域协同开放提高产业链韧性弹性，促进制造能力和服务能力跨区域共享提高产业资源配置效率。

坚持创新引领不动摇。全面对标全球产业创新前沿，着力发展引领技术创新、带动能力强劲的行业，加快培育掌握核心竞争力和重要知识产权的全球顶尖企业，主动布局国家重大战略项目和前沿技术，积极培育新业态新模式，努力在新一轮竞争中抢占先机。

坚持京津冀产业协同不动摇。立足京津冀全局谋划产业布局，增强与天津、河北的全面深度联动，促进三地产业链共建、供应链共享、价值链共创，推动京津冀产业协同朝着更加均衡、更高层次、更高质量的方向迈进。

坚持高端智能绿色不动摇。保持疏解一般制造业和发展先进制造业的战略定力，严格执行新增产业的禁止和限制目录，以更高、更优标准推动一般制造业企业疏解，加快传统产业转型升级，大力发展"智能＋"产业，巩固高精尖经济结构，促进产业节能减碳和绿色发展，提高产业质量效益和核心竞争力。

坚持统筹发展和安全不动摇。牢固树立总体国家安全观，把安全发展贯穿于高精尖产业体系构建全过程，建设更高水平、更具韧性的产业链供应链，实现关键环节自主安全可控，提升风险应对能力，把握发展主动权。

（三）发展目标

2025 年主要目标：以高精尖产业为代表的实体经济根基更加稳固，基本形成以智能制造、产业互联网、医药健康等为新支柱的现代产业体系，将集成电路、智能网联汽车、区块链、创新药等打造成为"北京智造""北京服务"的新名片，产业关键核心技术取得重大突破，国产化配套比重进一步提高，生产效率达到国际先进水平，绿色发展更加显著，京津冀产业协同发展和国际产能合作迈向更高层次。

2035 年远景目标：在全国率先实现新型工业化、信息化，基本实现产业治理体系和治理能力现代化，具有首都特点的高精尖产业体系更加成熟，产业综合竞争力位居世界前列，保持与首都经济社会发展阶段相适应的先进制造能力，广泛形成智能、绿色生产方式，产业自主创新能力显著提升，京津冀产业协同发展新格局全面形成。

"十四五"时期高精尖产业发展主要指标

一级指标	二级指标	2025 年	2035 年（远景目标）	指标性质
综合能力	高精尖产业增加值占地区生产总值比重（%）	30 以上	40 以上	预期性
	万亿级产业集群数量（个）	4~5	8~10	预期性
	制造业增加值占地区生产总值比重（%）	13 左右（力争 15 左右）	合理区间	预期性
	软件和信息服务业营业收入（亿元）	30000	持续增长	预期性
	新增规模以上先进制造业企业数量（个）	500	持续增长	预期性
创新发展	规模以上高精尖企业研发费用投入占收入比重（%）	8.5	10	预期性
	每亿元工业产值有效发明专利拥有量（件/亿元）	10	12	预期性
	软件和信息服务业每万人有效发明专利拥有量（件/万人）	1300	持续增长	预期性
	新增国家级专精特新"小巨人"企业数量（家）	300	持续增长	预期性
	国家级制造业创新中心数量（个）	5	持续增长	预期性
提质增效	规模以上工业全员劳动生产率（万元/人）	70	100 以上	预期性
	市级以上开发区地均产值（亿元/公顷）	2.3	3.5	预期性
	高技术制造业增加值占规模以上工业增加值比重（%）	30	40	预期性

续表

一级指标	二级指标	2025 年	2035 年 （远景目标）	指标性质
绿色发展	万元工业增加值能耗下降率 （%）	5 （较 2020 年）	10 （较 2020 年）	约束性
	万元工业增加值水耗下降率 （%）	5 （较 2020 年）	10 （较 2020 年）	约束性
	万元工业增加值二氧化碳排放 强度降低率（%）	达到国家要求	达到国家要求	约束性
	万元工业增加值挥发性有机物 排放强度降低率（%）	达到国家要求	达到国家要求	约束性
融合发展	世界级智能制造标杆工厂数量 （家）	10	20	预期性
	具有国际影响力的工业互联网 平台数量（个）	1~2	——	预期性
	重点行业典型企业的关键工序 装备数控化率（%）	85	95	预期性
开放发展	高新技术产品出口额占货物出 口总额比重（%）	25	30	预期性
	高精尖领域新设立规模以上外 资企业数量（个）	100	200	预期性
	具有显示度的国际合作产业园 数量（个）	2	持续增长	预期性
区域协同	关键产品零部件本地区配套化 水平	持续提升	持续提升	预期性
	支持龙头企业在京津冀布局产 业协同发展示范集群数量（个）	3	10 个以上	预期性

三、打造面向未来的高精尖产业新体系

把握产业转型升级和变换发展赛道机遇，培育跨界融合、协同共生的新业态；促进产业上下游贯通，构建研发、制造、服务等各环节联动迭代的新链条；强化数字化赋能，打造创新驱动产业发展的新范式。积极培育形成两个国际引领支柱产业、四个特色优势的"北京智造"产业、四个创新链接的"北京服务"产业以及一批未来前沿产业，构建"2441"高精尖产业体系，打造高精尖产业2.0升级版。

（一）做大两个国际引领支柱产业

1. 新一代信息技术

以聚焦前沿、促进融合为重点，突出高端领域、关键环节，扶持壮大一批优质品牌企业和特色产业集群，重点布局海淀区、朝阳区、北京经济技术开发区，力争到2025年新一代信息技术产业实现营业收入2.5万亿元。

（1）人工智能。以加快建设国家人工智能创新应用先导区为重点，构筑全球人工智能创新策源地和产业发展高地。支持"卡脖子"攻关，全面突破智能芯片、开源框架等核心技术，构建自主可控的产业链体系；建设国家级人工智能前沿研究中心、超大规模人工智能模型训练平台；力争在数理与数据融合、类脑智能模型、新型机器学习、可解释人工智能等方向跻身国际前列。支持"数据集"生产，建设数据生产与资源服务中心、数据专区，推动政府机关和企事业单位高价值数据开放，引导社会单位通过数据交易、组建联盟等方式共享数据集。支持"引领性"示范，建立测试评估机构，提升人工智能标准化能力；推动城市运行、智慧医疗、智慧交通、智慧民生、智慧教育等领域示范建设，培育壮大一批创新发展示范企业。发展"深融合"产业，建设国家人工智能赋能中心，推动应用牵引创新；发展人工智能与实体经济深度融合新业态，培育3家左右人工智能＋芯片、人工智能＋信息消费、人工智能＋城市运行的千亿级领军企业，推动产业生态链基本完善；建设原始创新聚集区、示范应用先行区、先进制造前沿区、特色发展实验区和创新提升拓展区。加大"强支撑"保障，建设人工智能产业中心、应用中心、产业联盟及国家级人工智能创新应用先导区实验室；依托北京智源人工智能研究院等新型研发机构，推动《人工智能北京共识》等伦理安全规范落地，支持建设我国首个人工智能治理公共服务平台，争创全球人工智能治理典范。

（2）先进通信网络。推进先进通信网络产品及关键部件研制与示范应用。支持海淀中关村科学城、北京经济技术开发区、中关村朝阳园等区域，实施5G核心器件专项，加快5G大规模天线系统、射频芯片及元器件、滤波器、高端模数/数模转换器等研发及产业化，提升中高频系统解决方案能力，推动5G中高射频器件产业创新中心和研发制造基地建设；前瞻布局6G（第六代移动通信技术）相关产业，抢占6G标准高地，发展6G网络架构、高性能无线传输技术、网络覆盖扩展与天地融合技术等方向，研制6G、卫星通信网络系统等前沿产品。

（3）超高清视频和新型显示。以提升能级、联动发展为重点，形成关键原材料、关键工艺设备和高端驱动芯片的上游产业集群，并向智能终端、超高清电视和汽车电子等下游产业贯通。支持海淀中关村科学城、大兴新媒体产业基地、北京经济技术开发区等区域，推进北京超高清视频制作技术协同创新平台、北京超高清电视应用创新实验室建设；研发4K/8K超高清视频摄录设备、编辑制作设备、编解码设备；提前布局8K技术标准，加快8K超高清视频制作技术研发。提高新型液晶材料、柔性显示薄膜等配套能力，研发8K显示驱动芯片、编解码芯片、SoC芯片（系统级芯片）、3D结构光摄像模组、图像传感器等核心元器件，突破Micro LED（微米发光二极管）、高亮度激光等新一代显示技术。支持超高清视频与5G协同发展以及在冬奥会等重大活动的示范应用。

（4）产业互联网。以发展基于行业知识和自主技术的行业细分平台为重点，打造新平台型企业群体。构建多层次工业互联网平台体系，培育面向特色场景的工业互联网平台，推动跨行业跨领域平台选代升级与服务优化；壮大服务业互联网平台体系，在协同办公、产品采购、智慧居住等细分领域打造一批国内领先的平台。鼓励产业互联网技术创新，推动智能传感器、边缘操作系统、工业软件、工业芯片等基础软硬件研发；加强机理模型、先进算法及行业数据的验证迭代；支持建设低代码开发平台，培育优质工业 App（应用程序），推进产业互联网开源生态体系建设；支持虚拟现实、人工智能、数字孪生、区块链等新技术与产业互联网融合开发新产品和解决方案，开展测试验证和商业化推广。建设京津冀工业互联网协同发展示范区，搭建典型应用场景，围绕供应链推动企业上云上平台，实现设计、检测、制造等单元的网络化组织，形成跨区域跨主体的协同生产体系。

（5）网络安全和信创。以国家网络安全产业园为载体，加快企业集聚和龙头企业培育，重点布局海淀区、北京经济技术开发区、通州区。加快突破高性能操作系统、嵌入式操作系统、数据库、中间件、办公软件等基础软件以及智能设计与仿真工具、制造物联与服务、工业大数据处理等工业软件核心技术，优化国产软硬件集成适配、工业软件标准和测评机制，构建安全可控的软件生态体系。发展自主安全芯片，突破国产 CPU 技术短板，开展工业控制芯片、汽车芯片等关键领域技术攻关。发展国家可信技术创新与应用平台，突破密码、可信计算、数据安全、系统安全、网络安全等信息安全核心技术，发展操作系统安全、新一代身份认证、终端安全接入等新型产品和服务，开发网络空间主动防御与保障等应用平台。

（6）北斗。以完善北斗产业生态为目标，组建北斗产业创新中心，建设全国领先的产业公共服务平台；建设高水平、国际化、智能化的北斗产业创新基地，打造北斗产业创新创业孵化平台和集聚发展的核心枢纽。鼓励北斗与 5G、物联网、地理信息、车路协同、无人系统等技术融合创新应用，建设"北斗＋"和"＋北斗"重大应用场景，提升北斗应用的产业赋能和综合服务能力，探索通信、导航、遥感一体化应用，培育综合时空信息产业生态。

（7）虚拟现实。重点布局石景山中关村虚拟现实产业园，做优做强"虚拟现实+"产业。支持发展近眼显示、渲染计算、感知交互、网络传输、内容制作等关键细分领域；发展面向5G的云化终端与轻薄化光学终端器件、内容生产工具；持续丰富虚拟现实产品及服务供给，支持文化娱乐、工业互联网、新零售等应用服务；强化虚拟现实与5G、人工智能、超高清视频等新一代信息技术的深度融合。

2. 医药健康

发力创新药、新器械、新健康服务三大方向，在新型疫苗、下一代抗体药物、细胞和基因治疗、国产高端医疗设备方面构筑领先优势，推动医药制造与健康服务并行发展。北部地区重点布局昌平区、海淀区，南部地区重点布局大兴区、北京经济技术开发区，力争到2025年医药健康产业实现营业收入1万亿元，其中医药制造达到4000亿元。

（1）创新药。以MAH制度（药品上市许可持有人制度）全面实施为契机，完善CRO（合同研究组织）、CMO/CDMO（合同生产组织/合同研发生产组织）等平台服务体系，推动重点品种新药产业化。推进多联多价疫苗和新型疫苗研发及产业化，布局应对突发性传染病的疫苗研发生产体系；建设抗体药物产业化平台，支持抗体药物新靶点和新适应症的产品开发，布局新兴抗体药物研制；搭建基因编辑平台，加快间充质干细胞、CAR-T（嵌合抗原受体T细胞治疗）、溶瘤病毒产品、非病毒载体基因治疗产品研制；加速研发治疗恶性肿瘤、心血管病等重大疾病的创新药，发展首仿药和高端仿制药；持续推进中医药经典名方、制剂工艺和新剂型开发；支持特殊人群临床短缺药物、高端制剂和给药系统的研发及产业化。推动疫苗新品种产业化生产基地、大分子抗体药物生产基地、大分子生物药CDMO平台等重大项目建设。

（2）新器械。聚焦高值耗材、高端医疗影像设备、体外诊断、生命科学检测仪等领域培育一批国产标杆产品。支持生物可吸收支架、心脏起搏器、骨科材料、神经及软组织功能修复材料等高值耗材研发；发展以超导磁共振为代表的高端影像设备，鼓励填补国内空白的创新影像设备产业化，推动磁共振成像、数字平板放射成像系统、数字减影血管造影 X 线机、口腔锥束 CT 系统（断层扫描系统）等升级换代，搭建医学影像大数据云平台，研制手术机器人等创新产品；推动即时检验系统等体外诊断产品及试剂升级换代，加强体外诊断设备、检测试剂和数据分析系统的整合创新；支持发展高通量基因测序仪、新型分子诊断仪器等生命科学检测仪。

（3）新健康服务。推动医工交叉创新融合发展，建设集"医教研产用"于一体的生命科技创新平台型医院；发展互联网医疗、"智能＋"健康管理、医疗人工智能、数字化中医诊疗等服务业态；率先推动应用 5G、人工智能的心脑血管重大疾病防控、智能可穿戴监测、急救诊断、辅助诊断等场景落地；培育美丽健康产业，支持医药健康创新技术向个性化美容健康领域延伸。

（二）做强"北京智造"四个特色优势产业

1. 集成电路

以自主突破、协同发展为重点，构建集设计、制造、装备和材料于一体的集成电路产业创新高地，打造具有国际竞争力的产业集群。重点布局北京经济技术开发区、海淀区、顺义区，力争到 2025 年集成电路产业实现营业收入 3000 亿元。

（1）集成电路创新平台。以领军企业为主体、科研院所为支撑，建立国家级集成电路创新平台；支持新型存储器、CPU、高端图像传感器等重大战略领域基础前沿技术的研发和验证，形成完整知识产权体系。

（2）集成电路设计。重点布局海淀区，聚力突破量大面广的国产高性能 CPU、FPGA（现场可编程逻辑门阵列）、DSP（数字信号处理）等通用芯片及 EDA 工具（电子设计自动化工具）的研发和产业化；面向消费电子、汽车电子、工业互联网、超高清视频等领域发展多样化多层次行业应用芯片；支持技术领先的设计企业联合产业链上下游建设产业创新中心。

（3）集成电路制造。坚持主体集中、区域集聚，围绕国家战略产品需求，支持北京经济技术开发区、顺义区建设先进特色工艺、微机电工艺和化合物半导体制造工艺等生产线。

（4）集成电路装备。支持北京经济技术开发区建设北京集成电路装备产业园，建设国内领先的装备、材料验证基地，打造世界领先的工艺装备平台企业和技术先进的光刻机核心部件及装备零部件产业集群；加快完善装备产业链条，提升成熟工艺产线成套化装备供给能力以及关键装备和零部件保障能力。

2. 智能网联汽车

坚持网联式自动驾驶技术路线，推动车端智能、路端智慧和出行革命，加速传统汽车智能化网联化转型。重点布局北京经济技术开发区和顺义、房山等区，培育完备的"网状生态"体系，持续扩大高端整车及配套零部件制造集群规模，支持上游汽车技术研发机构开展前端研发、设计，鼓励汽车性能测试、道路测试等安全运行测试及相关机构建设，建设世界级的智能网联汽车科技创新策源地和产业孵化基地。力争到 2025 年汽车产业产值突破 7000 亿元，智能网联汽车（L2 级以上）渗透率达到 80%。

（1）智能网联汽车整车。以北京经济技术开发区、顺义创新产业集群示范区、房山高端制造业基地等区域为重点，聚焦纯电动、氢燃料电池、智能网联等新兴技术领域，支持多品种、多技术路线并行发展。推动传统企业加速转型升级，加速提升汽车智能化渗透率。继续加快现有新能源整车项目建设，引进互联网造车新势力，推动北汽集团在京落地新款车型项目，实现汽车产业规模扩大和结构优化。

（2）智能网联设施和关键部件。以北京经济技术开发区为重点，深入推动车路协同技术路线在京落地实践，探索车路功能最佳耦合，搭建并开放应用场景，完善智能网联汽车配套体系。在全球率先实践网联云控技术方案,规划建设"车路云网图"五大支撑体系,部署智能化路侧感知及通信基础设施,打通技术和管理关键环节,形成城市级工程试验平台,引导企业在技术路线上采用一体化解决方案,建成高级别自动驾驶示范区;突破先进传感器、车规级芯片、自动驾驶车控和车载操作系统、智能计算平台、车载智能终端、汽车开发工具等领域关键技术,推进全固态电池等动力系统技术提升,提高新型电池、电机、电控和能量管理系统等关键部件配套能力;发挥整车企业牵引作用,加快核心零部件本地化配套,做强零部件供应链体系。

(3)智慧出行服务。按照"需求牵引、融合发展"的思路,丰富智能网联汽车应用场景,打通场景与数据连接,挖掘场景数据应用价值,支持智能网联汽车研发验证。鼓励经过充分验证的智能网联汽车在政策先行区率先开展试运行及商业运营服务,通过示范加快新技术、新模式推广应用。

3. 智能制造与装备

以"优品智造"为主攻方向,全面增强装备的自主可控、软硬一体、智能制造、基础配套和服务增值能力,以装备的智能化、高端化带动北京制造业整体转型升级。重点布局北京经济技术开发区和昌平、房山等区,力争到 2025 年智能制造与装备产业实现营业收入 1 万亿元,其中智能装备部分达到 3000 亿元。

(1)智能机器人与自动化成套装备。智能机器人领域聚焦构建医疗健康机器人、特种机器人、协作机器人、自主移动机器人四大整机加关键零部件的"4+1"发展格局,构建具有北京特色的机器人产业生态。重点发展骨科手术、神经外科手术、纳米、外骨骼等医疗健康机器人,警用、消防、空间/水下/核环境作业等特种机器人,柔性力感知、仿生柔性交互等协作机器人,智能停车 AGV(自动导引运输装备)等自主移动机器人。突破仿人/仿生机器人前沿技术,提高专用伺服电机和驱动器、高精密减速器、传感器、编码器、末端执行器等关键零部件配套能力。自动化成套装备领域促进高端数控机床、传感与控制系统、检测与装配设备等自主研发与产业化。

（2）智能专用设备。提高新能源、科学仪器、应急救援、文物保护等细分领域智能专用设备供给能力。重点布局昌平能源谷、怀柔高端科学仪器和传感器产业基地、房山高端制造业基地、北京经济技术开发区等区域。发展大功率风力发电机组及关键部件、发电机高性能控制技术和基于大数据的风电场群智能运维装备；建设国家级高端科学仪器和传感器产业基地，聚焦光电、质谱、真空、低温等领域研发一批关键技术和高端产品，开展国产仪器验证与综合评价；开发新型应急指挥通信、特种交通应急保障、专用紧急医学救援、自然灾害监测预警、信息获取与抢险救援等应急装备；研制基于物联网的馆藏文物预防性监控与保护装备、文物无损便携专用检测分析设备、文物防震装备系统等创新产品。

（3）智能制造系统解决方案。加快互联网科技企业与传统制造业企业赋能融合，鼓励行业设计院所、软件供应商和成套装备制造商提升系统集成能力，培育一批专业性强、行业特色鲜明、世界一流的系统解决方案供应商；打造覆盖产品全生命周期的智能制造集成服务体系，发展预测性维护、远程维护、协同设计制造、制造资源租用等新模式，提高本市智能制造系统解决方案的输出能力。

（4）智能终端。鼓励 VR/AR 智能头显（虚拟现实/增强现实智能头显）、可穿戴设备、物联网产品等新型智能终端的原创设计与开发，促进产业链协作，支持企业从单一产品向多样化产品生态圈拓展，重点布局海淀中关村科学城、北京经济技术开发区、昌平未来科学城等区域。支持消费电子企业产品序列化、生态化发展，促进北京经济技术开发区通过整机带动和应用牵引，突破 5G 终端先进制造工艺、核心芯片、基础元器件、操作系统等核心软硬件短板，开发轻薄便携、智能互联的创新产品；推进新一代信息技术与智能终端融合创新，丰富 5G 终端产品供给与应用平台。支持行业应用智能终端企业专业化、精密化发展，研发智能传感设备、实时通信与传输设备、智能控制与处理设备、高精度安检安防系统等创新产品，拓展面向行业应用的智能终端管理、监测、运维等服务。

（5）航空航天。聚焦商业航天卫星网络、航空核心关键部件、无人机等领域，发挥央企主力军作用、激发民企创新活力，重点布局顺义、大兴、丰台、海淀等区。商业航天卫星网络领域以卫星网络星座和运营平台建设为引领，发展商业液体火箭、卫星、地面终端设备、核心软硬件的研制、系统运控、运营服务等关键环节；与5G、车联网等产业协同，拓展一批卫星网络应用场景；推进空间计算、空间大数据应用等领域产业数字化和数字产业化；优化"南箭北星"产业布局，建设商业航天产业基地。航空核心关键部件领域发展航空发动机叶片、航空器材、航空电子等核心部件制造，做强飞机维修、发动机维修和加改装产业，培育航空大数据等数字经济。无人机领域健全产业链，推动小型航空发动机、氢燃料动力系统、飞行控制、机载探测感知设备等核心部件在京产业化，发展新能源无人机，推动冬奥会、冬残奥会等重大活动和应急抢险等场景应用，加快适航审定、标准制定、安全认证、检测评估等中心建设。

（6）轨道交通。以丰台区为重点，以列车通信和控制系统等核心部件领域为突破口，向高端整车及关键零配件制造、工程技术服务、运维管理等上下游产业链延伸。通信信号和智能控制系统领域提高自主可控能力，加快下一代列车运行控制、车车通信、互联互通全自动运行、自主感知智能列车安全保护等领域科技研发和产业化。高端车辆及关键零部件领域强化整车研发设计和集成能力，开发跨座式单轨、悬挂式单轨（空轨）、磁悬浮等城市/城际轨道交通车辆产品，加快轨道交通行走、制动、牵引、线路等技术创新，研发轻量化车体、新一代轮对轴承检测设备、车辆部件自动化检修设备等；把握列车进入架修和大修密集期趋势，提高轨道交通智能运维能力。轨道交通工程装备领域发展复合式盾构机、双模盾构机、双护盾硬岩TBM（隧道掘进机）等，研发双轮铣装备、全浮动共振破碎机等创新产品。

4. 绿色能源与节能环保

以推动绿色低碳发展、加速实现碳中和为目标，以智慧能源为方向，以氢能全链条创新为突破，推进新能源技术装备产业化，打造绿色智慧能源产业集群。重点布局昌平、房山、大兴等区，力争到2025 年绿色能源与节能环保产业实现营业收入 5500 亿元。

（1）氢能。重点布局昌平能源谷、中关村房山园和大兴国际氢能示范区，以冬奥会、冬残奥会筹办和京津冀燃料电池汽车示范城市群建设为牵引，开展绿色氢能全场景示范应用；加快蓝氢、绿氢制备项目建设，发展氢燃料电池发动机、电堆、双极板、车载储氢瓶及站内储氢罐、新型电解制氢装置、高压加注成套设备等新材料和装备。北部地区全面布局氢能产业科技创新应用，南部地区打造氢能高端装备制造与应用，统筹推进京津冀区域氢能供应、整车制造和应用示范，实现氢能制、储、运、加、用全产业链布局。

（2）智能电网和先进储能。支持能源技术与新一代信息技术融合，重点布局昌平能源谷、房山高端制造业基地、怀柔科学城中心区等区域，发展柔性输变电设备、智能变电站成套装备、配电网成套设备、储能设备，推动智能变压器、超导直流限流器和超导电机等示范应用；发展智能化风电、光伏等新能源并网关键装备，推动大容量超级电容储能装备研制和产业化；鼓励电力能源服务的新型商业运营模式，建设能源互联网云平台、智慧能源数字孪生平台，实现能源智慧化管理，建设一批新能源微电网示范项目和综合智慧能源示范园区。

（3）绿色制造系统解决方案。培育并支持绿色制造系统解决方案供应商开展产品绿色设计与制造一体化、绿色关键工艺系统、先进适用环保装备系统、水资源优化系统、终端产品资源化利用、数字化绿色提升等领域集成应用，提升行业绿色发展基础能力，帮助企业加强生产过程精细化调控，提高电气化率和余热余压、新能源、可再生能源使用比例。

（4）智慧化节能环保综合服务。鼓励节能环保服务由单一领域向水、气、土、废多领域协同和工业源、移动源、生活源等多面源系统解决转变，培育智慧化综合服务商；鼓励服务商应用数字技术促进能效提升、清洁生产、节水治污、循环利用等智慧化，形成"监、治、控"全过程一体化智能管控。

（三）做优"北京服务"四个创新链接产业

1. 区块链与先进计算

聚焦算力、算法、算据三大领域，发展先进计算专用芯片等算力新器件，强化智能算法体系结构，提升算据字节量，重点布局海淀、朝阳等区，支持区块链与先进计算和工业互联网、车联网、电子商务、人工智能等领域融合应用，力争到 2025 年区块链与先进计算产业实现营业收入超过 6000 亿元。

（1）先进计算系统。围绕计算芯片架构设计、创新发展处理器及系统级仿真器，升级人工智能框架、芯片、工具集的性能，搭建硬件仿真、建模和测试平台，促进产品算力、算法处理速度和精度提升，建设先进计算专用服务器产业化基地；建设基于专用超高速区块链芯片的区块链算力平台、人工智能算力中心、通用智能系统平台等新型算力平台，形成全面智能的计算服务，推动算力技术和服务相关企业聚集。

（2）区块链开源平台。充分发挥北京微芯区块链与边缘计算研究院等新型研发机构作用，构建并完善长安链软硬件技术体系，围绕区块链高性能、安全性、隐私保护、可扩展性等方向，支持共识机制、分布式存储、跨链协议、智能合约等技术迭代；建设长安链开源底层技术平台以及基于 RISC－V（第五代精简指令集）的区块链专用芯片、模组、硬件和长安链技术体系；建设区块链支撑服务 BaaS平台（区块链即服务平台）、统一数字身份等关键基础性数字化平台，形成赋能数字经济和数字政府的区块链应用方案。

（3）区块链应用。全市范围布局区块链全场景建设，聚焦政务服务、金融服务等重点领域，推动电子签章、城市码、碳交易、供应链金融、跨境贸易等典型应用场景落地；引导更多企业通过参与区块链应用场景建设持续打磨技术，开展更大范围推广应用，培育形成一批全国领先的"区块链＋"企业，构建区块链一体化产业链体系；推进长安链生态联盟建设，推动产学研用相关主体协同创新，形成更大范围的区块链产业开放生态。

2. 科技服务业

面向高精尖产业发展需求，重点布局"三城一区"、城市副中心，形成 5 个以上定位清晰、布局合理、协同发展的产业集聚区，建成一批专业化、集成化、市场化的综合服务平台，培育一批行业龙头企业，形成一批科技服务新业态、新模式，塑造北京科技服务品牌，力争到 2025 年科技服务业实现营业收入超过 1.25 万亿元。

（1）研发设计、检验检测与工程技术服务。研发服务围绕前沿新材料、智能制造等领域，支持建设一批协同创新平台，鼓励开展高端仪器设备、共性关键技术研发攻关；设计服务围绕高精尖重点产业，培育一批设计领军人才和机构、专业技术服务平台，加快北京市设计创新中心建设，提供大数据需求分析、设计工具、模拟仿真、快速制造等全产业链技术服务。检验检测服务支持机构向设计、研发、生产等全过程延伸，鼓励行业组织、新型研发机构、检验检测机构等联合开展新产品、新技术的行业标准及检验检测方法研究。工程技术服务支持机构从咨询、策划、规划向工程管理、数字化交付等全过程服务转变，鼓励提供智能化、数字化服务。

（2）创业孵化、技术转移与科技金融服务。创业孵化服务大力提升硬科技孵化能力，支持龙头企业建设一批市场化、专业化、国际化的硬科技孵化器，开放供应链资源、产业投资基金和市场渠道，引领大中小企业融通创新；技术转移服务支持高等院校、科研院所建设技术转移部门，面向科技成果的评估、筛选、对接、运营等提供专业化服务；科技金融服务支持银行、保险、担保等机构服务科技创新企业融资,支持多层次资本市场建设,支持符合条件的科技创新企业利用"科创板"和"新三板"做大做强。

(3)知识产权服务与科技咨询服务。知识产权服务支持利用新一代信息技术,提升源头追溯、实时监测、在线识别、网络存证、跟踪预警等知识产权保护能力,加快建设国家级知识产权交易中心,拓展知识产权质押融资、资产证券化等服务创新;科技咨询服务重点发展战略咨询、管理咨询、工程咨询、信息咨询等专业化咨询,鼓励科技咨询机构应用新一代信息技术开展网络化、集成化服务。

3. 智慧城市

在北京全域打造智慧城市应用场景,鼓励全域场景创新,吸引各行业、各领域新技术在京孵化、开展应用,加速形成创新生态,带动相关产业在京落地发展,力争到2025年,智慧城市产业实现营业收入3500亿元,带动上下游产业接近万亿元,打造30个以上可复制、可推广的标杆工程,培育多家千亿市值企业。

(1)底层通用技术。加强与行业领军企业对接合作,重点突破操作系统、智能感知系统、隐私计算等薄弱环节。探索建设空间计算操作系统平台,支撑数字化、智能化应用场景,探索用软件定义和驱动物理世界;建设未来智能系统平台,融合行业数据集、国际领先算法模型以及大规模算力等资源要素,提供底层通用的人工智能技术创新服务;建设隐私计算基础平台,打通"数道""链道",形成多域协同、自主可控、安全隐私的可信智能计算基础环境。

(2)城市感知体系建设。建设综合多种传感器的城市感知网络,带动传感器等感知终端以及相关通用光电器件等感知设备发展。建立全市感知终端"一套台账",强化各部门、各类型感知终端统筹管理;推进智慧杆塔等感知底座组网建设,实现多种设备和传感器"一杆多感"综合承载;建设全市统一的感知管理服务平台,实现感知数据共享和应用;提升城市感知的智能监测和边缘计算能力,提升城市感知大数据融合分析效率;重点加强对交通状况、自然资源、生态环境、城市部件等要素的实时感知,形成动态城市画像,形成全网共享、全时可用、全程可控的一体化智能交互能力,支撑城市精细化管理和精准服务;依托城市码推进"人""企""物"城市基础感知数据的融合关联和共享,构建万物互联的感知体系。

(3)城市数据融合服务。深化数据专区对金融科技、公共服务等重点领域的数据供给,推动向企业、科研院所和公众开放数据,培育数据交易市场和生态,吸引和培育中小企业集群化发展。

(4)城市运营开放平台。开放交通、市政、医疗、教育等领域应用场景,鼓励优质企业"揭榜挂帅""毛遂自荐"参与场景建设,利用"大场景"开放培育"大产业";推进智慧城市实验室等平台建设,为企业、科研院所提供数据和基础设施,基于开放场景进行新技术研发和产品设计,建立创新产品、方案与场景对接机制,快速将创新成果转化成实际应用,在智慧交通、智慧应急、智慧社区、智慧家居、智慧教育、智慧康养等领域孕育一批智慧城市运营商,构建服务公众智慧生活的创新生态系统。

4. 信息内容消费

以国际消费中心城市建设和全国首批综合型信息消费示范城市建设为契机,以数字赋能消费创新发展为主线,促进"文化+科技"深度融合发展,加大数字化智能化产品和服务创新,增加消费新供给。重点布局海淀区、朝阳区、石景山区、通州区,着力推动本市龙头企业进入国内互联网行业第一梯队,力争到2025年信息内容消费产业实现营业收入超过5000亿元。

(1)原创精品游戏与世界级电竞平台。聚焦北京市精品游戏研发基地、北京网络游戏新技术应用中心等载体,搭建3D互动原创游戏创作平台、新技术游戏设计研发服务平台,鼓励游戏引擎、游戏设计等核心技术自主研发,利用人机交互、全息成像、虚拟现实等创新技术推出10款游戏精品;推动游戏知识产权向影视、动漫、体育赛事等延伸应用,开展游戏知识产权主题的信息消费体验活动;建设电子竞技软件服务平台和虚拟现实电竞体验中心，推动海淀、石景山等区搭建电竞产业高端发展平台，举办具有国际影响力的顶级电竞赛事。

（2）信息消费体验服务。利用人工智能、人机交互等技术建设信息内容消费载体，建设 5 个信息消费体验中心，积极推动传统购物中心和商业综合体的数字化改造升级，支持应用 VR/AR 的信息消费体验活动。

（四）抢先布局一批未来前沿产业

瞄准国际前沿抢占产业发展制高点，超前部署一批具有深远影响、能够改变科技、经济、社会、生态格局的颠覆性技术方向，构建基于新原理、新技术的新业态新模式，为高精尖产业持续发展培育后备梯队。生物技术与生命科学领域支持研发全新的生物大分子鉴定和序列读取技术，在核酸与蛋白质检测和测序的核心领域发展国际领先的合成生物学和蛋白设计技术，研发以单细胞为代表的痕量检测、测序和组学技术及高效、安全、可控的基因编辑技术。碳减排与碳中和领域研发推广碳追踪、碳捕捉等相关技术产品，支持开发碳排放监测和信息管理系统，培育碳追踪、碳减排数据分析和综合服务机构，发展先进能源技术，推进能源供给多元化、清洁化、低碳化。前沿新材料领域重点突破石墨烯等纳米材料、生物医用材料、3D 打印材料（增材制造材料）、超导材料、液态金属、智能仿生材料等方向，创新环保低碳材料制备工艺，培育一批专精特新企业。量子信息领域完善量子信息科学生态体系，加强量子材料工艺、核心器件和测控系统等核心技术攻关，推进国际主流的超导、拓扑和量子点量子计算机研制，开展量子保密通信核心器件集成化研究，抢占量子国际竞争制高点。光电子领域积极布局高数据容量光通信技术，攻克光传感、大功率激光器等方向材料制备、器件研制、模块开发等关键技术，推动硅基光电子材料及器件、大功率激光器国产化开发。新型存储器领域开展先进 DRAM（动态随机存取存储器）技术研发，推进 17nm/15nm

DRAM 研发与量产，突破 10nm DRAM 部分关键技术。脑科学与脑机接口领域聚焦认知科学、神经工程、生机交互、类脑智能理论与医学应用等，加快无创脑机接口方向创新成果在临床医学、航空航天、智慧生活领域的成果转化和产业应用。

四、优化区域协同发展新格局

落实北京城市总体规划，推动区域特色化、差异化、联动化，构建"一区两带多组团、京津冀产业协同发展"新格局。

（一）着力提升"一区"产业能级

在北京经济技术开发区和顺义区深入推进创新型产业集群示范区建设，积极承接三大科学城创新成果外溢，加快科技创新成果产业化，提升自主创新能力和产业能级，打造具有全球影响力的技术创新和成果转化示范区。

1. 北京经济技术开发区

发挥体制机制优势，打造具有全球影响力的高精尖产业主阵地。突出"创新＋制造"业态，以信息化、智能化为驱动培育新动能，加快推动北京自由贸易试验区高端产业片区亦庄组团建设，聚焦新一代信息技术、集成电路、智能网联汽车、医药健康、智能制造与装备等领域，打通创新链、产业链、资金链、政策链，强化协同互动，抓住核心环节，加快培育具有战略领航性、示范带动性、科技引领性的产业集群，引领全市产业向中高端迈进。

2. 顺义区

用好首都国际机场交通枢纽，加强产业空间资源整合，加快传统产业转型升级；依托天竺综合保税区、首都机场临空经济示范区和中关村顺义园等载体，聚焦智能网联汽车、第三代半导体、航空航天等领域，对接三大科学城创新成果转化需求，集聚全球高端资源，引导重大项目集中布局，加快产业链、创新链融合，培育一批创新型产业集群和战略性新兴产业。

（二）全力打造南北两个产业聚集带

北部地区对接三大科学城创新资源，推动海淀、昌平、朝阳、顺义等区打造研发创新与信息产业带；南部地区依托北京经济技术开发区，推动丰台、大兴、房山等区打造先进智造产业带。

1. 北部研发创新与信息产业带

（1）海淀区。发挥高等院校及科研院所聚集优势，依托中关村科学城建设，聚焦大信息和大健康，发展新一代信息技术、区块链与先进计算、集成电路设计、医药健康等产业。以关键核心技术突破和创新生态体系构建为主线，着力强化全球创新资源链接，推动高水平科创平台建设，聚集国际顶尖人才，提升专业化孵化服务水平，打造承载国际科技创新中心功能的核心载体和全球创新网络的中国坐标。

（2）昌平区。发挥地处怀柔科学城、中关村科学城之间的桥梁与节点优势，强化以未来科学城为核心的技术研发创新平台作用，依托生命谷、能源谷、中关村昌平园等载体，重点发展医药健康、绿色能源、智能制造与装备等产业，依托小汤山工业园发展美丽经济，整合创新资源并加快开放共享，促进央企、民企、高校等主体协同创新，培育高价值创造环节，突破重点领域关键技术，提升国际科技创新影响力，建设全球领先的技术创新高地、协同创新先行区、创新创业示范城、智能制造示范区。

（3）朝阳区。发挥商务中心区总部经济、涉外要素密集优势，纵深推进国际科技创新展示、交流与合作平台建设，将国际金融、国际商务等功能优势向产业优势转化，依托中关村朝阳园，聚焦新一代信息技术产业，发展信息内容消费、产业互联网、区块链与先进计算、智慧城市等领域，高标准规划建设金盏国际合作服务区，积极推进政策创新，吸引一批功能性项目和代表性企业，在数字贸易试验区建设中形成朝阳经验，加快建设中关村朝阳国际创投集聚区，形成国际化数字总部企业集群，努力建设成为国际化企业创新中心。

2. 南部先进智造产业带

（1）丰台区。发挥新兴金融承载和带动优势，依托中关村丰台园等载体，加快构建轨道交通、航空航天等特色产业体系。建设前沿技术孵化、创新成果转化、产业创新平台，提升技术转移、工程技术和专业服务能力，推动中后端集成和中试熟化环节，建设中关村丰台数字经济社区，构建创新产业生态，打造具有全球影响力的轨道交通创新中心和航空航天创新中心。

（2）大兴区。发挥产业承载空间资源和大兴国际机场世界级枢纽优势，重点发展医药健康产业，培育壮大氢能、商业航天等领域，推动北京自由贸易试验区高端产业片区大兴组团建设，重点依托大兴生物医药基地、大兴机场临空经济区、大兴新媒体基地、北京中日创新合作示范区、大兴国际氢能示范区、商业航天产业基地等载体，加快集聚一批高端市场主体、加速实施一批重大功能项目、重点培育一批新兴业态、大幅提升一批重点产业能级，完善产业基础配套设施，强化国际资源链接，不断提高"新国门·新大兴"产业影响力。

（3）房山区。加快产业转型升级，壮大高质量发展新动能，依托良乡高教园、新材料基地、高端制造业基地等载体，重点发展智能制造与装备、前沿新材料、智能网联汽车，培育发展氢能、医药健康，建设一批特色园区，优化"前店后厂"模式，搭建创新成果转化平台，推动创新成果示范应用和产业化落地，打造南部重要的创新成果转化基地。

（三）加快建设一批特色鲜明产业组团

支持通州区、石景山区以及生态涵养区发挥区域资源优势，聚焦细分领域打造一批特色鲜明、具有国际竞争力的产业组团。

1. 通州网络信息安全产业组团

依托国家网络安全产业园区，聚焦基础软件、网络安全服务和综合运营平台等细分领域，承接网络安全和信创产业重大项目布局，建设国家网络安全高端产业集聚示范基地和网络安全领军人才培育基地。持续拓展产业外延,培育云计算、大数据、应用软件等网络信息安全应用产业集群。

2. 石景山虚拟现实产业组团

依托中关村虚拟现实产业园等载体,以硬件研发为支撑,以内容应用开发为核心,强化关键器件、底层技术与工具的培育孵化,推进内容制作与渠道服务的拓展,突破全息成像、裸眼 3D、交互娱乐引擎开发、文化资源数字化处理等关键技术,推动 VR/AR 在游戏动漫、教育、旅游休闲等方面创新应用和融合发展,促进技术迭代和商业模式优化,催生虚拟现实新产品、新业态、新模式,打造具有区域特色和示范带动效应的虚拟现实产业发展高地。

3. 怀柔高端科学仪器和传感器产业组团

发挥怀柔科学城科学设施平台创新成果溢出优势,面向大科学装置仪器设备多、安装调试周期长、维修保养要求高的应用场景需求,聚焦高端科学仪器和传感器细分领域,全力打造"怀柔仪器"品牌,培育一批站在全球产业链顶端的"硬科技"企业和"明星产品",吸引产业链上下游资源集聚,打造集投资、研发、设计、制造、展示和交易于一体的高端科学仪器和传感器产业高地。

4. 延庆无人机产业组团

依托民用无人驾驶航空试验区,发挥空域优势及多元应用场景优势,发展无人机核心技术及关键零部件研制、集成测试等领域,吸引中心城区无人机产业外溢,承接无人机重大科研成果应用示范和产业化。把握"无人机 +"跨界融合趋势,发展无人机植被保护、监测、应急救援等业态,推进无人机应用场景建设,将中关村延庆园打造成为集研发、设计、生产、集成、检测、赛事、应用于一体的无人机产业创新服务综合基地。

5. 平谷智慧农业产业组团

以平谷农业科技创新示范区为平台,深入推进大数据、物联网、人工智能、5G 等信息技术集成应用,提升现代种业、农业智能装备、生物技术、营养健康、食品安全监测等全产业链数字化水平，建设一批智慧型设施农业示范项目，形成智慧农业特色产业集群，构建新一代信息技术带动、一二三产融合协同创新的新业态、新模式，打造具有全球示范性的数字农业产业体系。

推动市域内"研发 + 高端制造"跨区协同。支持区位毗邻、资源互补的区开展产业协同试点示范，打造一批跨区的产业协同发展走廊。重点支持"丰台区 + 房山区"在轨道交通领域、"海淀区 + 昌平区"在智能终端领域、"丰台区 + 北京经济技术开发区 + 大兴区"在航空航天领域、"朝阳区 + 顺义区"在智能制造与装备领域加强协作。

支持东城区、西城区发挥国际交流、信息、科技、人文优势，积极推动新一代信息技术与产业融合发展。支持怀柔区、密云区、平谷区、延庆区、门头沟区围绕发展定位，结合资源禀赋，积极承接国际科技创新中心建设的创新成果，培育壮大新兴产业，加快区域产业转型升级。

（四）构建京津冀产业协同发展新格局

立足京津冀整体谋划高精尖产业发展，发挥北京"一核"辐射带动作用和先进制造、数字资源优势，以氢能、智能网联汽车、工业互联网等产业为突破口，推动创新链产业链供应链联动，加速科技赋能津冀传统产业，协同推进数字化、智能化、绿色化改造升级。采取"产业基金 + 智能制造"方式，鼓励北京企业通过"母子工厂"等模式在津冀布局一批带动力强的项目，吸引上下游企业聚集，共同完善区域产业生态，构建分工明确、创新联动的产业协同发展格局。

1. 推动三个重点产业协同率先突破

（1）氢能产业协同发展示范。推动京津冀规模化、协同化布局氢能产业，重点布局制备、运输、存储、加注和氢燃料电池产业链环节。北京聚焦氢能关键核心技术攻关和终端应用，推进氢燃料电池堆和高端整车制造；支持天津发展储氢材料设备、加氢站成套装备等先进装备制造；支持河北发展风能制氢、工业副产氢，加强氢能供给，研发高压车载储氢系统、高压气态和低温液态氢储运技术及管道输氢特种材料，壮大储氢上游环节。

（2）智能网联汽车产业协同发展示范。完善以智能网联汽车为核心的京津冀汽车产业生态圈，加快有条件自动驾驶的智能网联汽车研发生产和示范应用，提高自动驾驶功能装备率。北京重点突破传感器、处理器芯片等关键核心零部件，巩固车载计算平台、信息安全、车路协同等优势技术；支持天津建立比较完备的整车及重要零部件研发制造产业体系；支持河北发展车载光学系统、定位系统、互联网终端、集成控制系统等模块。

（3）工业互联网产业协同发展示范。加快推进京津冀联网协同智造，支持北京工业互联网和智能制造头部企业对接津冀生产制造资源，加速赋能津冀传统产业。北京重点培育一批工业大数据、智能传感与控制等跨行业跨领域的集成服务商；支持天津围绕重点工业领域数字化转型，加大智能制造解决方案应用推广；支持河北遴选一批龙头骨干企业、典型行业开展数字化车间和智能工厂建设。

专栏 1　京津冀协同智造示范工程

围绕以智能工厂为代表的数字化制造、以"母子工厂"为代表的分布式制造以及智能产品、智能服务、供应链协同等开展试点示范。聚焦氢能、智能网联汽车、工业互联网等新兴领域，探索以行业龙头企业为依托，与产业链上的津冀企业合作，推进企业生产设备智能化改造，构建跨区域联网智能制造系统。推广基于工业互联网的协同制造模式，建设一批智能化车间和智能化企业。积极推进网络基础设施建设，建设京津冀联通共享的工业互联网和工业云平台。力争到 2025 年，实施 10 个京津冀协同智造重大示范项目。

---

2. 构建环京产业协同发展三个圈层

（1）依托北京向外 50 千米左右的环京周边地区打造环京产研一体

化圈层。以一体化为目标，加强与廊坊北三县、固安、保定涿州、天津武清等周边地区发展协作，促进北京"摆不开、放不下、离不远"的科技创新和高端制造产业链就近配套。梯次布局应急物资生产储备，增强必要的生活物资保障能力。加快高端要素和创新资源向城市副中心聚集，打造京津冀协同发展桥头堡，加强与廊坊北三县一体化联动发展，出台鼓励产业向廊坊北三县等环京周边地区延伸布局的政策。

（2）依托北京向外100千米到雄安、天津打造京津雄产业功能互补圈层。围绕疏解和承接功能，推动北京城市副中心与河北雄安新区"两翼"联动。强化京津联动，唱好"双城记"，推动天津滨海中关村科技园、宝坻中关村科学城、京津合作示范区等重点园区建设，全方位拓展合作广度和深度。

（3）依托北京向外150千米到保定、唐山、张家口、承德、沧州等城市打造节点城市产业配套圈层。沿京津、京保石、京唐秦等主要交通通道，推动产业要素沿轴向集聚，构筑产业配套圈。沿京津走廊，打造科技研发转化、先进制造业发展带，重点打造智能制造、航空航天、工业互联网产业链，北京重点发展智能整机、关键零部件、系统解决方案，支持天津重点发展高端结构件、新材料；沿京保石走廊，打造先进制造业发展带，强化北京创新资源与保定、石家庄产业发展结合，提高氢能、智能网联汽车、医药健康等合作水平，推动产业协作项目落地，北京重点发展储氢用氢技术、整车及关键零部件、创新药研发，支持河北重点发展制氢运氢、汽车配件、原料药；沿京唐秦走廊，打造产业转型升级发展带，共建唐山曹妃甸协同发展示范区，重点打造新材料、智能装备产业链，北京重点发展新材料和智能装备研发，支持河北重点发展材料生产、高端结构件加工；加快北京张北云计算产业基地、怀来大数据产业基地建设，发挥"科技冬奥"带动作用，深化智能网联汽车、绿色能源与节能环保等领域合作；支持北京沧州渤海生物医药园、承德云栖大数据基地、深州家具产业园等特色园区建设。

专栏2 "十四五"时期城市副中心（通州区）高精尖产业布局

以数字经济为方向，以绿色经济为特征，加快构建与主导功能定位相适应的现代产业体系，培育打造具有全球竞争力、体现"北京智造""北京服务"的标杆性品牌性产业。加强与廊坊北三县一体化联动发展，把城市副中心打造成京津冀协同发展的桥头堡。

1. "北京服务"领域

网络安全：依托国家网络安全产业园（通州园），推动网络安全产业集聚发展，完善网络安全创新研发、成果转化、创新孵化全产业链，推动信息安全领域核心技术突破和重大创新成果转化，发展新型安全服务综合运营平台。信息内容消费：用好城市副中心特色文旅资源，围绕数字游戏、互动娱乐、影视动漫、数字出版等，在文化旅游区、张家湾设计小镇、宋庄艺术小镇吸引聚集一批数字内容制作与传播平台企业，支持信息内容消费体验馆、创新孵化基地等载体建设。产业互联网：布局细分领域产业互联网平台，依托运河商务区等板块集聚绿色能源管理交易平台、商业服务平台、工业互联网平台等一批细分行业新平台型企业群体，辐射带动产业转型升级。

2. "北京智造"领域

医药健康：以医药健康产业集聚区为重点，聚焦生物医药、中医药现代化、高端医疗器械、健康诊疗服务等重点领域，推动生物制药技术和大健康产业智能化、服务化、高端化发展，培育一批龙头企业和先进产品。智能制造：依托光机电一体化基地，聚焦智能机器人关键及前沿技术、整机及系统集成、系统模块及零部件，加强重大技术装备研发创新，打造全国高端装备产业创新示范区和系统解决方案策源地。集成电路：推动台马科技板块与北京经济技术开发区协同打造集成电路产业集群，建设集成电路高端制造基地。

五、加快产业基础再造筑牢发展新根基

坚持软硬两条战线同时突破，夯实"核心技术、创新平台、企业主体、产业设施、产业人才"五大基础，攻克一批短板和"卡脖子"技术，锻造一批长板和"杀手锏"技术，增强高精尖产业自主可控能力，推动创新资源优势加速向产业竞争优势转化。

（一）夯实自主可控的核心技术基础

1. 推动"补短板""锻长板"齐头并进

发展高端芯片、核心技术零部件和元器件，提高关键基础材料的性能、质量稳定性与自给保障能力，研发推广数字化、网络化、智能化、绿色化新型先进工艺，突破制约产业链升级的瓶颈，提升北京企业在产业链关键环节的自主创新能力。编制高精尖产业"卡脖子"攻关清单，按照"成熟一个、启动一个"滚动实施，以整机攻关带动零部件突破，以软件定义带动系统研发，以适配验证促进技术迭代升级，逐项突破短板产品和技术，逐步提升国产化配套比重，实现一批"卡脖子"技术产品"从无到有、从能用到好用"。建立成熟完整的28nm及以上节点工艺体系，加快补齐大生产线供应链短板，推动实现关键装备、零部件和材料的自主可控；建设一条应用国产技术装备的智能工厂示范线；建设一条具有自主知识产权的智能网联汽车示范道路。聚焦人工智能、区块链、生命科学、量子信息等北京具备技术竞争优势的领域，制定完善"首台（套）、首试产、首流片、首批次"政策，持续支持领军企业和创新机构超前部署颠覆性领跑技术研发，储备和转化一批领跑全球的创新技术、先进产品，巩固扩大技术领先优势。

2. 建立创新攻关"揭榜挂帅"机制

聚焦高精尖产业重点领域，实施产业"筑基"工程。建立"整车整机企业发榜—创新企业或创新联合体揭榜—揭榜企业挂帅攻关—

发榜企业认可采购"的机制,鼓励揭榜企业开展技术攻关"赛马",加快新技术新产品研制突破进程。支持在京创新主体主动承担揭榜攻关任务,对揭榜攻关成功的技术和产品,同等条件下优先支持和推广。强化产业链创新协作,以重点基础产品和工艺的关键技术、产品设计、专用材料、先进工艺、公共试验平台、批量生产、示范推广的"一条龙"应用为抓手,促进终端设备和集成系统与基础技术协同创新,建立上中下游分工协作新模式。对高精尖产业重点攻关项目,建立政府与创新联合体对等持续投入模式。支持央地协同创新,共同承接国家重大战略项目。

专栏3 产业"筑基"工程

立足增强产业链、供应链自主可控能力,聚焦产业薄弱环节,开展关键基础技术和产品的工程化攻关。重点围绕高端通用芯片、高端仪器仪表、智能传感器、基础软件、工业软件、新材料等短板领域,研究制定高精尖产业"卡脖子"攻关清单和实施计划,完善部市合作、央地协同,鼓励"揭榜挂帅"等模式,加大产业共性技术供给,加快创新成果转化和产业化。力争到2025年,50个关键短板领域实现突破,10个核心技术产品基本满足高端装备制造和国家重大工程需要,产品稳定性、可靠性、耐久性大幅提升。

(二)筑牢产学研用联动的创新平台基础

1. 布局产业创新平台

围绕重点产业方向优化提升产业技术基础公共服务平台,构建以国家级制造业创新中心为核心节点、以市级产业创新中心为重要支撑、以社会企业研发机构为底层节点的创新网络体系。进一步提升产业技术基础、检验检测、产业大数据等公共服务平台的服务水平,强化产业共性技术的支撑能力。支持创新平台以关键共性技术和跨领域交叉技术的研发、转化、应用为重点，加速自研产品技术产业化。重点在石墨烯、光电子等领域新设立一批国家级和市级创新中心。鼓励各区或企业建设机制灵活、面向市场的新型研发机构。力争到2025年每个重点产业方向都有国家级或市级创新平台布局。

2. 畅通创新成果产业化渠道

建立"三城"创新成果转化的遴选机制，实施创新成果转化"接棒"工程，支持建立集中承接"三城"创新成果转化的园区，促进"三城"重大创新成果接力支持和优先在京转化。完善创新成果向企业转移扩散机制，支持高精尖企业引进先进适用技术，开展技术革新与改造升级。支持领军企业、转制科研院所联合上下游企业和高校院所等构建一批产业技术创新联盟，共同开展跨领域研究开发、成果应用与推广、标准研究与制定等，为联盟成员企业提供订单式研发服务。

专栏4 创新成果转化"接棒"工程

建立全市统一的高精尖项目库，引导市级部门组织的和资金支持的产业类项目纳入项目库。建立产业重大创新成果协同培育和转化机制，按照"坚持前端聚焦、推进中间协同、注重后端转化"的原则，依照项目成熟度整合研发、转化、产业化、应用场景资源分段接力支持，引导"三城"重大创新成果优先在京落地。力争到2025年，北京吸纳的技术合同交易额保持年均10%增速，落地一批"三城"重大创新成果在京转化项目，企业、高校、科研院所等主体创新成果转移转化能力显著提高。

（三）培育融通协调的企业主体基础

1. 集聚壮大一批产业链"链主"企业

出台鼓励领军企业创新发展政策，支持建立高水平研发机构，牵头开展关键核心技术攻关，培育集聚一批核心技术能力突出、引领产业发展、具有较强国际竞争力的产业链"链主"企业。鼓励"链主"企业整合产业资源和创新要素，推广供应链协同、创新能力共享、数据协同开放和产业生态融通发展等模式，带动上下游中小微企业协同发展；设立海外研究院、全球创新基金，主导或参与制、修订国际标准，开展全球化创新。支持企业瞄准产业链关键环节、核心技术和重大发明，面向海内外实施兼并重组，成为国际"链主"企业。

2. 培育扶持一批专精特新企业

鼓励中小微企业深耕行业领域做精做专、练好内功，在技术或市场方面掌握核心竞争力。实施专精特新企业培育计划，建立中小微企业梯次培育库，在智能制造与装备、智能网联汽车等领域做强做精一批专业能力强、产品技术过硬的零部件配套或软件开发企业群体，促进"小升规""规升强""强升巨"。支持企业成长为专精特新"小巨人"、单项冠军、独角兽企业，做好高成长企业的跟踪服务、统筹布局以及空间保障。完善创新支持政策，鼓励中小微企业组建多种形式的创新联合体，抱团开展联合创新。

3. 促进大中小企业融通发展

实施企业"登峰"工程，加快构建以"链主"企业带动、单项冠军企业跟进、专精特新"小巨人"企业集聚梯次有序、融通发展的产业生态。支持跨界供应商、新兴科技供应商等积极融入"链主"企业产业链，重塑供应链体系。鼓励"链主"企业由单纯的生产制造企业向生态型企业转型，为上下游企业提供质量管理、项目信息、金融服务、生产组织、商业信用等多元服务，凝聚形成产业生态。支持"链主"企业与上下游中小微企业组成联合体参与政府采购或承接重大项目。

专栏5　企业"登峰"工程

立足企业成长性与专业化"双轮"驱动，实施以领军企业、单项冠军企业、专精特新"小巨人"企业为培育对象的企业"登峰"工程。加大领军企业培育引进力度；筛选一批有发展潜力的企业作为重点培育对象，加强对重点培育企业的帮扶、指导、服务；支持企业通过兼并收购、孵化生态，提高竞争力；推动中小微制造业企业上规升级。力争到2025年，新增500家规模以上先进制造业企业、10家产值过百亿元的领军企业、50家单项冠军企业和300家专精特新"小巨人"企业，培育一批能够进入国内互联网行业第一梯队的头部企业。

（四）构建智能泛在的产业设施基础

1. 建设基础稳固的新型网络基础设施

加快基于IPv6（互联网协议第六版）的下一代互联网规模部署，新建5G基站6万个，有效面积覆盖率95%以上。建设以物联网、车联网、工业级5G芯片、网关、多接入边缘计算、卫星互联网为代表的通信网络基础设施，支持示范应用。构建服务京津冀、辐射全国产业转型升级的工业互联网赋能体系，加快建设工业互联网标识解析国家顶级节点、国家工业互联网大数据中心。

2. 打造数智融合的数据智能基础设施

推进数据中心从存储型到计算型升级，加快数据中心从"云+端"集中式架构向"云+边+端"分布式架构演变。强化以"筑基"为核心的大数据平台建设，逐步将大数据平台支撑能力向下延伸，夯实北京城市大脑应用基底。建设人工智能超高速计算中心、一体化大数据平台、区块链共性平台等数据智能基础设施。加快传统基础设施数字转型和智能升级，积极开展智慧城市、智慧民生、智慧产业等智慧应用。

3. 建设共享开放的生态系统基础设施

加强共性支撑软件研发，打造高可用、高性能操作系统，推动数据库底层关键技术突破。鼓励建设共享产线等新型中试服务平台。支持各类共享开源平台建设，促进形成协同研发和快速迭代创新生态。加强特色产业园区基础设施建设，完善协同创新服务设施。

4. 夯实自主可控的可信安全基础设施

系统布局覆盖终端、用户、网络、云、数据、应用的可信安全基础设施。促进网络安全产业集聚发展，培育一批拥有网络安全核心技术和服务能力的优质企业，支持操作系统安全、新一代身份认证、终端安全接入等新型产品服务研发和产业化，建立可信安全防护基础技术产品体系，支持建设一体化新型网络安全运营服务平台，提高新型基础设施建设的安全保障能力。

（五）构筑多层次高素质的产业人才基础

1. 凝聚优秀企业家和产业领军人才

弘扬企业家精神，营造尊重和激励企业家干事创业的社会氛围，汇聚和历练一批具有全球视野、追求卓越的企业家。建立国际化的产业领军人才引进意向清单，加大对全球高端创新人才的跟踪引进，集聚一批能够主持关键技术攻关、引领产业发展的领军人才队伍。在智能制造、集成电路、人工智能等重点行业建立首席专家特聘制度，通过首席专家的引领和带动，促进重点学科交叉、关键技术融合和系统集成创新。

2. 加大创新型科技人才的引进培养力度

鼓励在京高等院校开设高精尖重点产业学科，培养一批具有较强科技研发和创新能力的高校毕业生。围绕产业发展需求引入一批高水平的创新人才团队，通过"项目带头人＋创新团队"的模式以才带才、以才育才。

3. 培养一批专业技能过硬的技术工人

开展产教融合建设试点，围绕集成电路、智能制造与装备、医药健康等重点领域加大紧缺专业人才培养力度，支持企业与职校联合建设一批高端制造人才实训基地，培养一批基本功过硬、精益求精的技术工人队伍。

六、全面提升产业链现代化水平新层级

以增强产业链关键环节自主创新能力为目标，推进"重点产业集群化、生产范式智能化、高端制造服务化、发展方式绿色化、产品服务品质化"五化发展，构建具有首都特色、掌握核心环节、占据高端地位的产业链。

（一）推动重点产业集群化

1. 培育一批万亿级产业集群

用好三大科学城建设的创新增量，释放重大科技设施平台创新势能，实施万亿级产业集群培育"五个一"工程，聚焦关键技术环节突破和服务模式升级，力争在智能制造与装备、医药健康、产业互联网、智能网联汽车等领域培育形成一批兼具规模体量与行业核心竞争力的万亿级产业集群，实现产业能级再上新台阶，带动全市产业能级提升和结构优化。

专栏6　万亿级产业集群培育"五个一"工程

立足产业优势和科技变革趋势，突出"聚焦、引领、突破"，围绕智能制造与装备、医药健康、产业互联网、智能网联汽车、绿色能源与节能环保、区块链与先进计算、集成电路、信息内容消费、网络安全和信创、智慧城市等领域，每个集群按照"一本实施方案、一套政策措施、一支产业基金、一批重大项目、一组重点承载区域"的思路，推进产业能级再上新台阶，形成一批具有核心竞争力的产业集群与龙头企业；技术上突破一批"卡脖子"和领跑技术，支撑国家科技自立自强；生态上补强产业链短板，提升产业链现代化水平。力争到2025年再造2~3个万亿级产业集群、2~3家万亿级市值企业。

---

2. 推动产业链向高价值攀升

梳理高精尖产业链关键环节及相关环节领军企业，绘制重点产业链图谱，明确本市企业在关键环节的分布情况，开展产业竞争力评估，巩固提升关键环节已有企业的核心竞争力，有针对性地培育引进一批占据关键环节的企业项目。支持更多中小企业纳入关键环节领军企业供应链体系，借助领军企业的质量与标准化体系全面提升中小企业产品服务品质，加快全产业链优化升级。

3. 增强产业链韧性和活力

建立重点产业供应链关键环节监测预警和协同保障体系，支持领军企业建立供应链"B 计划"，围绕核心产品构建全球供应链风险管理体系，鼓励企业制定备份方案和替代清单，根据发展需要落地关键备份项目。统筹推进应急产业发展，促进应急装备与技术推广应用，加强医用物资等应急产品生产能力储备，建设区域性应急物资生产保障基地。力争到 2025 年，产业体系抗冲击能力显著增强，关键零部件和产业链关键环节在京津冀区域的配套化率显著提升。

4. 推动重点产业链强链补链

实施产业链强链补链工程，面向集成电路、智能制造与装备、智能网联汽车等重点产业"一链一策"定制产业链配套政策。支持产业链"链主"企业整合上下游资源，带动产业链关键核心配套企业就近布局，形成若干具有"竹林效应"的产业生态集群。针对先进制造业发展所必需的基础配套环节，探索通过统一规划、绿色生产、集中治理的方式在五环外（北京城市总体规划许可范围）或北京周边统筹布局。对特别重要且确需发展的配套项目，依法依规给予准入支持。支持各区聚焦主业精准强链补链，通过资金支持、开放市场等多种渠道与企业协同打造产业生态。

专栏 7　产业链强链补链工程

　　立足协同补链和技术强链，促进产业链安全自主可控和整体升级。梳理本市企业在重点产业链关键环节的分布情况，形成重点产业链全景图，选择部分重点产业试点突破，建立"一链一策"方案，解决产业链企业共性难题，加大重点项目引进力度，补齐产业链短板，集成土地、财政、金融、人才、产业等政策，针对产业链"链主"企业和关键配套企业依法依规加大支持力度。力争到2025年，在10个产业链开展强链补链示范，探索形成以"链主"企业为头雁引领、上下游中小微企业紧密跟随的"产业雁阵"。

（二）加快生产范式智能化

1. 推进智能生产力提升

　　在高精尖产业应用智能化装备，建设智能化工厂，生产智能化产品，延伸智能化服务，推进大规模定制，重点在智能手机、机器人、先进制程芯片、新型显示、无人化装备、新计算终端等领域，采取"优势产品＋标杆工厂"模式建设一批"优品智造"标杆工厂。以专业化基地聚合隐形冠军企业的发展模式，打造科学仪器、机器人等特色产业集群。建设智能制造系统创新中心等平台，提升智能制造关键零部件和系统自主创新能力。通过"智能＋"推动实现规模以上工业企业智能化改造全覆盖，推动先进制造业企业向全要素、全流程、多领域智能协同运营转型，构建基于智能制造的竞争新优势。

2. 实施"新智造100"工程

　　制定完善智能制造标准体系，加快一批细分行业智能制造标准的研制、示范和推广，开展智能制造成熟度贯标。推进"十百千万"升级计划，鼓励先进制造业企业部署应用5G、工业互联网等新型基础设施，对标行业示范标杆工厂实施数字化、网络化、智能化改造，

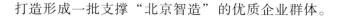

打造形成一批支撑"北京智造"的优质企业群体。

专栏8　"新智造100"工程

立足新一代信息技术和先进制造业深度融合趋势,强化以示范带应用、以应用带集成、以集成带装备、以装备带智造,聚焦高端化、智能化优势产品,打造10个产值过百亿的标杆性"智慧工厂",建设100个"智能工厂",支持1000家规模以上先进制造业企业智能化改造升级,培育万亿级智能制造产业集群,培育10家收入超20亿元的智能制造系统解决方案供应商和30家智能制造单项冠军。

10家产值过百亿的标杆性"智慧工厂":对标世界"灯塔工厂"和我国"智能制造标杆企业",支持有国际影响力的领军企业打造具有样板效应和产业链带动作用的标杆性"智慧工厂"。

100个"智能工厂":聚焦高精尖产业细分领域和细分产品,支持创建一批"智能工厂"和"数字化车间",打造行业智能制造标杆示范,形成可复制、可推广的智能制造新经验、新模式。

1000家规模以上先进制造业企业:分行业、分层次持续推进千家规模以上先进制造企业实施智能化改造。支持企业围绕研发、设计、生产、管理、服务等关键环节,开展核心价值链、关键工艺与工序段、生产单元与产线、车间与工厂的持续改造,不断提升设备互联、数据共享、资源优化、科学决策水平,分步建设智能产线、数字化车间、"智能工厂"、"智慧工厂",实现制造企业数字化、网络化、智能化的逐步升级。

万亿级智能制造产业集群:围绕"优势产品+标杆工厂"发展模式,优化智能制造创新链和产业链。通过挖掘智能化应用场景,以智能手机、机器人等优势产品为重点,培育智能化产品和服务集群,打造"智能+"产业生态。

（三）促进高端制造服务化

1. 进一步促进服务型制造发展

实施服务型制造领航工程，在工业设计、定制化服务、节能环保、供应链管理等重点领域遴选、培育一批示范企业、项目和平台。加快"共享工厂"示范推广，鼓励生产企业通过工业互联网共享生产订单的方式设立虚拟联合工厂，满足企业共性制造需求。支持制造业企业由产品设备生产商向智能化产品与服务提供商转型，延伸拓展产业链高价值服务环节，发展个性化定制、产品全生命周期管理等新模式，提升制造效率，做"制造的制造"，赋能北京先进制造业，辐射带动京津冀产业转型升级。

专栏9　服务型制造领航工程

持续开展服务型制造示范遴选，聚焦设计服务提升、制造效能提升、客户价值提升、服务模式创新等四个方面，围绕工业设计、定制化服务、节能环保、供应链管理、共享制造、协同生产、检验检测认证、总集成总承包等细分领域，遴选认定一批示范企业、示范项目和示范平台。推动企业生产经营重心从制造环节向制造和服务环节并重转变，企业利润中心由制造部门向服务部门延伸，引导制造业企业与工业互联网企业、信息技术服务企业协作，打造辐射京津冀供应链公共服务平台，建立以服务为纽带协同共赢的合作关系。力争到2025年，新增100家服务型制造示范企业、20个示范平台和一批示范项目，创建全国服务型制造示范城市。

---

2. 推动两业深度融合规范发展平台经济

紧抓"两区"建设战略机遇，推动先进制造业与现代服务业深度融合，应用新一代信息技术赋能新制造、催生新服务，进一步提高领军企业的规模能级和对产业链的影响力。聚焦工业云、协同办公与物流、分布式制造、集中采购等领域构建一批开放式创新服务平台，推动数字仿真设计、智慧出行服务等领域平台建设。力争到 2025 年，新增 10 个国际一流的平台型领军企业。

（四）实现发展方式绿色化

1. 加快产业绿色低碳转型

推动装备、汽车、电子、材料、医药、都市工业以及数据中心等传统行业绿色低碳化发展，鼓励企业对标国际先进水平实施绿色化技术改造。利用数字技术对能源物料、污染排放、废物处理与资源化利用等全过程智慧管控。鼓励再制造和资源综合利用，推动新能源汽车动力蓄电池高效梯次利用。

2. 全面建设绿色制造体系

对标国际国内先进水平动态完善重点领域能耗限额、用水定额、污染物排放、温室气体排放等地方标准，通过标准管理进一步提升绿色制造水平。鼓励企业、园区积极创建绿色工厂、绿色园区、绿色供应链，大力推行工业产品绿色设计，提升国际市场竞争力，规避低碳壁垒。促进企业、园区优先使用可再生能源，支持有条件的企业和园区率先探索碳中和实现路径。

（五）推进产品服务品质化

1. 提升高精尖产品供给质量

在消费品、装备、原材料等领域开展质量提升行动，加大质量升级技术改造和技术创新支持力度。围绕智能网联汽车、机器人、智能终端等领域开展产品与行业质量状况调查，对标国际优质品牌制定具有针对性的质量提升方案。支持重点企业对标国际先进水平实施质量攻关技术改造，加强可靠性设计、试验与验证技术开发应用，提升重点行业关键工艺过程控制水平，使产品的性能稳定性、质量可靠性和安全性等指标达到国际同类产品先进水平。

2. 健全协同有效的自主品牌提升机制

推动企业加强全面质量管理，争获全国质量标杆、北京市人民政府质量管理奖，引导企业提升产品和服务附加值，建立"高质、绿色、安全"的自主品牌形象。持续健全质量品牌发展市场机制，引导生产要素围绕高效率产业和优质自主品牌聚集。优化制造业质量品牌公共服务平台运作机制，提升服务中小微企业创建自主品牌的能力。健全质量监督检查机制，依法打击知识产权侵权、假冒伪劣和不正当竞争等行为。

3. 打造高精尖产业"北京标准"

探索以国家技术标准创新基地（中关村）建设为核心，在智能制造与装备等重点领域创建一批国家技术标准创新基地。鼓励企业和社会团体制定满足高层次市场需求的先进标准；培育企业标准"领跑者"，以先进标准促进全面质量提升；支持重点企业主导或参与制定团体标准、行业标准、国家标准、国际标准。

4. 进一步提升关键核心领域专利质量

推动 PCT 专利（专利合作条约）高质量发展。重视高价值专利培育，促进企业国际市场规划与 PCT 专利布局协调发展。推动智能传感器、移动通信终端等关键领域专利联盟及高质量专利池组建，建立产业领域内联合防御、风险分担、开放共享的知识产权协同运用机制等；支持专业专利运营机构探索适合本领域发展的专利运营模式。推进运营服务体系建设，完善知识产权价值实现机制，培育一批综合能力强、品牌效应突出的知识产权运营服务机构。

七、深化开放合作激发产业新活力

发挥"两区"建设政策叠加优势，积极融入新发展格局，完善高水平对外开放政策体系，深度参与全球产业链供应链重构重组，持续推动国际产能合作提质升级。

（一）高水平打造一批国际化产业园（片）区

1. 高水平推动自贸试验区高端产业片区建设

推动北京自贸试验区高端产业片区亦庄组团、大兴组团建设，加快数字化、网络化、智能化赋能，巩固扩大两个组团产业基础优势，引进一批高端研发和制造项目，将高端产业片区打造成为科技成果转换承载地、战略性新兴产业集聚区和国际高端功能机构集聚区。鼓励顺义区、昌平区、房山区等围绕主导产业方向提高产业链现代化水平，协同高端产业片区落地建设国际合作产业项目。

2. 高水平推动数字贸易示范区建设

以推动数字贸易开放创新发展为目标，以实现跨境数据安全有序流动为着眼点，推进规则探索、创新政策举措、突破制度瓶颈，增强北京在全球数字领域的先导性、话语权和影响力。依托中关村软件园国家数字服务出口基地、朝阳金盏国际合作服务区、自贸区大兴机场片区打造"三位一体"数字贸易试验区，支持中关村软件园国家数字服务出口基地打造"数字贸易港"和数字经济新兴产业集群、朝阳金盏国际合作服务区打造数字经济和贸易国际交往功能区、自贸区大兴机场片区打造数字贸易综合服务平台。

3. 高水平推动国际合作产业园建设

重点推动中日、中德等国际合作产业园建设，探索推进双向投资升级，吸引一批国际化经营的单项冠军、专精特新企业入驻，努力建成我国对日、对德开放合作的重要窗口。探索园区国际化建设运营模式，完善类海外环境，创新产业发展、人才引进、金融服务、知识产权保护等方面政策。鼓励全市产业园区提升开发运营国际化水平。

专栏10　加快建设中日、中德国际合作产业园

中日国际合作产业园（北京中日创新合作示范区）位于大兴区、北京经济技术开发区，将集成自由贸易试验区、国家服务业扩大开放综合示范区、中关村国家自主创新示范区等多重政策，突出服务日本中小企业，发展以生命健康、前沿智造和未来出行为先导的"三核"，以生物工程、材料科学、现代工艺、人工智能、能源应用为拓展的"五链"，以现代股务业为支撑的产业体系，为日韩企业和人才建设国际化水平的类海外环境。

中德国际合作产业园（北京中德经济技术合作先行示范区）位于顺义区，将全力打造新时期中德经济技术合作的示范高地，聚焦新能源智能汽车、智能装备、工业互联网三大主导产业，发展生产性服务业一大特色支撑产业，构建"德国先进制造业的聚集地、中德隐形冠军发展的战略高地、中德国际交往与开放创新的重要窗口"。承接一批德国隐形冠军企业及科技服务平台，推进一批标志性项目落地。在智能制造、智慧城市、车联网等领域，陆续开放一批应用场景，推动德企核心技术、关键零部件、新产品在园区创新应用。建设特色小镇，构建类海外环境。

（二）高质量培育一批双向创新载体

1. 构建全球创新网络重要节点

加强与全球一流创新中心链接，畅通多元化国际交流合作通道。围绕创新药、智能网联汽车、智能装备、氢能等细分领域，支持设立境外投资基金、双边基金，引导国际知名企业、机构设立或与本市领军企业共建跨国科技成果转化中心，构筑全球互动的技术转移网络。重点在北京经济技术开发区和海淀、朝阳、顺义、大兴等区打造一批国际产业服务平台、技术创新交流中心、国际人才社区等国际化高端

要素聚集平台。围绕5G、智能网联汽车、机器人、能源、航空航天打造具有全球影响力的产业合作交流平台。

2. 鼓励创新主体拓展海外市场

推动本市高精尖产品、技术和服务主动参与全球市场竞争，在竞争中提升产品质量，打造具有国际影响力的"北京智造""北京服务"品牌。鼓励企业通过收购兼并、联合经营、设立海外分支机构和研发中心等方式聚合海外优质产业资源，加快海外知识产权布局，参与国际标准研究和制定。支持企业通过对外直接投资、技术转让与许可等方式实施外向型技术转移，培育形成以技术、标准、品牌、质量、服务为核心的外贸竞争新优势。

（三）拓展重点领域国际合作广度和深度

1. 加快推动高端制造领域更高水平开放

促进智能网联汽车、医药健康、智能制造与装备等领域投资贸易便利化、自由化。智能网联汽车领域，依托高级别自动驾驶示范区设立政策先行区，对新技术、新产品、新模式应用进行创新性监管，探索建立"安全高效、创新包容、衔接顺畅、国际一流"的制度体系；医药健康领域，争取跨境远程医疗、国际合作研发审批、急需医疗器械和研发用材料试剂设备通关等改革试点实施；航空航天领域，争取航空器材包修转包修理业务口岸便利化、航材保税监管、航空口岸功能提升等改革试点实施；绿色能源领域，推进氢能技术研发、示范应用及产业化合作，建设国际氢能中心。

2. 探索推动信息技术领域开放

探索研究向外资开放国内互联网虚拟专用网业务（外资股比不超过50%）；以中关村海淀园为载体取消信息服务业务（仅限应用商店）外资股比限制；鼓励外资依法依规参与提供 SaaS 服务（软件即服务）；研究探索在国际商务服务片区完善相关法律制度和监管措施，以云计算平台建设为抓手，制定数据中心分级分类标准，健全不同市场主体参与数据中心建设的事前事中事后监管体系；鼓励国际知名开源软件代码库和开发工具服务商在京落地，支持开源社区交流平台、代码托管平台和应用服务平台建设。进一步在增值电信业务领域争取国家新支持政策。

3. 促进数据跨境安全合规开放与使用

以数据分级分类为突破口，加快推进数据的国内国际流通，重点推进价值大、安全级别低的数据先行对外开放。用好北京国际大数据交易所，稳妥推进数据跨境流动，释放数据价值。重点在中关村软件园国家数字服务出口基地、朝阳金盏国际合作服务区和自贸区大兴机场片区部分区域探索数据跨境传输监管创新机制，推动跨境数据流动试点。探索自贸试验区内跨境数据流动试点路径；分阶段推动跨境数据有序安全开放；逐步建立跨境数据流动规则，不断扩大国际合作范围。

八、保障措施

全面提升产业现代化治理能力和水平，深化财税、土地、人才等重点领域改革，营造有利于创新创业发展的环境，激发市场主体活力，为高质量发展注入新动能。

（一）建设国际一流营商环境高地

坚持竞争中性原则，以市场准入、公平竞争、公正监管、产权保护等为重点，打造公平高效的市场环境，进一步完善民营企业困难协调解决和帮扶机制，进一步提升公共服务平台为中小微企业提供专业化服务的效能。健全平台经济治理体系，强化反垄断和防止资本的无序扩张，推动平台经济规范健康持续发展。全面推进企业投资项目承诺制改革。系统推进政务服务标准化、规范化、便捷化、智能化，深入推进"多规合一"，实现"一张蓝图"共享共用。绘制本市产业地图，服务各类投资主体，推动重大项目与空间资源、区域定位精准匹配。加快推进城市全域应用场景布局，支持高精尖技术产品优先在北京先行先试。

（二）加强产业疏解整治促提升统筹

深入实施"疏解整治促提升"专项行动，更精准推进低效企业关停退出，更多手段推进存量企业绿色化发展、数字化转型和智能化提升。坚持和优化新增产业的禁止和限制目录，完善相关配套措施和实施细则。促进市区重大项目信息的集中管理，建立完善谋划、储备、新开工、续建、竣工"五个一批"动态项目清单，加强项目日常调度和跟踪服务。各区、各园区要切实履行高精尖产业项目落地的主体责任，围绕主导产业建立市场化产业促进和项目服务平台，组建专业化产业经理人团队和企业服务队伍，谋划培育重大高精尖产业项目。依法落实安全生产"一岗双责"要求，强化行业安全生产监管执法，从产业政策、技改提升等方面促进工业领域安全发展。

（三）加大产业空间保障力度

系统梳理全市现状工业用地，研究划定全市工业用地控制线，分级实施禁止调整、调整必补偿的措施，保留一定规模的工业用地，保障先进制造业发展空间。鼓励高精尖产业重点承载区实施产业用地标准化改革，推出一批完成区域综合评估、明确项目准入标准、市政配套完善的高精尖产业用地。加强耕地占补平衡指标市级统筹，支持重大项目落地。支持各区围绕主导产业建设标准厂房，变"项目等厂房"为"厂房等项目"。制定实施鼓励腾退空间和老旧厂房再利用政策，支持"腾笼换鸟"加快引入高精尖产业项目。

（四）提高资金基金使用效率

持续加大财政资金对高精尖产业的支持力度，提高产业资金政策的普惠性、易得性。依照法律规定对市政府确定的重大项目加大股权投资、贷款贴息等支持力度。加大对智能化绿色化技术改造、高精尖产业创新平台建设、"首台（套）、首试产、首流片、首批次"新产品和产业园区基础设施建设的支持力度，支持企业开展智能化绿色化诊断评估服务和数字化赋能服务。鼓励"链主"企业在京导入强链补链项目。加强现有产业引导基金统筹使用，建立市场化基金运作平台，吸引社会资本参与投资本市鼓励发展的重点产业。鼓励无政府引导基金出资的社会私募基金投资本市高精尖产业项目。鼓励对重大项目建立投贷联动服务机制，支持银行等金融机构针对高精尖企业需求研究开发专属融资服务产品。

（五）做好人才培养和引进

优化高精尖产业发展急需的领军人才、创新型科技人才和"大国工匠"引进政策，研究产业急需人才在京落户更加便利化政策。加强本市人才政策与产业布局统筹设计，研究引导产业人才到平原新城和生态涵养区企业就业的落户政策。围绕高精尖重点产业发展需求加大高校毕业生落户指标和人才引进指标支持力度。探索从课堂教育向专业化、定制化、细分化的职业教育延伸，尽可能满足产业智能化、融合化、国际化发展形成的大量复合型人才需求。

（六）强化规划统筹实施

积极争取国家部委支持北京发展高精尖产业。统筹做好高精尖产业发展的新闻宣传、政策解读和舆论引导，向社会释放更加强烈的高质量发展信号，提振企业在京发展信心。根据发展实际调整完善本市高精尖产业统计指导目录，加强高精尖产业统计监测，提升统计数据服务政府和企业的质量水平。全力以赴抓好规划贯彻落实，制定关于促进高精尖产业投资加快制造业高质量发展的措施，出台细分行业发展实施方案。加强对规划实施的跟踪监测和评估。

参 考 文 献

［1］白素霞．中关村科学城对北京市建设全国科技创新中心的贡献研究［J］.中国经贸导刊，2019（13）：51 - 53.

［2］《北京市智能装备产业短板问题研究》课题组．北京市智能装备产业短板问题及下一步发展的主攻方向与着力点［J］.智能制造，2019（12）：23 - 27.

［3］卜建华，刘敏．北京市节能环保产业发展及政策浅析［J］.绿色环保建材，2019（1）：44，47.

［4］曹志鹏．创新驱动发展模式下我国科技资源配置效率［J］.企业经济，2013，32（8）：155 - 158.

［5］陈国汉．高技术产业科技进步的经济效益分析［D］.广州：暨南大学，2006.

［6］陈金丹，王晶晶．产业数字化、本土市场规模与技术创新［J］.现代经济探讨，2021（4）：97 - 107.

［7］陈立松，刘叶婷，金双龙．京津冀人工智能产业协同创新发展路径研究［J］.环渤海经济瞭望，2020（5）：5 - 8.

［8］邓今朝，万佳洁，高江豪．湖北省技能型人才与产业匹配度评价研究［J］.当代经济，2021（5）：4 - 7.

［9］邓丽姝．北京市高精尖产业体系建设浅析［J］.前线，2019（3）：60 - 62.

［10］邓雪，李家铭，曾浩健，等．层次分析法权重计算方法分析及其应用研究［J］.数学的实践与认识，2012，42（7）：93 - 100.

［11］邓宗兵. 中国农业全要素生产率增长及影响因素研究［D］. 重庆：西南大学，2010.

［12］丁晓强，葛秋颖. 产业升级内涵及研究思路的文献综述［J］. 长春理工大学学报（社会科学版），2015（6）：66－70.

［13］董锋，龙如银，周德群，李晓晖. 产业结构、技术进步、对外开放程度与单位 GDP 能耗——基于省级面板数据和协整方法［J］. 管理学报，2012，9（4）：603－610.

［14］董树功. 战略性新兴产业的形成与培育研究［D］. 天津：南开大学，2012.

［15］杜传忠，郭树龙. 中国产业结构升级的影响因素分析——兼论后金融危机时代中国产业结构升级的思路［J］. 广东社会科学，2011（4）：60－66.

［16］范合君，等. 北京市高精尖产业发展机理研究［M］. 北京：首都经贸大学出版社，2021.

［17］范合君，等. 北京市高精尖产业研究：历史、现状与评估［M］. 北京：首都经贸大学出版社，2021.

［18］范合君，周芳，纪健恒. 北京市十大高精尖产业发展报告［M］. 北京：首都经贸大学出版社，2021.

［19］方力，贾品荣，胡曾曾. 北京高质量发展报告（2021）［M］. 北京：社会科学文献出版社，2021.

［20］方力，贾品荣. 首都高质量发展研究［M］. 北京：经济管理出版社，2021.

［21］付珊娜，刘昂. 制造业产业升级的研究回顾与展望［J］. 科学管理研究，2017（2）.

［22］傅家骥. 技术创新学［M］. 北京：清华大学出版社，1998.

［23］高培勇. 转向高质量发展［M］. 北京：社会科学文献出版社，2020.

［24］高艳红，杨建华，杨帆．技术先进性评估指标体系构建及评估方法研究［J］．科技进步与对策，2013，30（5）：138 - 142.

［25］韩峰．技术进步对湖南省城镇土地集约利用的影响［J］．中国土地科学，2012，26（5）：9 - 15.

［26］韩利，梅强，陆玉梅，等．AHP - 模糊综合评价方法的分析与研究［J］．中国安全科学学报，2004（7）：89 - 92，3.

［27］何平．我国高技术产业技术创新能力评价研究［D］．哈尔滨：哈尔滨工程大学，2018.

［28］胡珊，刘晶，王雨晴，等．基于用户动态需求的产品迭代创新设计方法研究［J］．现代制造工程，2020（12）：41 - 48.

［29］胡有林，韩庆兰．顾客参与对产品服务系统创新绩效的影响研究——基于产品与服务组合的调节分析［J］．管理评论，2018，30（12）：76 - 88.

［30］化海华，金志曲，胡燕京．产业发展论［J］．经济科学出版社，2004：30 - 45.

［31］郇红艳．中国城市化进程中农业环境效率研究［D］．南京：南京航空航天大学，2018.

［32］黄鲁成，王亢抗，吴菲菲，等．基于专利的北京市新一代信息技术产业 SWOT 分析［J］．中国科技论坛，2013（1）：106 - 112.

［33］黄群慧，崔志新，叶振宇．北京市"三城一区"科技创新要素流动和联动发展路径研究［J］．北京市工业大学学报（社会科学版），2020，20（3）：56 - 64.

［34］黄晓芬．基于资源生产率的城市绿色［D］．上海：同济大学，2006.

［35］贾品荣．创新驱动高精尖产业发展［N］．光明日报，2021 - 11 - 5.

［36］贾品荣，等．京津冀高能耗产业产能利用率及其影响因素

研究［J］. 经济数学，2019（3）.

［37］贾品荣，方力. 发挥科普在疫情防控中的重要作用［N］. 人民日报，2020－02－12.

［38］贾品荣，郭广生. 京津冀传统高能耗产业升级与新兴绿色产业培育研究［M］. 北京：科学出版社，2019.

［39］贾品荣，郭广生. 科学把握传统高能耗产业升级与新兴绿色产业培育的关系［N］. 经济日报，2019－10－04.

［40］贾品荣. 航空金融论：技术经济视角［M］. 北京：经济科学出版社，2015.

［41］贾品荣. 科技创新是京津冀低碳发展的新引擎［N］. 光明日报，2018－06－02.

［42］贾品荣，李科. 京津冀地区低碳发展的技术进步路径研究［M］. 北京：科学出版社，2018.

［43］贾品荣. 绿色发展：京津冀高能耗产业升级的有效路径［N］. 光明日报，2018－12－08.

［44］贾品荣. 民生科技：创新模式与评价体系［M］. 北京：经济科学出版社，2015.

［45］贾品荣. 区域低碳协同发展评价：京津冀、长三角和珠三角城市群的比较分析［J］. 经济数学，2018（4）.

［46］贾泽慧，黄洁茹. 技术进步对我国工业废水排放的影响效应研究［J］. 江苏科技信息，2021，38（3）：73－76.

［47］姜泽华，白艳. 产业结构升级的内涵与影响因素分析［J］. 当代经济研究，2006（10）：5356.

［48］蒋兴明. 产业转型升级内涵路径研究［J］. 经济问题探索，2014（12）：43－49.

［49］雷倩茹，邵博，申君宜. 制造业数字化绿色创新生态与经济效益影响因素研究［J］. 科技与管理，2021，23（2）：81－90.

［50］李惠钰. 高精尖产业的北京市模式［N］. 中国科学报，

2019 - 10 - 17 (006).

[51] 李朋鹜. 中国产业集聚对劳动生产率影响研究 [D]. 吉林大学, 2021.

[52] 李强, 丁春林. 环境规制、空间溢出与产业升级——来自长江经济带的例证 [J]. 重庆大学学报 (社会科学版), 2019, 25 (1): 17 - 28.

[53] 李清江. 基于 AHP - FUZZY 的企业智能制造能力评价研究 [D]. 南昌大学, 2020.

[54] 李晓宇, 戴大双. 高技术创新的经济效益分析 [J]. 中外科技信息, 2002 (6): 44 - 45.

[55] 刘爱东. 企业技术创新能力指标体系的构建及综合评价 [J]. 企业经济, 2010 (11): 5 - 9.

[56] 刘会政, 陈奕, 杨楠. 国际分工视角下产业升级内涵界定与演进研究 [J]. 科学决策, 2018, 255 (10) 39 - 58.

[57] 刘深, 黄毅菲. 投资结构优化对产业升级促进作用的实证分析 [J]. 金融经济, 2020 (5): 29 - 30.

[58] 刘宇熹, 谢家平. 可持续发展下的制造企业商业模式创新: 闭环产品服务系统 [J]. 科学学与科学技术管理, 2015, 36 (1): 53 - 62.

[59] 柳卸林, 张杰军. 中国高技术产业是否高投入低产出?——对我国高技术产业产出效益的考察 [J]. 科学学与科学技术管理, 2004 (1): 5 - 8.

[60] 卢文光. 新兴技术产业化潜力评价及其成长性研究 [D]. 北京工业大学, 2008.

[61] 栾春娟, 程昉. 技术的市场潜力测度与预测——基于技术颠覆潜力与技术成熟度综合指标 [J]. 科学学研究, 2016, 34 (12): 1761 - 1768, 1816.

[62] 马海良, 黄德春, 张继国, 田泽. 中国近年来水资源利用

效率的省际差异：技术进步还是技术效率［J］．资源科学，2012，34（5）：794－801．

［63］马骆茹，张颖．北京高精尖产业发展探析［M］．北京：中国经济出版社，2021．

［64］潘冬青，尹忠明．对开放条件下产业升级内涵的再认识［J］．管理世界，2013（5）：178－179．

［65］潘新胜，祝珺．北京市"高精尖"经济结构建设探讨——以专利制度为视角［J］．北京市政法职业学院学报，2015（3）：33－38．

［66］钱娟，李金叶．技术进步是否有效促进了节能降耗与 CO_2 减排？［J］．科学学研究，2018，36（1）：49－59．

［67］冉茂盛，毛战宾．人力资本对经济增长的作用机理分析［J］．重庆大学学报（社会科学版），2008（1）：56－59．

［68］邵洁笙，吴江．科技创新与产业转型的内涵及其相关关系探讨［J］．科技管理研究，2006（2）：79－81．

［69］舒贵彪．技术创新质量评价——基于集成电路产业的实证研究［J］．经营与管理，2021（2）：187－192．

［70］苏东水．产业经济学［M］．北京：高等教育出版社，2000．

［71］孙玉玲，周晶．易逝性高科技产品更新期的生产规模决策模型［J］．系统工程学报，2007（3）：262－267．

［72］唐晓燕．中国高新技术产业市场结构与技术创新［D］．长春：吉林大学，2011．

［73］田雪飞，罗利，宋绍峰．易逝性高新科技产品更新速度研究［J］．科技进步与对策，2007（3）：159－161．

［74］涂正革，陈立．技术进步的方向与经济高质量发展——基于全要素生产率和产业结构升级的视角［J］．中国地质大学学报（社会科学版），2019，19（3）：119－135．

［75］王宝音．北京市未来科学城十年发展回顾与思考［C］．中

国城市规划学会、重庆市人民政府. 活力城乡　美好人居——2019中国城市规划年会论文集（规划实施与管理）. 中国城市规划学会、重庆市人民政府：中国城市规划学会，2019：618 – 627.

[76] 王礼恒，屠海令，王崑声，等. 产业成熟度评价方法研究与实践 [J]. 中国工程科学，2016，18（4）：9 – 17.

[77] 王楠，张立艳，李思晗. 研发投入、市场结构对高技术企业绩效的影响 [J]. 中国科技论坛，2017（7）：72 – 79.

[78] 王永朵，鲁若愚. 易逝性高科技产品更新的研究 [J]. 中国科技论坛，2004（1）：85 – 88.

[79] 王勇，刘厚莲. 中国工业绿色转型的减排效应及污染治理投入的影响 [J]. 经济评论，2015（4）：17 – 30.

[80] 王玉海，田建国，聂梅，冯瀚钊. 北京市构建"高精尖"经济结构的提出背景、作用定位及其内涵界定研究 [J]. 领导之友，2017（23）：51 – 59.

[81] 王玉梅，孙珊，杨皎平，张樨樨. 高技术产业创新能力评价指标体系构建 [J]. 财会月刊，2020（4）：69 – 75.

[82] 王振茂，杨一帆，李楠，白泽臣. 基于有机生长理论的怀柔科学城规划设计研究 [J]. 北京市规划建设，2019（2）：126 – 129.

[83] 文春艳. 企业市场势力、进入退出和制造业全要素生产率 [D]. 上海社会科学院，2020.

[84] 吴丰华，刘瑞明. 产业升级与自主创新能力构建——基于中国省际面板数据的实证研究 [J]. 中国工业经济，2013（5）：57 – 69.

[85] 吴海建，周丽，韩嵩. 创新驱动指数与高精尖经济统计标准研究 [M]. 北京：对外经贸大学出版社，2017.

[86] 吴腾宇. 中国科技市场成熟度研究 [D]. 北京：中国政法大学，2013.

[87] 吴婷，易明. 人才的资源匹配、技术效率与经济高质量发展 [J]. 科学学研究，2019，37（11）：1955 – 1963.

［88］吴永林，赵佳菲．北京高技术企业技术创新能力评价分析 ［J］．企业经济，2011，30（3）：21－23．

［89］西蒙·库兹涅茨．各国的经济增长［M］．北京：商务印书 馆，1985：210－211．

［90］谢新，程晓莉．我国高技术产业市场结构对技术创新的影 响研究——基于面板技术模型的实证分析［J］．中国物价，2014 （4）：35－37．

［91］辛娜．技术创新对产业升级的作用机理分析——基于空间 计量经济模型［J］．企业经济，2014（2）：41－44．

［92］熊勇清，李鑫，黄健柏，等．战略性新兴产业市场需求的 培育方向：国际市场抑或国内市场——基于"现实环境"与"实际 贡献"双视角分析［J］．中国软科学，2015（5）：129－138．

［93］徐爽．北京市医药健康产业技术创新发展研究［J］．首都 食品与医药，2020，27（3）：125．

［94］闫丽平，孙文博．创新驱动战略下高技术企业发展能力评 价及提升机制研究［M］．北京：经济科学出版社，2019．

［95］杨承川．我国先进制造企业技术能力跃升——基于技术赶 超视角的研究［D］．重庆：重庆邮电大学，2020．

［96］杨正一，张杰．北京市"高精尖"产业集聚水平及效应研 究［J］．经营与管理，2019（1）：78－82．

［97］叶祥松，刘敬．政府支持、技术市场发展与科技创新效率 ［J］．经济学动态，2018（7）：67－81．

［98］尹夏楠，鲍新中，孟杰．高精尖产业科技资源配置效率评 价及优化路径研究［J/OL］．http：//kns. cnki. net/kcms/detail/11. 5286. G3. 20200302. 1107. 002. html. 2020－03－03/2020－07－27．

［99］张伯旭．构建高精尖产业新体系［M］．北京：北京工艺美 术出版社，2016．

［100］张翠菊，张宗益．中国省域产业结构升级影响因素的空

间计量分析 [J]. 统计研究，2015，32（10）：32 – 37.

[101] 张国强，温军，汤向俊. 中国人力资本、人力资本结构与产业结构升级 [J]. 中国人口·资源与环境，2011，21（10）：138 – 146.

[102] 张洪. 技术创新水平综合评价体系研究 [J]. 技术与创新管理，2005（3）：59 – 61.

[103] 张延平，李明生. 我国区域人才结构优化与产业结构升级的协调适配度评价研究 [J]. 中国软科学，2011（3）：177 – 192.

[104] 赵大伟. 未来产业王者，属于生态型企业 [J]. 中外管理，2016（8）：64 – 67.

[105] 赵莹. 对外贸易、市场结构对高技术企业创新绩效的影响 [J]. 经济研究导刊，2019（24）：12 – 15，19.

[106] 周晓宏. 企业技术创新水平综合评价体系研究 [J]. 安徽工程科技学院学报（自然科学版），2005（1）：68 – 71.

[107] 朱榕榕. 技术创新与产业升级路径研究 [D]. 上海：华东政法大学，2012.

[108] 朱卫平，陈林. 产业升级的内涵与模式研究——以广东产业升级为例 [J]. 经济学家，2011（2）：60 – 66.

[109] 朱晓红，陈寒松，张腾. 知识经济背景下平台型企业构建过程中的迭代创新模式——基于动态能力视角的双案例研究 [J]. 管理世界，2019，35（3）：142 – 156.

[110] Arceo E，Hanna R，Oliva P. Does the Effect of Pollution on Infant Mortality Differ Between Developing and Developed Countries？Evidence from Mexico City [J]. The Economic Journal，2016，126（591）：257 – 280.

[111] Auffhammer M，Bento A M，Lowe S E. Measuring the effects of the Clean Air Act Amendments on ambient concentrations：The critical importance of a spatially disaggregated analysis [J]. Journal of Environ-

mental Economics and Management, 2009, 58 (1): 15 – 26.

[112] Greater London Authority. Action today to protect tomorrow: the mayor's climate change action plan [EB/OL]. (2008 – 05 – 28). http://www.london.gov.uk/mayor/environment/climate – change/docs/ccap – fullreport.pdf.

[113] Baron R M, Kenny D A. The Moderator – Mediator Variable Distinction in Social Psychological Research: Conceptual, Strategic, and Statistical Considerations [J]. Journal of Personality and Social Psychology, 1986, 51 (6): 1173 – 1182.

[114] Beatty T K M, Shimshack J P. Air pollution and children's respiratory health: A cohort analysis [J]. Journal of Environmental Economics and Management, 2014, 67 (1): 39 – 57.

[115] Bengtsson M, lvell. Climate of competition, clusters and innovative performance [J]. Scandinavian Journal of Management, 2004, 20 (3): 225 – 244.

[116] Berazneva J, Byker T S. Does Forest Loss Increase Human Disease? Evidence from Nigeria [J]. American Economic Review: Papers & Proceedings, 2017, 107 (5): 516 – 521.

[117] Bond, Tami C. A technology-based global inventory of black and organic carbon emissions from combustion [J]. Journal of Geophysical Research, 2004, 109 (D14): D14203.

[118] Boschma R A. Proximity and i Bocken N. M. P, Short S. W, Rana P. , et al. A literature and practice review to develop sustainable business model archetypes [J]. Journal of Cleaner Production, 2014, 65 (4): 42 – 56, Regional Studies, 2005, 39 (1): 61 – 74.

[119] Brauer M, Freedman G, Frostad J, van Donkelaar A, Martin R V, Dentener F, van Dingenen R, Estep K, Amini H, Apte J S, Balakrishnan K, Barregard L, Broday D, Feigin V, Ghosh S, Hopke P

344

K, Knibbs L D, Kokubo Y, Liu Y, Ma S, Morawska L, Sangrador J L, Shaddick G, Anderson H R, Vos T, Forouzanfar M H, Burnett R T, Cohen A. Ambient Air Pollution Exposure Estimation for the Global Burden of Disease 2013 [J]. Environ Sci Technol, 2016, 50 (1): 79 – 88.

[120] Bruno A V, Tyebjee T T. The Environment for Entrepreneurship [J]. Encyclopedia of Entrepreneurship C A, 1982.

[121] Burnett R T, Brook J, Dann T, Delocla C, Philips O, Cakmak S, Vincent R, Goldberg M S, Krewski D. Association Between Particulate-and Gas – Phase Components of Urban Air Pollution and Daily Mortality in Eight Canadian Cities [J]. Inhalation Toxicology, 2000, 12 (sup4): 15 – 39.

[122] Cao J, Xu H, Xu Q, Chen B, Kan H. Fine Particulate Matter Constituents and Cardiopulmonary Mortality in a Heavily Polluted Chinese City [J]. Environmental Health Perspectives, 2012, 120 (3): 373 – 378.

[123] Cesur R, Tekin E, Ulker A. Air Pollution and Infant Mortality [J]. The Economic Journal, 2017 (127): 330 – 362.

[124] Cesur R, Tekin E, Ulker A. Can natural gas save lives? Evidence from the deployment of a fuel delivery system in a developing country [J]. Journal of health economics, 2018 (59): 91 – 108.

[125] Chakravarty D, Mandal S K. Estimating the relationship between economic growth and environmental quality for the brics economies—a dynamic panel data approach [J]. Journal of Developing Areas, 2016, 50 (5): 119 – 130.

[126] Chay K Y, Greenstone M. The Impact of Air Pollution on Infant Mortality: Evidence from Geographic Variation in Pollution Shocks Induced by a Recession [J]. Quarterly Journal of Economics, 2003, 118 (118): 1121 – 1167.

[127] Chen H, Hao Y, Li J, Song X. The impact of environmental regulation, shadow economy, and corruption on environmental quality: Theory and empirical evidence from China [J]. Journal of Cleaner Production, 2018a (195): 200 – 214.

[128] Chen K, Wolf K, Breitner S, Gasparrini A, Stafoggia M, Samoli E, Andersen Z J, Bero – Bedada G, Bellander T, Hennig F, Jacquemin B, Pekkanen J, Hampel R, Cyrys J, Peters A, Schneider A, Uf, Group H S. Two-way effect modifications of air pollution and air temperature on total natural and cardiovascular mortality in eight European urban areas [J]. Environment international, 2018 (116): 186 – 196.

[129] Chen Y, Ebenstein A, Greenstone M, Li H. Evidence on the impact of sustained exposure to air pollution on life expectancy from China's Huai River policy [J]. Proceedings of the National Academy of Sciences of the United States of America, 2013, 110 (32): 12936 – 12941.

[130] Cohen A J, Brauer M, Burnett R, Anderson H R, Frostad J, Estep K, Balakrishnan K, Brunekreef B, Dandona L, Dandona R, Feigin V, Freedman G, Hubbell B, Jobling A, Kan H, Knibbs L, Liu Y, Martin R, Morawska L, Pope C A, Shin H, Straif K, Shaddick G, Thomas M, van Dingenen R, van Donkelaar A, Vos T, Murray C J L, Forouzanfar M H. Estimates and 25 – year trends of the global burden of disease attributable to ambient air pollution: An analysis of data from the Global Burden of Diseases Study 2015 [J]. The Lancet, 2017, 389 (10082): 1907 – 1918.

[131] Dasgupta S, Laplante B, Mamingi N. Pollution and Capital Markets in Developing Countries [J]. Social Science Electronic Publishing, 2001, 42 (3): 310 – 335.

[132] Diaz – Mendez S E, Torres – Rodríguez A A, Abatal M, Soberanis M A E, Bassam A, Pedraza – Basulto GK. Economic, environmen-

tal and health co-benefits of the use of advanced control strategies for lighting in buildings of Mexico ［J］. Energy Policy, 2018 (113): 401 – 409.

［133］ Do Q – T, Joshi S, Stolper S. Can environmental policy reduce infant mortality? Evidence from the Ganga Pollution Cases ［J］. Journal of Development Economics, 2018 (133): 306 – 325.

［134］ Dou R, Zhang Y, Nan G. Iterative product design through group opinion evolution ［J］. International Journal of Production Research, 2017, 55 (13): 3886 – 3905.

［135］ Dumitrescu E – I, Hurlin C. Testing for Granger non-causality in heterogeneous panels ［J］. Economic Modelling, 2012, 29 (4): 1450 – 1460.

［136］ Ebenstein A, Fan M, Greenstone M, He G, Yin P, Zhou M. Growth, Pollution, and Life Expectancy: China from 1991 – 2012 ［J］. American Economic Review: Papers & Proceedings, 2015, 105 (5): 226 – 231.

［137］ Ebenstein A, Fan M, Greenstone M, He G, Zhou M. New evidence on the impact of sustained exposure to air pollution on life expectancy from China's Huai River Policy ［J］. Proceedings of the National Academy of Sciences of the United States of America, 2017, 114 (39): 10384 – 10389.

［138］ Ebenstein A. The Consequences of Industrialization: Evidence from Water Pollution and Digestive Cancers in China ［J］. Review of Economics & Statistics, 2012, 94 (1): 186 – 201.

［139］ Fritz M S, Taylor A B, MacKinnon D P. Explanation of Two Anomalous Results in Statistical Mediation Analysis ［J］. Multivariate Behavioral Research, 2012, 47 (1): 61 – 87.

［140］ Gehrsitz M. The effect of low emission zones on air pollution and infant health ［J］. Journal of Environmental Economics and Management, 2017 (83): 121 – 144.

[141] Greenstone M. Did the Clean Air Act cause the remarkable decline in sulfur dioxide concentrations? [J]. Journal of Environmental Economics and Management, 2004, 47 (3): 585 – 611.

[142] Greenstone M, Hanna R. Environmental Regulations, Air and Water Pollution, and Infant Mortality in India [J]. American Economic Review, 2014, 104 (10): 3038 – 3072.

[143] Grossman G M, Krueger A B. Environmental Impacts of a North American Free Trade Agreement [J]. Social Science Electronic Publishing, 1991, 8 (2): 223 – 250.

[144] Gusyeva K D, Safranov T A. Integrated assessment of the environmental quality in Odessa agglomeration [J]. Urban Climate, 2018 (25): 1 – 8.

[145] Hajime A. Global Air Quality and Pollution [J]. Science, 2003, 302 (5651): 1716 – 1719.

[146] Hanlon W W. w24488 London Fog: A Century of Pollution and Mortality, 1866 – 1965 [R]. NBER.

[147] Hao Y, Wu Y, Wang L, Huang J. Re-examine Environmental Kuznets Curve in China: Spatial Estimations Using Environmental Quality Index [J]. Sustainable Cities and Society, 2018, 42 (10): 498 – 511.

[148] Harris R D F, Tzavalis E. Inference for unit roots in dynamic panels where the time dimension is fixed [J]. Journal of Econometrics, 1999, 91 (2): 201 – 226.

[149] He G. Essays on the Health Effects of Pollution in China [J]. Dissertations & Theses – Gradworks, 2013.

[150] He G, Fan M, Zhou M. The effect of air pollution on mortality in China: Evidence from the 2008 Beijing Olympic Games [J]. Journal

of Environmental Economics and Management, 2016 (79): 18 – 39.

[151] He L, Shen J, Zhang Y. Ecological vulnerability assessment for ecological conservation and environmental management [J]. Journal of Environmental Management, 2018 (206): 1115 – 1125.

[152] Hettige H, Mani M, Wheeler D. Industrial Pollution in Economic Development: The Environmental Kuznets Curve Revisited [J]. Journal of Development Economics, 2004, 62 (2): 445 – 476.

[153] Huang X F, Li X, He L – Y, Feng N, Hu M, Niu Y – W, Zeng L – W. 5 – Year study of rainwater chemistry in a coastal mega-city in South China. Atmospheric Research, 2010, 97 (1): 185 – 193.

[154] Im K S, Pesaran M H, Shin Y. Testing for unit roots in heterogeneous panels. Journal of Econometrics, 2003, 115 (1): 53 – 74.

[155] Jones B A. Spillover health effects of energy efficiency investments: Quasi-experimental evidence from the Los Angeles LED streetlight program [J]. Journal of Environmental Economics and Management, 2018 (88): 283 – 299.

[156] Jongwanich J, Kohpaiboon A, Yang C H. Science park, triple helix, and regional innovative capacity: Province-level evidence from China [J]. Journal of the Asia Pacific Economy, 2014, 19 (2): 333 – 352.

[157] Kim H, Kim H, Lee J T. Spatial variation in lag structure in the short-term effects of air pollution on mortality in seven major South Korean cities, 2006 – 2013 [J]. Environment international, 2019 (125): 595 – 605.

[158] Lanoie P, Patry M, Lajeunesse R. Environmental regulation and productivity: Testing the porter hypothesis [J]. Journal of Productivity Analysis, 2008, 30 (2): 121 – 128.

[159] Laplante B T, Rilstone P. Environmental Inspections and Emissions of the Pulp and Paper Industry in Quebec [J]. Journal of Envi-

ronmental Economics & Management, 2004, 31 (1): 19 – 36.

[160] Levinson A. Environmental regulations and manufacturers' location choices: Evidence from the Census of Manufactures [J]. Journal of Public Economics, 1996, 62 (1): 5 – 29.

[161] Liao X, Shi X. Public appeal, environmental regulation and green investment: Evidence from China [J]. Energy Policy, 2018 (119): 554 – 562.

[162] Liu M, Huang Y, Ma Z, Jin Z, Liu X, Wang H, Liu Y, Wang J, Jantunen M, Bi J, Kinney P L. Spatial and temporal trends in the mortality burden of air pollution in China: 2004 – 2012 [J]. Environment international, 2017 (98): 75 – 81.

[163] Liu X, Heilig G K, Chen J, Heino M. Interactions between economic growth and environmental quality in Shenzhen, China \ " s first special economic zone [J]. Ecological Economics, 2007, 62 (3): 559 – 570.

[164] Li X, Qiao Y, Zhu J, Shi L, Wang Y. The "APEC blue" endeavor: Causal effects of air pollution regulation on air quality in China [J]. Journal of Cleaner Production, 2017 (168): 1381 – 1388.

[165] Lopez L, Weber S. Testing for Granger causality in panel data [J]. Stata Journal, 2017, 17 (4): 972 – 984.

[166] Marien M. Resilient people resilient planet: A future worth choosing [J]. Cadmus, 2012, 12 (5): I – II.

[167] Marre J – B, Pascoe S, Thébaud O, Jennings S, Boncoeur J, Coglan L. Information preferences for the evaluation of coastal development impacts on ecosystem services: A multi-criteria assessment in the Australian context [J] . Journal of Environmental Management, 2016 (173): 141 – 150.

[168] Martinezcanas R. Concept Mapping as a Learning Tool for the

Employment Relations Degree. [J]. Journal of International Education Research, 2011 (7): 23 – 28.

[169] Mohammad Ebrahim Sadeghi, Ali Asghar Sadabadi. Evaluating Science Parks Capacity to Create Competitive Advantages: Comparison of Pardis Technology Park and Sheikh Bahaei Science and Technology Park in Iran [J]. International Journal of Innovation & Technology Management, 2015, 12 (6): 1550031.

[170] Nelson R. National Innovation Systems: A Comparative Analysis [M]. Oxford University Press, 1993.

[171] Ohara T. An Asian emission inventory of anthropogenic emission sources for the period 1980 – 2020 [J]. Atmos. Chem. Phys, 2007, 7 (16): 6843 – 6902.

[172] Ostro B, Spadaro J V, Gumy S, Mudu P, Awe Y, Forastiere F, Peters A. Assessing the recent estimates of the global burden of disease for ambient air pollution: Methodological changes and implications for low-and middle-income countries [J]. Environmental research, 2018 (166): 713 – 725.

[173] Rockström J, Steffen W L, Noone K, Persson Å, Chapin III F S, Lambin E F, Lenton T M, Scheffer M, et al. Planetary Boundaries: Exploring the Safe Operating Space for Humanity [J]. 2009, Ecology and Society, 14 (2): 32.

[174] Saixing Zeng, Xuemei Xie, Chiming Tam. Evaluating innovation capabilities for science parks: A system model [J]. Ukio Technologinis Ir Ekonominis Vystymas, 2010, 16 (3): 397 – 413.

[175] Schlenker W, Walker W R. Airports, Air Pollution, and Contemporaneous Health [J]. The Review of Economic Studies, 2016, 83 (2): 768 – 809.

[176] Shen N, Liao H, Deng R, Wang Q. Different types of envi-

ronmental regulations and the heterogeneous influence on the environmental total factor productivity: Empirical analysis of China's industry [J]. Journal of Cleaner Production, 2019 (211): 171 – 184.

[177] Shih Y – H, Tseng C – H. Cost-benefit analysis of sustainable energy development using life-cycle co-benefits assessment and the system dynamics approach [J]. Applied Energy, 2014 (119): 57 – 66.

[178] Tanaka S. Environmental regulations on air pollution in China and their impact on infant mortality [J]. Journal of health economics, 2015 (42): 90 – 103.

[179] Tao M, Chen L, Xiong X, Zhang M, Ma P, Tao J, Wang Z. Formation process of the widespread extreme haze pollution over northern China in January 2013: Implications for regional air quality and climate [J]. Atmospheric Environment, 2014 (98): 417 – 425.

[180] TEPCO. Electricity Supply Facilities – Generation Capacity by Energy Source [EB/OL]. [2019 – 09 – 23]. https://www4. tepco. co. jp/en/corpinfo/illustrated/electricity – supply/generation – capacity – tepco – e. html.

[181] Tokyo Climate Change Strategy – A Basic Policy for the 10 – Year Project for a Carbon – Minus Tokyo – [Z]. Tokyo Metropolitan Government, 2007 – 06.

[182] Tran L T, Knight C G, O'Neill R V, Smith E R. Integrated Environmental Assessment of the Mid – Atlantic Region with Analytical Network Process [J]. Environmental Monitoring & Assessment, 2004, 94 (1 – 3): 263 – 277.

[183] UNEP et al, Green Jobs: Towards Decent Work in a Sustainable, Low Carbon World [R]. 2008, Nairobi.

[184] UNEP. Green Economy: Developing Countries Success Stories [R]. Resources Environment Inhabitant, 2010.

［185］ Wang C，Wu J，Zhang B. Environmental regulation， emissions and productivity：Evidence from Chinese COD – emitting manufacturers ［J］. Journal of Environmental Economics and Management，2018 （92）：54 – 73.

［186］ Wang K，Yin H， Chen Y. The effect of environmental regulation on air quality：A study of new ambient air quality standards in China ［J］. Journal of Cleaner Production，2019 （215）：268 – 279.

［187］ Yang J，Zhang B. Air pollution and healthcare expenditure：Implication for the benefit of air pollution control in China ［J］. Environment international，2018 （120）：443 – 455.

［188］ Yang Y，Tang R，Qiu H，Lai P C，Wong P，Thach T Q，Allen R， Brauer M， Tian L， Barratt B. Long term exposure to air pollution and mortality in an elderly cohort in Hong Kong ［J］. Environment international，2018 （117）：99 – 106.

［189］ Yao L，Wang D，Fu Q， Qiao L，Wang H， Li L，Sun W，Li Q， Wang L，Yang X，Zhao Z，Kan H，Xian A， Wang G，Xiao H，Chen J. The effects of firework regulation on air quality and public health during the Chinese Spring Festival from 2013 to 2017 in a Chinese megacity ［J］. Environment international，2019 （126）：96 – 106.

［190］ Yin P，He G， Fan M， Chiu K Y， Fan M， Liu C，Xue A，Liu T， Pan Y， Mu Q， Zhou M. Particulate air pollution and mortality in 38 of China's largest cities：Time series analysis ［J］. BMJ 356， j667.

［191］ Zheng S， Yi H， Li H. The impacts of provincial energy and environmental policies on air pollution control in China ［J］. Renewable and Sustainable Energy Reviews，2015 （49）：386 – 394.

［192］ Zysman J. Trade， Technology and National Competition ［J］. International Journal of Technology Management，1992，7 （1 – 2）：161 – 189.